Google Drive.
Trabajando en la nube

Jesús Martín Alloza

ic editorial

Google Drive.Trabajando en la nube
© Jesús Martín Alloza

1ª Edición

© IC Editorial, 2025

Editado por: IC Editorial
c/ Cueva de Viera, 2, Local 3
Centro Negocios CADI
29200 Antequera (Málaga)
Teléfono: 952 70 60 04
Fax: 952 84 55 03
Correo electrónico: iceditorial@iceditorial.com
Internet: www.iceditorial.com

ISBN: 978-84-1184-609-7
Depósito Legal: MA 218-2025

Impresión: PODiPrint
Impreso en Andalucía – España

Nota de la editorial: IC Editorial pertenece a Innovación y Cualificación S. L.

Índice

Unidad Didáctica 1
¿Qué es Google Drive?

Contenido

1. Introducción

El trabajo en la nube o *Cloud computing* son términos a la orden del día. En esencia, es algo tan sencillo como trabajar con herramientas que se ejecutan desde internet y guardar también allí los archivos fruto del trabajo. De esta definición se deduce que es necesaria la conexión a internet para esta forma de trabajo, aunque más adelante se describirán las opciones que *Google Drive* ha desarrollado para el trabajo *offline* (desconectado). Este tipo de trabajo permite que se puedan compartir las tareas y hacerlo de forma simultánea con personas que no necesariamente han de compartir espacio físico con el usuario. Todas estas cuestiones se explican en las próximas unidades didácticas.

Puesto que se trata de un método de trabajo novedoso, pueden surgir algunas dudas acerca de su funcionalidad, sobre el hecho de que sea gratuito, y sobre la seguridad de trabajar en un espacio tan amplio y abstracto como internet. Para un trabajo de "oficina móvil" o para un uso doméstico las aplicaciones de textos, hojas de cálculo, dibujos o presentaciones cuentan con suficientes recursos para un uso completo y eficaz del mismo. Es posible que las funciones no sean tantas como las de otros programas comerciales que se pueden instalar en el ordenador, pero sin duda cuenta con aquellas que se usarán con mayor asiduidad.

2. ¿Por qué *Google Drive?*

Google Drive es una potente herramienta con aplicaciones sencillas e intuitivas para trabajar con documentos de texto, hojas de cálculo y presentaciones. Pertenece a la marca *Google,* principalmente conocida como motor de búsqueda en internet. Consiste en un espacio virtual en el que se pueden crear dichos documentos con funciones similares a las de los programas que se suelen instalar en el ordenador para el trabajo ofimático.

Esta herramienta tiene como cualidad añadida la opción de compartir los documentos y realizar el trabajo de manera colaborativa y en tiempo real. Además, es importante destacar que no es un programa que requiera estar instalado para su uso, ya que todo se aloja en internet, donde también permite realizar copias de seguridad. Todas estas características se desarrollan a continuación respondiendo a la simple pregunta de "¿Por qué *Google Drive?".*

En lo referente a la seguridad, *Google Drive,* como el resto de las aplicaciones de *Google,* exige ser usuario registrado y tiene condiciones de seguridad para el acceso. Al igual que con una cuenta de correo o una clave de acceso a la web de un banco *online,* la entrada a la consulta o edición de sus documentos es privada. Los documentos se guardan en un servidor de *Google* y, por tanto, estos están seguros.

Google Drive tiene múltiples ventajas relacionadas principalmente con la forma de trabajo "en la nube":

- Se accede y edita desde cualquier parte. Simplemente es necesario tener acceso a internet e identificarse. No hace falta que el ordenador desde el que se accede tenga instalado ningún programa ni que se desplacen los archivos físicamente en ningún sistema de almacenamiento. Se ha empezado a llamar a este sistema de trabajo "la oficina móvil".
- Se evitan problemas de incompatibilidad, que muy frecuentemente se presentan con las distintas versiones de los programas instalados, con los distintos sistemas operativos y hasta con los propios ordenadores, sean PC o MAC.
- Los cambios en archivos existentes y los nuevos archivos que se crean se guardan "en la nube", donde se pueden clasificar y organizar.
- Se puede utilizar *Google Drive* como sistema de almacenamiento en sí, de una forma sencilla y segura. Los archivos se suben y almacenan, ofreciendo una alternativa a la realización de copias de seguridad de documentos según el sistema tradicional.
- No es un sistema cerrado, es flexible. El hecho de que estén guardados en un espacio virtual no impide que se impriman o exporten para guardarlos en el ordenador, en un *pendrive* o en un cd, o que puedan enviarse por correo electrónico como archivos adjuntos.
- *Google Drive* brinda la posibilidad de realizar trabajo colaborativo. Es el espacio perfecto para el trabajo en equipo, ya que todos los archivos se pueden compartir, y hay múltiples opciones para invitar a otras personas para que puedan leer o editar simultáneamente un documento. Esto permite:

- Trabajar en puntos geográficos distintos al mismo tiempo.
- Hacer diferentes correcciones sobre el mismo documento.
- Disponer siempre de la última versión actualizada de todos los documentos, sin temor a que otros hayan realizado cambios en otro archivo distinto, o a confundirlo con alguna versión anterior.
- Ahorrar el envío de archivos adjuntos de múltiples y reiteradas versiones de un documento, que a menudo termina resultando confuso.
- Colaborar con el cuidado medioambiental, ya que se pueden evitar algunas impresiones y copias de versiones no terminadas para su corrección por otra persona.

■ No se puede obviar la relación de *Google Drive,* y por tanto de los documentos que se generen a través de sus aplicaciones, con otras aplicaciones de *Google. Google* desarrolla aplicaciones para creación de blogs o de páginas web en las que se puede publicar con *Google Drive.*

■ Por último, resulta inevitable agregar una ventaja añadida a todas las anteriores: *Google Drive* es un conjunto de aplicaciones de uso gratuito. Aunque existen unas ventajas para los usuarios de pago, por el momento basta con saber que la gran mayoría de usuarios domésticos y de pequeñas empresas encontrarán en la versión libre recursos más que de sobra para cubrir sus necesidades.

3. Punto de partida: crear una cuenta en *Google*

Google, además del archiconocido buscador, ofrece una gran cantidad de servicios entre los que se encuentra *Drive.* Para acceder a todos ellos, *Google* ofrece una cuenta unificada, la cuenta *Google,* que identificará al usuario en todos sus servicios y mantendrá así una coherencia e interconexión entre todos ellos.

Para crear una cuenta *Google,* hay que acceder por cualquiera de sus servicios, pero lo más inmediato es acceder al buscador en la dirección URL <http://www.google.es>.

Web del buscador Google

 **Nota**

Si ya se dispone de una cuenta *Google,* bien porque se crease con anterioridad, o bien por ser un antiguo usuario de *Gmail,* no será necesario crearla, pudiendo entonces acceder por el menú de *Google,* haciendo clic en el icono Drive.

En la parte superior derecha de la página del buscador, existe un botón para entrar con la cuenta *Google,* llamado **Iniciar sesión.** Se debe pulsar este botón para entrar en la página de acceso de *Google,* desde donde se podrá crear una nueva cuenta.

Página de acceso de Google

Para comenzar el proceso de creación de la nueva cuenta se pulsará el enlace llamado **Crear cuenta** que aparece en la parte inferior de la ventana. Entonces se desplegará un menú donde podremos seleccionar entre crear una cuenta "Para mi uso personal", "Para mi hijo/a", o "Para el trabajo o mi empresa". Dependiendo de la opción utilizada podremos crear una cuenta personal, una para un hijo o hija de modo que dependa de nuestra cuenta y podamos aplicar un control parental sobre la cuenta de nuestros hijos menores o bien crear una cuenta aparte de la personal para utilizarla profesionalmente en nuestra empresa. Nosotros vamos a crear una cuenta personal, por lo que seleccionaremos la opción "Para mi uso personal".

Opciones de creación de la cuenta de Google

Entonces se accederá al formulario de creación de cuenta de *Google,* donde se deben ingresar los datos requeridos para su creación.

Formulario de creación de cuenta de Google

En la primera parte del formulario se introducirán el Nombre y Apellidos del titular de la cuenta, y después en un segundo paso su fecha de nacimiento y su género.

Como se observa en la imagen, al crear la cuenta *Google,* se ofrece una cuenta de *Gmail,* con el mismo nombre de usuario y también se da opción a utilizar una cuenta de correo que el titular posea previamente.

Elección de un nombre de usuario para la cuenta y el correo Gmail

Después pedirá una dirección de correo actual, si es que se tiene, pero se puede omitir este paso. Finalmente pedirá un número de teléfono móvil para poder confirmar la identidad si es necesario en un futuro.

Como último paso se ofrecerá la opción de configurar la cuenta de una forma rápida (Express) o bien de forma personalizada (Manual).

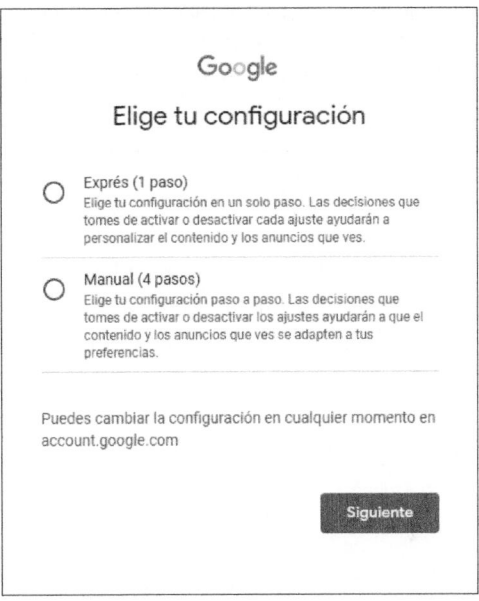

Opciones de configuración de la cuenta de Google

Después, en la sección, "Confirma que no eres un robot", habrá que verificar que el titular es humano mediante un Captcha, para así evitar que un programa robot cree cuentas con fines publicitarios. Para ello, se debe ingresar en el campo de texto, el texto o número que se vea en la imagen, o pueden solicitar un número de teléfono móvil para que envíe un SMS de confirmación.

?   Sabía que...

Las siglas CAPTCHA hacen referencia a *Completely Automated Public Turing test to tell Computers and Humans Apart,* es decir, Prueba de Turing Completamente Automática y Pública para Diferenciar a Humanos de Ordenadores.

Se trata de una prueba para evitar que un robot *(software)* cree cuentas indiscriminadamente rellenando datos del formulario. Esta prueba consiste en una imagen normalmente deformada o alterada que hace imposible que un programa pueda escanearla y distinguir el texto que contiene, pero que resulta una tarea trivial para un humano.

Una vez seleccionada la configuración, se pulsará el botón **Siguiente,** lo que hará que se muestre la configuración elegida, pudiendo modificarla, y las condiciones de uso de la cuenta Google que se deben aceptar para poder hacer uso de ella.

Google

Elige tu configuración

En función de lo que elijas, tus datos se usarán para ofrecerte experiencias más personalizadas y más control sobre los anuncios personalizados que ves

Actividad en la Web y en Aplicaciones
Ofrece búsquedas más rápidas, resultados más relevantes y recomendaciones más útiles de aplicaciones y contenidos, entre otras cosas.
Más información sobre Actividad en la Web y en Aplicaciones

Historial de YouTube
Ofrece ventajas como las recomendaciones de la página de inicio de YouTube y te ayuda a recordar dónde habías dejado tu sesión. Más información sobre el historial de YouTube

Anuncios personalizados
Ofrece anuncios más relevantes y te permite controlar la información que se usa para mostrarlos.
Más información sobre los anuncios personalizados

Qué datos se usan

El ajuste Actividad en la Web y en Aplicaciones guarda tu actividad en sitios y aplicaciones de Google, como la Búsqueda y Maps, e incluye información relacionada (por ejemplo, la ubicación). También guarda el historial de Chrome sincronizado y la actividad en sitios, aplicaciones y dispositivos que utilizan los servicios de Google.

Condiciones de uso

Una vez leídas y aceptadas las condiciones mediante el botón **Aceptar todo,** se mostrará una nueva ventana de confirmación donde se verá la configuración elegida y se podrá volver atrás o continuar con la configuración elegida pulsando el botón **Confirmar.** Entonces se creará la cuenta, y el buzón de *Gmail* en su caso, y se mostrará la página de bienvenida con el nuevo usuario ya ingresado y se ofrecerá la posibilidad de vincular todos los servicios de *Google* que utilicemos con la cuenta recién creada, como *Búsqueda de Google, Youtube, Google Maps,* etc.

Cuadro de diálogo de vinculación de servicios de Google con la cuenta

El icono que aparece en la parte superior derecha de la página es el avatar del usuario, y haciendo clic sobre él aparecerá un menú de usuario donde se puede cerrar la sesión, configurar la cuenta mediante el botón **Gestionar tu cuenta de Google,** y cambiar la imagen del avatar, haciendo clic sobre ella, lo que abre una ventana para indicar un archivo de imagen del equipo.

Menú del usuario

Para iniciar sesión con la cuenta *Google* en cualquier momento, se debe visitar la página del buscador y pulsar el botón **Iniciar sesión,** de la zona superior derecha de la página, con lo que se abrirá el formulario de ingreso donde se escribirá el nombre de usuario.

Google

Inicia sesión

Utiliza tu cuenta de Google

Correo electrónico o teléfono

jma.acdrive|

¿Has olvidado tu correo electrónico?

¿No es tu ordenador? Usa el modo Invitado para iniciar sesión de forma privada.
Más información sobre cómo usar el modo Invitado

Crear cuenta   Siguiente

Formulario de acceso

Después se debe pulsar el botón **Siguiente** para que se muestre la página de introducción de la contraseña de usuario. Se introducirá la contraseña y se pulsará el botón **Iniciar sesión.** Si se han introducido el nombre de usuario y la contraseña correctamente, ya se estará identificado en la cuenta *Google* y se podrá acceder a cualquiera de sus servicios.

Google

Jesús Martín

(J jma.acdrive@gmail.com ∨)

┌─ Introduce tu contraseña ─────────────
│
│ ··········|
│
└────────────────────────────────────

☐ Mostrar contraseña

¿Has olvidado tu contraseña?   [Siguiente]

Introducción de la contraseña

 Importante

Si se deja seleccionada la casilla "Mostrar contraseña" al introducir la contraseña, se verán los caracteres en claro y cualquiera que mire la pantalla podrá verlos. Esta casilla es útil si se ha introducido mal la contraseña y se quiere asegurar de que la está escribiendo bien; En otro caso se debe dejar dicha casilla sin marcar para que aparezcan en el campo de contraseña únicamente puntos por cada tecla pulsada y así nadie pueda ver la contraseña.

Una vez se ha ingresado en la cuenta *Google,* para acceder a *Google Drive* se debe pulsar el botón **Aplicaciones de Google,** que aparece en la parte superior derecha de la página. Este botón abre un menú con varias aplicaciones de *Google* a las que se puede acceder. Para verlas todas se debe pulsar el botón **Más.**

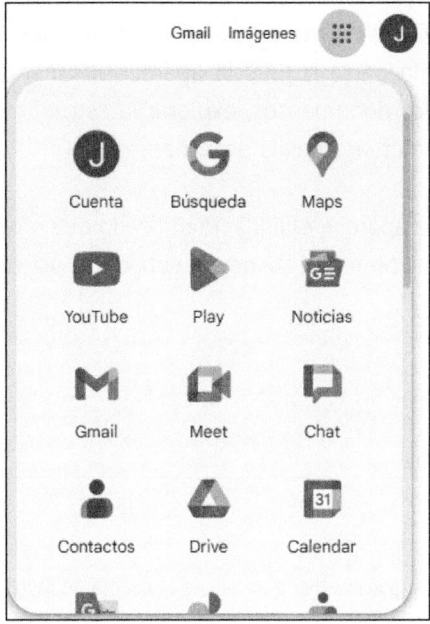

*Botón **Aplicaciones** de Google*

En el menú de aplicaciones se debe pulsar el botón **Drive** para acceder a la página de *Google Drive*.

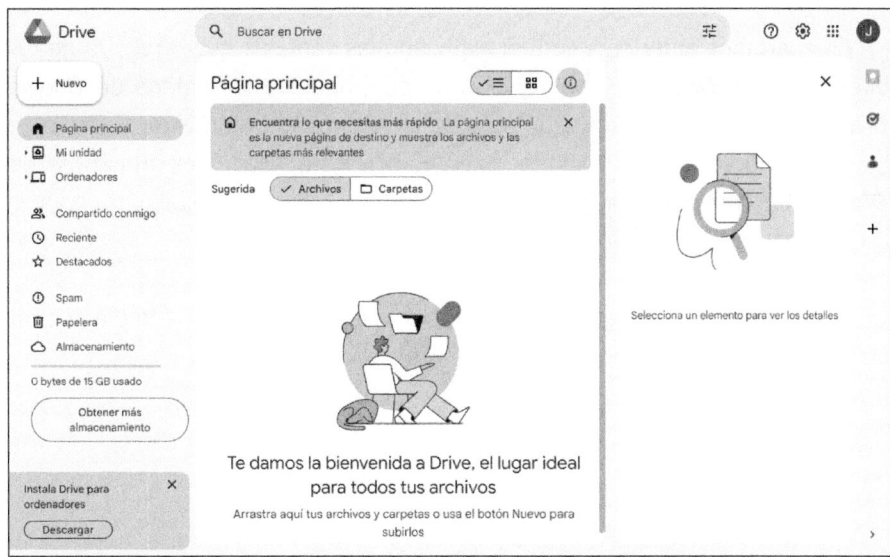

Página principal de Google Drive

En la página de *Google Drive* se podrá acceder a las aplicaciones y documentos creados. En la parte izquierda aparece un menú de navegación que permitirá acceder a los documentos, explorar la estructura de carpetas que se puede crear, así como crear nuevos documentos.

En la parte inferior aparece el espacio utilizado que ofrece la cuenta *Google,* que es de 15 GB inicialmente, si no se subscribe un plan de pago de más capacidad.

 Actividades

1. Cree una cuenta de *Google.*
2. Cierre la sesión y después vuelva a acceder a la cuenta de *Google.*

4. Aplicaciones de *Google Drive*

En apartados anteriores se han explicado las ventajas que ofrece la herramienta *Google Drive.* Una vez que se accede, aparece la ventana de *Google Drive,* y en la zona superior izquierda de la ventana el botón **Nuevo.** Con este botón se podrán crear nuevos documentos con las aplicaciones ofimáticas de *Drive,* subir archivos o carpetas desde el equipo, o crear carpetas para organizar los documentos en *Drive.*

Pulsando el botón **Crear** se despliega un menú donde se puede elegir cuál de sus múltiples aplicaciones se desea usar en ese momento.

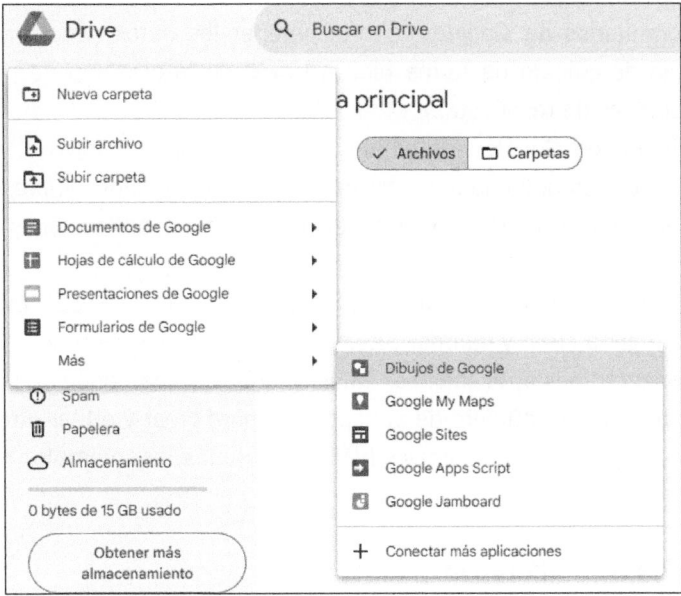

Menú Nuevo

Como se puede apreciar, *Google Drive* permite trabajar con documentos, hojas de cálculo, presentaciones, dibujos, formularios, y también permite crear sus propias carpetas, para llevar una organización de los archivos. Se podrán crear y editar documentos de cada uno de estos tipos:

- **Documentos de *Google*:** consiste en un sencillo procesador de textos al cual se puede acceder desde un ordenador o algún otro dispositivo, y desde donde se pueden crear y modificar textos del usuario o de otras personas que lo hayan compartido con este. Se pueden realizar múltiples acciones, como crear títulos, márgenes, sangrías o pies de página. Se trata de un completo procesador cuyo uso es muy intuitivo.
- **Hojas de cálculo de *Google*:** consiste en una herramienta para crear tablas en las que puede insertar datos, ordenarlos y ejecutar operaciones con ellos. Puede también compartir dichas hojas.
- **Presentaciones de *Google*:** consiste en una sencilla herramienta para crear diapositivas *online* que se puede compartir con el equipo de trabajo. Se puede trabajar sobre la misma plantilla, editándola simultáneamente e introduciendo imágenes, vídeos y texto.

- **Formularios de** *Google:* permite obtener los datos necesarios para su hoja de cálculo de forma fácil a través de la creación de preguntas y opciones de respuesta.
- **Dibujos de** *Google:* se pueden crear diagramas, cuadros o figuras que ilustren los documentos con esta sencilla aplicación *online,* y compartirlos con otros usuarios al igual que todas las aplicaciones de *Google Drive.*
- ***Google My Maps:*** permite crear y guardar mapas de *Google maps,* lo que da lugar a crear y guardar rutas para un viaje, por ejemplo.
- **Conectar más aplicaciones:** muestra una ventana donde se podrá elegir entre un gran número de aplicaciones para crear y editar otros tipos de documentos, como archivos PDF o diagramas, por ejemplo.

5. El trabajo colaborativo

El trabajo colaborativo es una forma de trabajo de grupo aplicable a la enseñanza, muy especialmente, y a las prácticas laborales en general, que consiste en la creencia de que el aprendizaje y la eficacia laboral aumentan y se enriquecen cuando se pone en práctica la cooperación.

Google Drive no solo permite el uso compartido de documentos, sino que, además, ese uso puede hacerse de forma simultánea. Como se describe en la interfaz de cada una de las aplicaciones, en la parte superior derecha de la pantalla aparece un mensaje que indica la cantidad de personas que está accediendo y editando cada documento en ese momento. Los cambios que cada usuario vaya realizando se irán haciendo visibles cada pocos segundos, ya que el documento se guarda y actualiza de forma automática.

Colaboradores en documento compartido

 **Nota**

Para hacer más sencilla esta colaboración, el cursor de edición de cada usuario se muestra en un color diferente si la colaboración es en tiempo real.

Para diferenciar las aportaciones de cada colaborador al documento se puede pactar el que cada uno escriba en un color distinto, por ejemplo.

En caso de que no se trabaje simultáneamente con otros colaboradores, *Google Drive* ofrece la ventaja de que siempre se tendrá acceso a la última versión que haya sido editada por alguien anteriormente, y que a su vez podrá ser editada por otro usuario después sin tener que estar adjuntando archivos por correo o grabándolos en soportes físicos.

 Nota

Si se utiliza el correo electrónico para hacer copias de seguridad y compartir documentos de trabajo, es posible que en alguna ocasión se tengan varios correos con últimas versiones de los archivos y que, inadvertidamente, se edite una versión que no es la más actualizada. En ese caso, tener la garantía de que se accede a la última versión siempre es una gran ventaja.

No hay que preocuparse si alguien modifica o elimina algo al estar trabajando sobre el mismo documento; no habrá perdido información, ya que *Google Drive* guarda un historial de cambios que permite retroceder hasta la versión que se desee y recuperarla.

Actividades

3. Acceda a *Drive* y cree un documento de *Google*.
4. Cierre la pestaña del documento y guárdelo de modo que aparezca en su cuenta de *Drive*.

6. Acceso desde otros dispositivos

Google Drive no solo es accesible desde un ordenador, ya que a medida que avanzan las aplicaciones, lo hacen también las tecnologías que permiten utilizarlas.

En este momento, *Google Drive* está disponible también para dispositivos móviles como: *tablets* y teléfonos *Android, iPhone, iPad,* etc. Tan solo es necesario disponer de conexión a internet en el dispositivo para acceder a *Google Drive* y visualizar directamente los documentos creados, aunque *Google* ofrece también *Apps* para cada plataforma móvil que pueden utilizarse para acceder rápida y cómodamente.

Como se ha visto, lo usual al utilizar *Google Drive* es acceder mediante un navegador de internet. Sin embargo, se ofrece la posibilidad de instalar una aplicación en el PC, que ayuda a optimizar el trabajo con *Google Drive,* y permite almacenar una copia de los documentos en el ordenador.

Para descargar e instalar dicha aplicación, se debe acceder a *Google Drive,* desplegar el botón **Configuración** que se encuentra en la zona superior derecha de la ventana de Drive y seleccionar la opción **Instala Drive para ordenadores.**

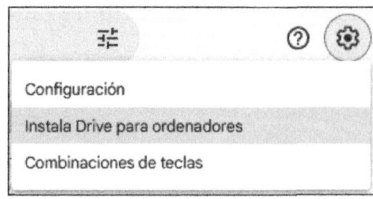

Enlace de descarga de Google Drive para PC

Al pulsar dicho enlace y posteriormente un botón de descarga, comenzará una instalación en el ordenador durante la cual se creará una carpeta, que se sincronizará automáticamente con los archivos alojados en la nube.

Página de descarga de Google Drive

Todo archivo o carpeta creados dentro de la ubicación que se haya especificado en el ordenador, se creará directamente en *Google Drive.* De esta forma se podrán organizar de una manera más cómoda los documentos.

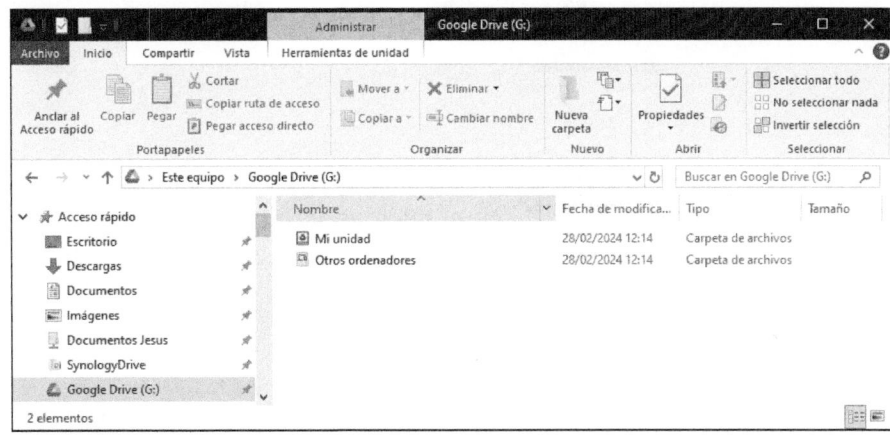

Carpeta Google Drive en el PC

7. Otras funciones de *Google*

Como se ha comentado anteriormente, *Google Drive* o *Gmail* son solo dos de las muchas aplicaciones con las que cuenta esta marca. Existen muchas otras muy utilizadas en la actualidad.

En cualquier página de *Google,* aparece en la parte superior derecha el botón **Aplicaciones.**

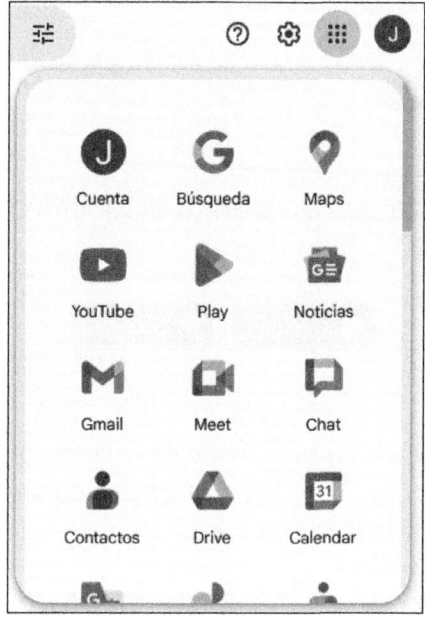

*Botón **Aplicaciones***

Al pulsarlo aparecen otras aplicaciones de *Google* como **Calendar, GMail, Youtube** y se podrá hacer scroll con el ratón en la lista para visualizar más opciones. Incluso al final de esta lista, existe también un nuevo botón **Más de Google,** que abre una página con todas las aplicaciones de *Google.*

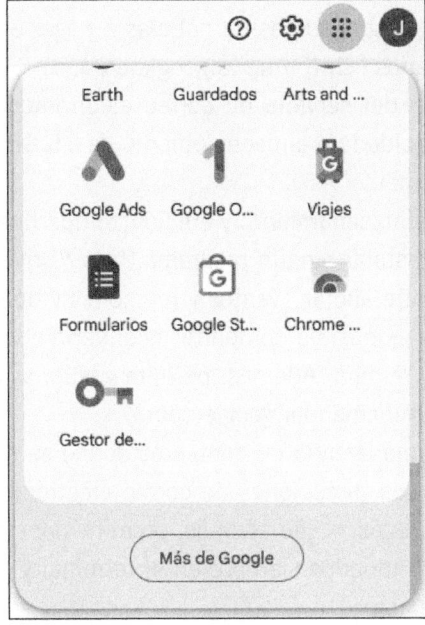

Más aplicaciones

Se describen brevemente a continuación las aplicaciones más conocidas y utilizadas, todas gratuitas y *online:*

- **Búsqueda:** es la aplicación principal del *Google.* Se trata de un buscador basado en una enorme base de datos en constante actualización (<http://www.google.es>).
- ***Maps:*** ofrece mapas de localidades y ciudades del mundo entero. Se podrá encontrar una dirección simplemente con escribirla en el navegador, y también consultar una ruta para llegar de un punto a otro. Además, ofrece una vista satélite de estos lugares (<http://maps.google.com>).
- ***YouTube:*** para compartir vídeos en internet (<http://www.youtube.com>).
- ***Play:*** es la tienda de aplicaciones para dispositivos *Android* (<http://play.google.com>).
- **Noticias:** se trata de un servicio que recopila noticias a partir de multitud de fuentes. En este caso, noticias en castellano. En la actualidad no funciona con noticias de medios españoles debido a la reforma de la ley de propiedad intelectual, donde se impuso la llamada *"Tasa Google",*

que obliga a los agregadores de noticias a pagar a los editores de noticias por enlazarlos (<http://news.google.es>).

■ *Gmail:* se trata del servicio de correo electrónico gratuito de *Google.* Tiene una capacidad de almacenamiento de 15 GB conjuntos con *Drive* (<http://www.gmail.com>).

■ *Google Drive:* almacenamiento y edición compartida de documentos sin necesidad de instalar ningún programa (http://Drive.google.com>).

■ *Calendar:* permite anotar eventos y reuniones y no solo sirve de agenda personal, pues es posible compartir calendario con compañeros de trabajo, amigos o familia. Además, permite gestionar y enviar invitaciones a eventos (<http://calendar.google.com>).

■ **Contactos:** es una agenda de contactos donde se podrán almacenar los contactos con sus direcciones de correo electrónico, números de teléfono, y demás datos, y que además, permite sincronizarlos con un teléfono móvil para tenerlos siempre en el terminal y en la nube (<https://contacs.google.com>).

■ **Traductor:** es un servicio de traducción *online* instantánea de palabras, textos y de webs. Traduce a más de 100 idiomas (<http://translate.google.com>).

■ **Fotos:** es un álbum en internet al que se pueden subir las fotografías para su almacenamiento y clasificación, y que pueden ser compartidas (<http://photos.google.com>).

■ *Earth:* va un paso más allá de *Maps.* Permite ver imágenes 3D de todo el planeta (<http://earth.google.com>).

■ **Libros:** servicio de búsqueda de libros digitalizados por *Google* (<http://books.google.com>).

■ *Hangouts:* programa de mensajería instantánea, llamadas y videoconferencias de *Google* (<http://hangouts.google.com>).

■ *Blogger:* servicio para crear y publicar blogs de manera sencilla. El blog queda alojado en el propio *hosting* de *Google* (<http://blogger.com>).

Recuerde

Es muy útil tener una cuenta de *Google* para acceder como usuario con un único registro a todas las aplicaciones.

Actividades

5. Descargue e instale *Google Drive* en su PC para acceder a sus documentos en la nube.
6. Acceda a su nueva cuenta de *Gmail* que ha obtenido al crear la cuenta *Google*.

8. Resumen

Google Drive es una potente herramienta que ofrece aplicaciones ofimáticas sencillas e intuitivas para crear documentos. También consiste en un espacio virtual en el que se pueden almacenar dichos documentos, quedando alojados en la nube.

Esta herramienta tiene como cualidad añadida la opción de compartir los documentos y realizar el trabajo de manera colaborativa y en tiempo real.

Para acceder a los servicios de *Google,* y en concreto a *Drive, Google* ofrece una cuenta unificada, la cuenta *Google,* que identificará al usuario en todos sus servicios y mantendrá así una coherencia e interconexión entre todos ellos. Es necesario crear una cuenta *Google* para poder utilizar *Drive.*

Google Drive es accesible desde cualquier plataforma, ya que es posible acceder vía web mediante *smartphones* o *tablets,* pero además *Google* facilita apps para todas las plataformas móviles, e incluso una aplicación para la sincronización y el acceso a los contenidos en un PC.

Ejercicios de repaso y autoevaluación

1. ¿Qué es *Google Drive?*

   a. Un conjunto de aplicaciones que se descargan y se instalan en el ordenador, de forma gratuita.
   b. Un conjunto de aplicaciones que vienen instaladas por defecto en cualquier ordenador.
   c. Un conjunto de aplicaciones que pueden instalarse, pero que solo están disponibles con conexión a internet.
   d. Un conjunto de aplicaciones que no es necesario instalar en el ordenador, ya que el trabajo se realiza directamente a través de internet.

2. ¿Qué es indispensable, además del acceso a internet, para empezar a utilizar *Google Drive?*

   a. Tener una cuenta de correo electrónico.
   b. Recibir una invitación de otro usuario.
   c. Tener una cuenta de usuario en *Google* o una cuenta de correo de *Gmail.*
   d. Todas las opciones son incorrectas.

3. Indique si las siguientes afirmaciones son verdaderas o falsas:

   a. La cuenta *Google* permite acceder a todos los servicios de Google, incluyendo *Gmail, Drive* y *YouTube,* entre otros.

      ☐ Verdadero
      ☐ Falso

   b. Se puede acceder a *Google Drive* desde cualquier dispositivo móvil, ya que existen Apps para todas las plataformas, además de que se puede acceder desde cualquier navegador teniendo conexión a internet.

      ☐ Verdadero
      ☐ Falso

4. **Si se accede a la cuenta de *Google* en un lugar con mucha gente que pueden ver la pantalla, ¿qué se debe tener en consideración?**

    a. Dejar sin marcar la casilla "Mostrar contraseña".

    b. Marcar la casilla "Mostrar contraseña".

    c. Es indiferente marcar o no la casilla "Mostrar contraseña", ya que nadie podrá verla igualmente.

    d. En ningún caso se debe marcar esta casilla, aunque esté solo en una habitación privada.

5. **Indique cuáles de los siguientes tipos de documentos puede crear con *Google Drive:***

    a. Documentos de texto.

    b. Hojas de cálculo.

    c. Presentaciones.

    d. Vídeos.

6. **Si alguno de los colaboradores elimina por equivocación algo en un documento compartido en *Google Drive,* ¿pierde dicha información?**

    a. Sí, por lo que hay que advertir antes a los colaboradores.

    b. Sí, por lo que debe escoger bien quién puede editar.

    c. No, siempre y cuando haya realizado anteriormente una copia de seguridad.

    d. No, *Google Drive* guarda automáticamente todas las versiones anteriores.

7. **¿Pueden trabajar varios usuarios simultáneamente en un mismo documento de *Google Drive,* desde ordenadores distintos?**

    a. Sí, sin problemas.

    b. Sí, siempre y cuando estén utilizando la misma conexión a internet.

    c. No, solo puede ser editado por una persona al mismo tiempo.

    d. No, pero el sistema alertará al usuario cuando el anterior haya terminado de editarlo.

8. Explique la utilidad de instalar la aplicación de *Google Drive* para PC.

_____

_____

_____

_____

_____

_____

_____

Unidad Didáctica 2
Gestión de documentos

Contenido

1. Introducción

Google Drive es una *suite* de creación de documentos ofimáticos, pero además es una herramienta de almacenamiento de archivos en la nube que permite sincronizar las carpetas, documentos y ficheros almacenados con uno o varios ordenadores.

En las unidades didácticas se explicará la operativa para trabajar con las distintas aplicaciones que incluye *Drive* para la creación de documentos de distinto tipo, pero previamente es importante conocer la forma de gestionar los documentos, sean del tipo que sean, es decir, este tema tratará sobre el almacenamiento de los documentos y archivos en *Drive,* de la organización de estos en carpetas, y también se verán los distintos modos que ofrece *Drive* para compartir los archivos con otros colaboradores para trabajar en común sobre los documentos o para publicarlos.

2. Interfaz de *Google Drive*

Cuando se accede a *Google Drive,* se entra en su página principal, que se compone de varias partes: barra de búsquedas, administrador de documentos, barra de herramientas y menú lateral de ubicaciones. Desde esta página de inicio se podrán gestionar todos los documentos.

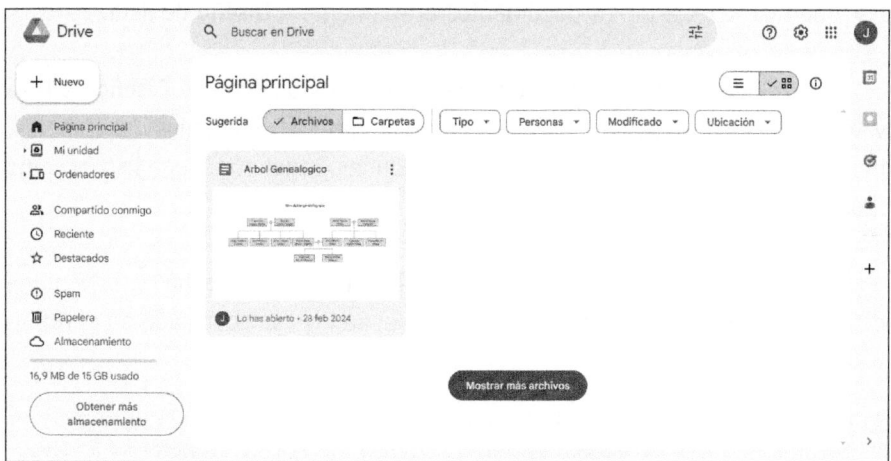

Página principal de Google Drive

2.1. Barra de búsqueda

Google Drive tiene un potente motor de búsqueda de los documentos que contiene. En la parte superior de la página inicial puede observarse un campo de búsqueda similar al del buscador de *Google.* En él se puede introducir un término que se buscará entre los documentos creados en *Drive.*

Barra de búsqueda

2.2. Administrador de documentos

Esta parte de la página principal no es más que un listado más o menos ordenado de todos los documentos creados, subidos o editados en *Drive.*

Se puede seleccionar un documento, haciendo clic sobre él en este listado, o abrirlo haciendo doble clic sobre él. En el caso de que se trate de una carpeta, al hacer doble clic sobre ella, se accederá a la misma y se mostrará su contenido.

Se puede establecer el criterio por el cual se desean ordenar, pero para ello hay que fijar la vista de los documentos previamente a **Diseño de lista.**

A la izquierda del botón **Ver detalles** se sitúa los botones de **Diseño de lista** y **Diseño de cuadrícula,** que permiten cambiar entre la vista de los documentos, mostrando los documentos y carpetas del administrador como una lista o como mosaicos respectivamente.

El botón **Ver detalles** abre un **Panel de Detalle** en la derecha de la ventana de *Drive* donde se visualizarán los detalles del archivo seleccionado en el Administrador de Documentos.

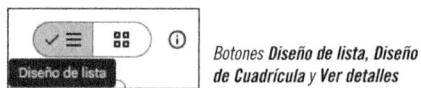

Botones Diseño de lista, Diseño de Cuadrícula y Ver detalles

Se pueden ordenar por varios criterios: por Nombre, por Última modificación, por Última modificación mía, o por Abierto por última vez por mí.

Para ordenar por nombre únicamente se ha de hacer clic en la cabecera **Nombre,** que aparece sobre el listado de archivos en la vista de lista.

Para las ordenaciones según la fecha de modificación se desplegará la cabecera **Última modificación,** haciendo clic sobre ella y aparecerán las ordenaciones relacionadas.

Cabeceras de listado de archivos

 Actividades

1. Cree un Documento de *Drive* y una Hoja de cálculo de *Drive* y guárdelos con un nombre. Después pruebe a ordenarlos en el administrador de documentos por varios criterios. Visualícelos en las vistas de Diseño de lista y Diseño de cuadrícula y observe las diferencias entre las dos vistas.

2.3. Barra de herramientas

Al seleccionar uno o más archivos en el administrador de documentos, aparecen una serie de botones en la barra de herramientas con los que se pueden realizar varias operaciones con el documento o documentos seleccionados, que son **compartir, descargar, mover, mover a la papelera de reciclaje** y **copiar enlace.**

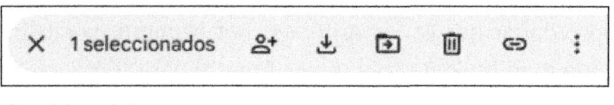

Barra de herramientas

Además, aparece el botón desplegable **Más acciones** con el que se pueden realizar las siguientes acciones:

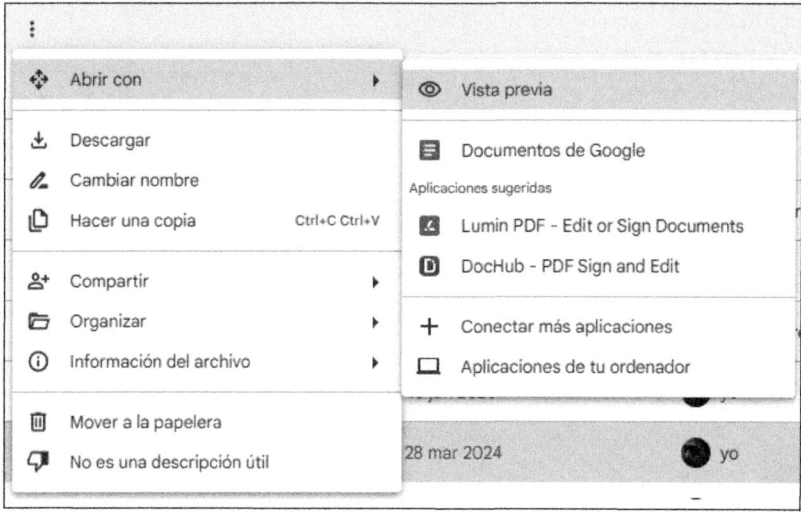

*Botón **Más acciones***

- Con la opción **Abrir con** se puede elegir con qué aplicación de *Google Drive* se abrirá el archivo. Al seleccionar la opción **Conectar más aplicaciones** de este submenú, se abrirá el cuadro **Conectar aplicaciones a Google Drive** donde se encuentran aplicaciones gratuitas y de pago, para trabajar con una gran cantidad de tipos de documentos.

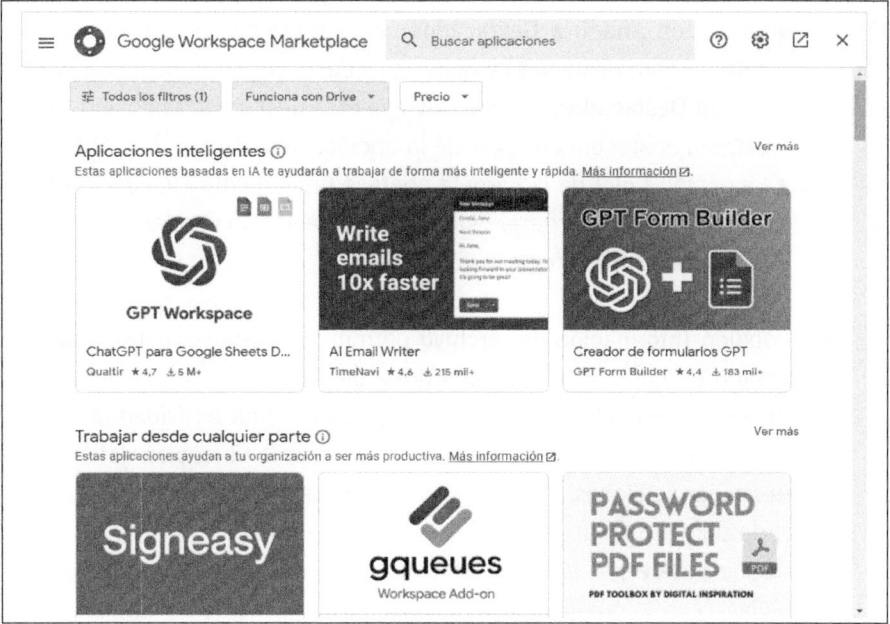

Conectar aplicaciones a Google Drive

- La opción **Descargar** permite que se descargue el documento al ordenador en uno de los formatos con que cada aplicación es compatible.
- La opción **Cambiar nombre** permite renombrar el documento o carpeta seleccionada.
- La opción **Hacer una copia** permite crear un nuevo documento idéntico al seleccionado, pero con otro nombre.
- La opción **Compartir** abre un menú donde podremos elegir un método para compartir el documento seleccionado, ya sea copiando un enlace al documento para enviarlo a alguien o bien compartirlo mediante Drive.
- La opción **Organizar** abre un menú donde indicaremos la forma de organizar el documento seleccionado entre las siguientes:

  - La opción **Mover,** abre una ventana en la que se debe escoger la carpeta a donde se moverá el archivo. También permite crear una carpeta nueva para mover a ella el archivo.
  - La opción **Añadir acceso directo** abre una ventana donde podremos indicar donde incluir un acceso directo al documento entre nuestras ubicaciones y carpetas.

▌ La opción **Añadir a Destacados** permite marcar el archivo con una estrella para destacarlo y poder acceder a él rápidamente en la ubicación **Destacados.** Si el archivo ya está destacado la opción Quitar estrella aparecerá en lugar de la opción Destacar.

▌ La opción **Color de la carpeta** aparece únicamente cuando se ha seleccionado una carpeta. Esta opción muestra un cuadro que permite seleccionar un color para la carpeta.

■ La opción **Información del archivo** permite ver detalles del documento abriendo un panel en la derecha de la página donde se pueden ver los **Detalles** del documento o carpeta, o bien la última **Actividad** de operaciones sobre los documentos en *Drive,* **Mostrar la ubicación del archivo,** y **Gestionar versiones,** lo que permite ver las últimas versiones guardadas de un documento de Drive.

■ La opción **Mover a la papelera** envía el documento a la papelera de reciclaje, con lo que podrá recuperarlo posteriormente o eliminarlo definitivamente más adelante.

Todas las opciones de la barra de herramientas vistas hasta ahora también pueden ser accedidas mediante el **menú contextual** del archivo o carpeta, es decir, haciendo clic con el botón secundario del ratón (botón derecho) sobre los archivos o carpetas.

En la parte derecha de la barra de herramientas de Drive existen tres botones que son, de izquierda a derecha, **Listo para usar sin conexión,** que permite visualizar los documentos de Drive sin necesidad de tener conexión a internet (si se activa), **Asistencia,** que abre el menú con las opciones de ayuda de *Drive,* y **Configuración,** que despliega un menú con varias funciones, que son la **Configuración** de la cuenta, **Instala *Drive* para ordenadores,** y **Combinaciones de teclas.**

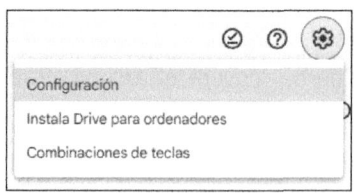

Botones de la barra de herramientas y menú
Configuración

Actividades

2. Destaque el documento que creó en el ejercicio anterior y renombre la hoja de cálculo.

2.4. Menú lateral de ubicaciones

Conforme se va trabajando con *Google Drive* se irán acumulando gran cantidad de documentos propios y documentos compartidos con otras personas. Por esta razón, es recomendable crear una estructura de carpetas en *Google Drive* para clasificar los documentos. Para ello, la página principal de *Google Drive,* muestra un menú lateral donde aparecen las ubicaciones donde se pueden clasificar los documentos.

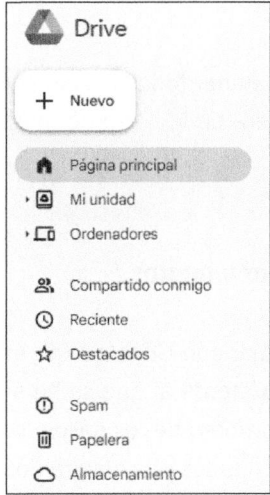

Menú lateral

- La primera ubicación del menú es **Página principal,** que es la opción por defecto y que muestra los documentos más recientemente utilizados y más utilizados, ya que serán los que con mayor probabilidad se van a abrir.

- La ubicación **Mi unidad,** es la opción que muestra todos los documentos de *Drive.* Aquí se pueden crear carpetas para almacenar los documentos, y subcarpetas dentro de estas. Cuando existen carpetas, aparece a la izquierda de la opción un triángulo que indica que puede desplegarse para ver las carpetas que contiene.
- Mediante las ubicaciones que siguen a **Mi unidad,** se pueden mostrar los archivos sincronizados con el ordenador del usuario, los documentos compartidos con el usuario, los documentos que se hayan utilizado recientemente, mostrar los documentos destacados, los archivos clasificados como *Spam* (no deseados), acceder a la papelera donde se encuentran los archivos eliminados, y acceder a un resumen del almacenamiento de archivos en *Drive* respectivamente.

En la ubicación **Papelera** se pueden recuperar los documentos o carpetas eliminadas seleccionándolos y pulsando el botón **Recuperar de la papelera** de la barra de herramientas. También se puede eliminar definitivamente un elemento seleccionándolo y pulsando el botón **Eliminar para siempre** de la barra de herramientas.

Por último, se pueden eliminar todos los elementos de la papelera a la vez, desplegando el menú **Papelera** de la barra de herramientas y seleccionando la opción **Vaciar papelera.**

3. Crear, abrir y editar documentos

El primer paso para trabajar con *Google Drive* es crear un nuevo documento o editar un documento ya existente al que se ha sido invitado o que haya sido creado previamente. En el primero de los casos, se creará el documento escogiendo entre todas las posibilidades y se elegirá dónde colocarlo. En el segundo de los casos, se deberá acceder a él antes de empezar a trabajar.

A continuación, se desarrollan todas las opciones de creación y gestión y, más adelante, las distintas opciones de edición.

3.1. Crear un documento

Para crear un documento se debe pulsar el botón **Nuevo** del panel de ubicaciones y seleccionar el tipo de documento a crear de entre uno de los tipos de documentos de *Drive.*

También se puede seleccionar la opción **Conectar más aplicaciones,** que abre una ventana del mismo nombre donde se pueden añadir aplicaciones a *Drive* para trabajar con una gran variedad de tipos de documentos.

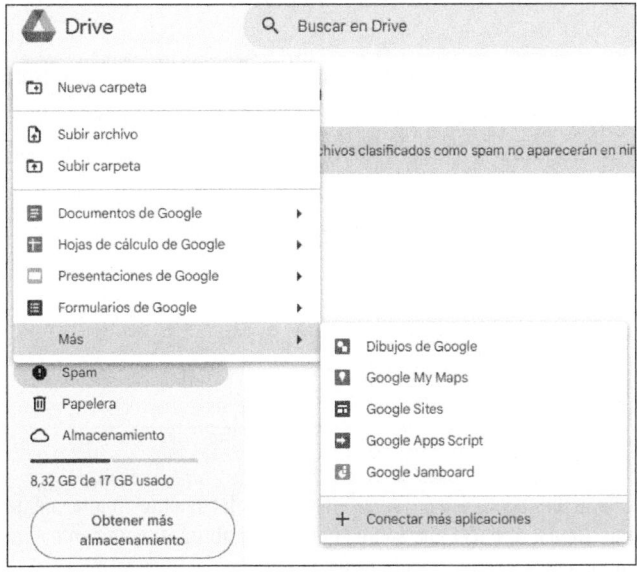

Menú Nuevo

En este menú también aparece la opción **Nueva carpeta,** que permite crear carpetas para facilitar el orden y gestión de documentos. Se puede ver su organización en forma de árbol desplegando la opción Mi unidad de la barra de herramientas o del menú de ubicaciones.

Al crear el nuevo documento, este se abre inmediatamente en una nueva ventana, en la que ya se puede empezar a editar. *Google Drive* reconoce la aplicación correspondiente sin necesidad de indicárselo.

3.2. Abrir un documento

Si se ha creado un documento y es necesario volver a editarlo después de haberlo cerrado, habrá que dirigirse a la lista del administrador de documentos. No hay más que localizarlo y hacer clic sobre él. Del mismo modo que al crear un documento nuevo, este se abre en una ventana distinta para su edición.

Mediante una invitación al correo electrónico para participar en la redacción de un documento compartido, que puede ser recibida o enviada a otros usuarios, el documento deja de ser privado y se comparte con aquellas personas a las que se envíe la invitación, ya que sirve para dar permiso de acceso al mismo.

Al hacer clic en el enlace de la invitación se accederá directamente al documento. Desde ese momento este aparecerá en la lista del administrador de documentos al acceder a *Google Drive.* En el caso de acceder al documento compartido desde *Drive,* es suficiente hacer clic sobre él para que se abra en una ventana nueva y poder editarlo, de la misma forma que con los documentos creados directamente.

 Nota

Si se ha recibido una invitación para participar en el documento en una cuenta de correo electrónico de *Gmail,* al hacer clic sobre el enlace se abrirá directamente el archivo, sin necesidad de identificarse en *Google Drive.* Sin embargo, si se recibe en cualquier otro servidor de correo, *Google* pedirá que se acceda con una cuenta de usuario o que se cree una nueva, para poder acceder al documento.

3.3. Editar un documento desde la barra de herramientas

Para aplicar alguna de las acciones al documento, se debe seleccionar este en el administrador de archivos y pulsar sobre alguna de las acciones de la barra de herramientas.

De este modo se podrá obtener un enlace para compartir el documento rápidamente; compartirlo, previsualizarlo, eliminarlo, destacarlo, renombrarlo, etc.

 Actividades

3. Conecte a *Google Drive* una nueva aplicación que permita crear diagramas.

4. Subir documentos. Hacer copias de seguridad

Además de crear documentos nuevos o editar los documentos creados en *Drive* o compartidos por otros usuarios, existe otra vía para utilizar documentos en *Google Drive.* Se trata de la opción **Subir documentos,** con la que se pueden almacenar documentos del ordenador, y cuyo origen no tiene que ser necesariamente *Google Drive.* Estos documentos pueden ser editados o compartidos, o, simplemente, almacenados como copia de seguridad "en la nube".

Al hacer clic en el botón **Subir,** se podrá elegir entre subir archivos individuales o subir una carpeta entera. Se elija la opción que se elija, se abre un cuadro de diálogo en el que se debe indicar el archivo o carpeta a subir.

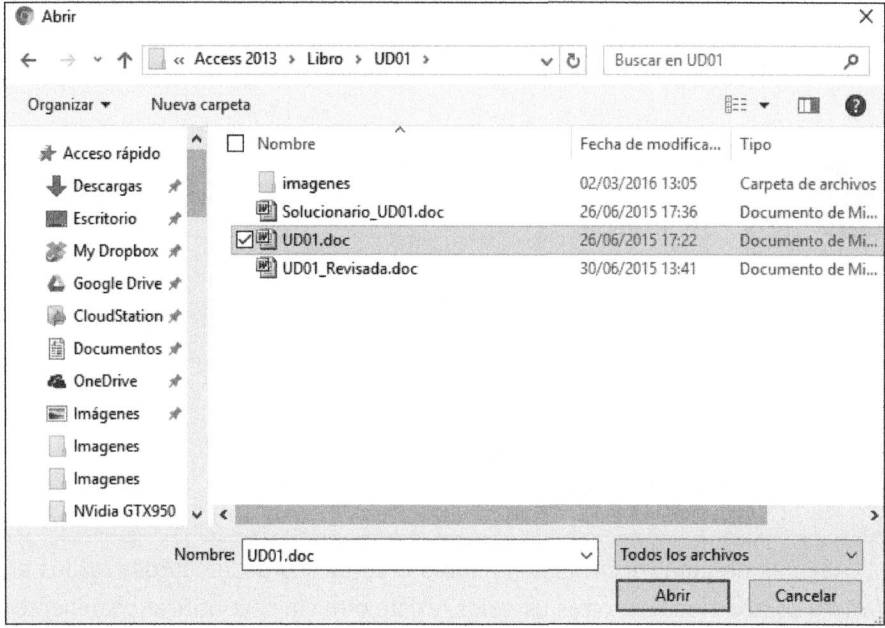

Seleccionar archivo a subir

Importante

La capacidad de *Google Drive* siempre es ampliable con el paso a la opción de pago, pero 15 GB es suficiente para un usuario medio.

Si solo se quiere almacenar los archivos no es importante el formato en que se suban, pero si además se pretende poder editarlos desde la aplicación, tienen que ser convertidos al formato *Google Drive.*

Cuando comience la subida a *Drive* de un archivo o carpeta, aparecerá en la esquina derecha de la ventana un cuadro en el que se verá el documento que se está subiendo, así como el tanto por ciento que resta para subirse.

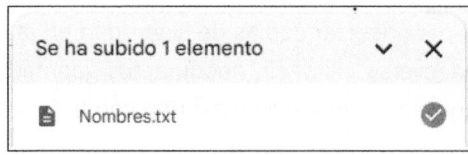

*Panel **Subir archivo***

Desplegando el botón **Configuración** de la barra de herramientas y seleccionando **Configuración,** se podrá seleccionar la opción **Convertir los archivos subidos al formato del editor de documentos de Google,** con lo que los archivos que se suban se convertirán para poder ser editados en *Drive.*

Convertir archivos subidos

Por otra parte, si se ha instalado la aplicación *Google Drive* en el ordenador, la carpeta de *Drive* del ordenador se sincroniza con la cuenta *Drive,* de modo que los documentos creados en la nube se guardarán también en la carpeta del ordenador. Del mismo modo, gracias a esta sincronización, se pueden subir a *Google Drive* archivos, documentos o carpetas sin más que copiarlas o moverlas a esta carpeta del ordenador, ya que se subirán automáticamente.

Esto es muy útil para realizar copias de seguridad en la nube de documentos importantes, y viceversa, es decir, documentos guardados en *Google Drive* se descargarán al equipo, obteniéndose así una copia de seguridad.

Además, al estar sincronizada la carpeta del ordenador con *Google Drive,* cuando se realicen cambios en documentos en *Drive,* se descargará la última versión al ordenador, y al contrario.

 Sabía que...

Los documentos subidos a *Google Drive* consumen el espacio de almacenamiento de la cuenta de usuario, pero los documentos de *Google* no ocupan espacio alguno en la cuenta. Por esto es muy interesante utilizar documentos de *Google* siempre que se pueda y no se requiera almacenar un archivo de un programa específico.

 Actividades

4. Suba un documento de su ordenador a la cuenta de *Drive* y observe que consume parte del almacenamiento utilizado en la cuenta.

5. Organización de documentos: motor de búsqueda, filtros y carpetas

A continuación, se describen varias funciones de *Drive* que ayudan a mantener una buena organización de los documentos.

5.1. Búsqueda

La primera de las barras que aparece en la página de inicio de *Google Drive* es la de búsqueda. Si se escribe un término en ella, el sistema realiza una selección de todos aquellos documentos que lo contienen y los muestra en una lista en el administrador para poder visualizarlos sin más que hacer clic en el elemento del listado.

5.2. Filtros

En ocasiones, puede resultar complicado encontrar el documento que se desea editar, ya que aparecen todos en la lista de búsqueda del administrador sin distinción. Para ello, se pueden utilizar los filtros de la barra de búsqueda, que permiten seleccionar los distintos documentos según una serie de criterios. Para desplegar el panel de filtros de búsqueda se debe hacer clic en el botón **Búsqueda avanzada** que aparece debajo de los resultados del cuadro de búsqueda.

Filtros de búsqueda avanzada

Este panel permite ir acotando las características de búsqueda del documento. Se puede elegir por tipo de documento en *Tipo,* por ejemplo si se trata de vídeo o imágenes, o elegir el *Propietario,* si pertenecen al usuario o si es un documento compartido.

Los filtros se van añadiendo sucesivamente según se acumulan para conseguir los resultados más ajustados. Todos los criterios indicados se van incluyendo en la barra de búsqueda, de tal forma que se puede escribir un nombre de archivo en *Nombre de elemento* o una palabra que contenga el documento en *Contiene las palabras* y *Google Drive* aplicará todos esos criterios.

Cuando se tengan los criterios seleccionados se pulsa el botón **Busca lo que quieres** y comenzará la búsqueda. Los resultados aparecerán en el área de administración de documentos.

5.3. Carpetas

La organización de los documentos es fundamental en *Google Drive.* Se han visto sistemas de búsquedas de archivo, pero también existe la posibilidad de organizarlos en carpetas a las que se le pueden asignar colores para su fácil visualización.

Puede crear estas carpetas haciendo clic en la opción **Carpeta** del botón **Nuevo** de la barra de herramientas, o abriendo en menú contextual con el botón derecho del ratón sobre un área vacía del administrador de documentos.

Al pulsar el botón **Carpeta** aparecerá un cuadro de diálogo en el que se debe introducir el nombre que se le va a dar a la carpeta.

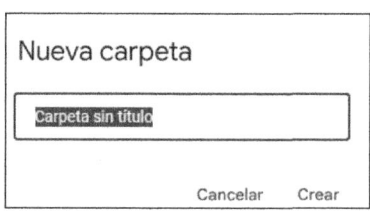

Nueva carpeta

La carpeta se creará justo en la posición en la que se encuentre en el administrador de archivos. Es decir, si *Drive* estaba situado dentro de la carpeta **Cursos,** la nueva carpeta se creará dentro de esta. La estructura de carpetas es igual a la que existe en el PC, de modo que se pueden organizar los documentos en carpetas y subcarpetas.

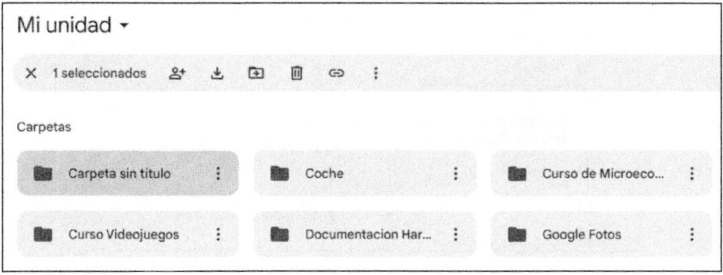

Carpeta creada

Desde la barra de herramientas o desde el menú contextual de la carpeta se pueden realizar ciertas operaciones como cambiar el color o cambiar el nombre, además de poder compartirla, visualizar sus detalles y descargarla.

Si por error la carpeta ha sido creada en el lugar de la estructura equivocado, se podrá mover la carpeta a cualquier lugar de la estructura de carpetas utilizando el comando **Mover a...** de la barra de herramientas, que mostrará un cuadro de diálogo donde se debe indicar el lugar a donde va a moverse.

*Cuadro de diálogo para **Mover***

También puede moverse una carpeta arrastrándola con el ratón hasta la carpeta a la que se desea mover en el área de administración de archivos o en la estructura de unidades del panel lateral izquierdo.

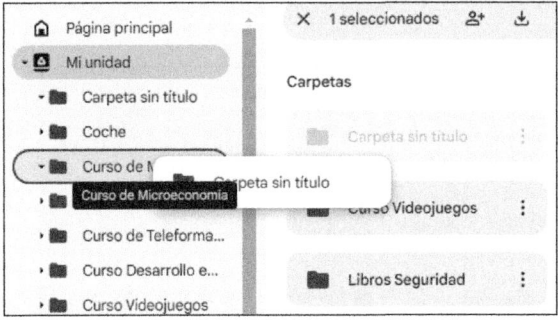

*Estructura de carpetas en **Mi unidad***

Mediante el menú de ubicaciones se puede navegar por la estructura de carpetas sin más que ir desplegando las carpetas. Para desplegarlas se debe hacer clic sobre el triángulo que aparece en su parte izquierda. De esta forma se pueden ir visualizando las subcarpetas contenidas en cada carpeta y visualizar su contenido rápidamente haciendo clic sobre la carpeta. También se puede abrir una carpeta haciendo doble clic sobre ella en el área de administración de documentos.

Las carpetas son uno de los sistemas de ordenación en la cuenta de *Google Drive.* Esto significa que cada usuario tendrá su propio orden dentro de sus documentos. El hecho de compartir un documento o de enviarlo a otro usuario no implica que guarde el mismo orden o pertenezca a la misma carpeta.

Se puede compartir el contenido completo de una carpeta haciendo clic en **Compartir** en la barra de herramientas o en el menú contextual de la carpeta. Inmediatamente, las opciones de permisos que se apliquen a dicha carpeta pasarán a los documentos que contenga.

Actividades

5. Cree una carpeta en *Drive* llamada "Personal" y otra llamada "Trabajo". Cambie el color de la carpeta "Personal" a naranja, y el de la carpeta "Trabajo" a rojo.
6. Cree una nueva carpeta "Cartas". Después muévala dentro de la carpeta "Personal".

Aplicación práctica

En la empresa en que trabaja le recomiendan que realice una copia de seguridad de los documentos que usa habitualmente y le permiten utilizar para ello *Google Drive*.

¿Cómo podría realizar dicha copia de seguridad?

SOLUCIÓN

Una opción es crear la carpeta "Copia de seguridad" en *Drive* y después subir los documentos a esta carpeta mediante la opción **Subir archivos** o **Subir carpeta** del botón **Nuevo** de *Drive*.

Otra forma de realizarlo sería utilizando la aplicación para escritorio de *Drive*. En la carpeta de *Drive* en el equipo se crearía la carpeta "Copia de seguridad" y se copiarían los archivos o carpetas a salvaguardar dentro de la carpeta y la aplicación se ocuparía de subirlos automáticamente. Esta última solución tiene la ventaja de que, si después los archivos se modifican dentro de la carpeta de *Drive*, se sincronizarán los cambios automáticamente con los archivos subidos.

6. Compartir documentos: ¿quién puede verlos?

Compartir documentos es una de las razones de ser de *Google Drive* y una de las cualidades que lo hacen más atractivo y competitivo. Permite compartir documentos con otros usuarios para trabajar en línea, para facilitarle la última versión para su corrección, etc. Esto hace que *Google Drive* sea una herramienta perfecta para el trabajo en equipo.

6.1. Compartir un documento

Existen varias formas de compartir un documento. Se pueden compartir los documentos desde el administrador de documentos. Con el documento seleccionado en la lista, se debe pulsar el botón **Compartir** de la barra de herramientas, seleccionar el medio por el que se va a compartir y posteriormente configurar quién tendrá acceso y añadir los usuarios.

Al pulsar el botón **Compartir** se abre el cuadro de diálogo **Compartir,** donde se pueden indicar correos electrónicos de colaboradores con los que compartir el documento. Se pueden introducir los nombres de contactos o correos electrónicos y seleccionar el grado de compartición desplegando el botón de la derecha de la caja de texto que aparecerá una vez introducidos los nombres. Estos grados o tipos de participantes se verán más tarde. Una vez introducidos los colaboradores se pulsará el botón **Compartir.**

Cuadro de diálogo **Compartir con otros**

Para configurar más en detalle la compartición del documento o modificar el tipo de colaboración de cada invitado se debe pulsar el botón **Configuración** del cuadro de diálogo **Compartir,** que abre el cuadro de diálogo **Configuración.**

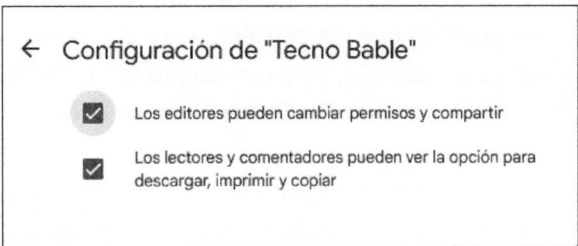

*Cuadro de diálogo **Configuración para compartir***

En este cuadro de diálogo se puede indicar si los editores podrán cambiar permisos y compartir el documento o no, y si los lectores y comentadores podrán descargar, imprimir o copiar el documento o no.

Durante la edición del documento, este puede ser compartido sin necesidad de cerrarlo e ir al administrador de documentos. Las mismas opciones explicadas aparecen haciendo clic en el botón **Compartir** que se encuentra en la esquina superior derecha de cada una de estas aplicaciones.

6.2. Tipos de participantes

Antes de ver con mayor detenimiento todas las opciones para compartir los documentos, deben quedar claras las diferencias que existen entre los distintos modos de participación que puede darse a los usuarios para trabajar con un documento:

- **Propietario:** es aquel que crea el documento, y que puede editarlo e invitar a otros colaboradores o lectores a participar. También puede cambiar sus derechos sobre los documentos, pero nunca podrá ser eliminado de la lista de participantes. En la lista de tipo de participación de un colaborador puede escoger la opción de **Es propietario,** gracias a la cual puede ceder la propiedad a otro usuario y pasar a ser colaborador o lector.
- **Colaboradores:** son aquellos que han sido invitados por el propietario y que, a su vez, pueden invitar a otros colaboradores o lectores. Estos colaboradores a su vez pueden tener dos tipos de participación: o bien **Pueden editar,** o bien **Pueden comentar** únicamente, añadiendo comentarios pero sin editar el documento.

- **Lectores:** son aquellos que pueden leer, guardar e imprimir el documento al que han sido invitados, pero que no pueden editarlo. Un colaborador de este tipo únicamente **Puede ver** el documento.

Tipos de participación

 Nota

Un documento puede ser compartido con un total de doscientas personas, pero debe saberse que solo cincuenta podrán editar o comentarlo simultáneamente.

6.3. Uso compartido

Una vez compartido el documento se pueden configurar algunos aspectos sobre los permisos que tendrá el documento y el participante que ha sido invitado.

Para configurar el uso compartido se debe abrir de nuevo el cuadro de diálogo Compartir para establecer o cambiar los permisos correspondientes.

En este cuadro de diálogo aparecerá en la sección **Personas con acceso** en primer lugar los distintos usuarios que tienen acceso, y después la configuración general de compartición.

En un principio, antes de compartir el documento, aparecerá en esta sección el usuario propietario como única persona con acceso. Una vez que se incluyen colaboradores aparecerán en la misma sección estos colaboradores como usuarios específicos con acceso.

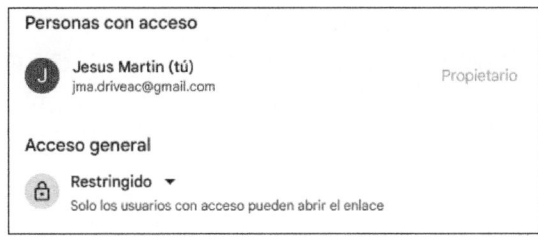

Personas con acceso

Se pueden añadir a nuevos colaboradores en el cuadro **Añadir personas,** introduciendo a todas aquellas a las que se quiera invitar. En este recuadro se puede escribir el nombre de los contactos del correo *Gmail,* si ambos tienen cuenta de correo en dicho buzón; cualquier correo electrónico de otro servidor (en cuyo caso, quien lo reciba habrá de crearse una cuenta en *Google* para poder acceder al documento, solo en el caso de que sea privado) o bien, el nombre del grupo de correo si se tiene a los contactos ordenados en grupos.

 Nota

Se puede añadir a más de una persona en el recuadro blanco separando los nombres con comas (,), del mismo modo que cuando se manda un correo a varias direcciones de una sola vez. Hay que tener en cuenta que solo se puede escoger una categoría ("Lector", "Comentador" o "Editor") para todos ellos. Si se desea invitar a editores y a lectores, habrá que repetir la operación para cada una de las categorías.

Cuando se introduce un nombre o correo de una persona a invitar, se ofrece la posibilidad de enviar una notificación por correo electrónico avisándole de que el documento ha sido compartido con ella, que contiene el link para acceder al documento. Bajo el cuadro de texto de **Añadir personas,** aparece la casilla "Notificar a los usuarios", que está marcada de manera predeterminada. Si esta casilla es desmarcada no se enviará la notificación. Cuando la casilla está marcada aparece el cuadro **Mensaje,** que permite escribir un mensaje personalizado para notificar a los colaboradores la compartición del archivo.

Se podrá indicar que se notifique la compartición al usuario enviándole un mensaje.

Si la persona que recibe el *link* lo hace en una cuenta de *Gmail,* al hacer clic sobre él se abrirá el documento directamente, pues está identificado con su cuenta *Google.* Si no recibe el correo en *Gmail,* sino en otro servidor de correo, el *link* le llevará a la página principal de cuenta de *Google Drive,* donde tendrá que identificarse para poder acceder. Esta es una de las razones por las que se recomienda centralizar todas las aplicaciones y vincularlas con el correo electrónico de *Gmail.*

Actividades

7. Comparta un documento con dos personas de modo que puedan editarlo, y que se les notifique por correo electrónico.

Editar permisos

Una vez que agrega a un contacto, este aparecerá en la lista de permisos debajo de su nombre de usuario, que sigue siendo el propietario del mismo. Puede desplegar la pestaña lateral de cada uno de los contactos queinvite y cambiar el tipo de permiso que le da: *Lector, Comentador,Editor, Puede ver, Transferir propiedad* y *Quitar acceso.*

Como parte de la configuración para compartido, también se puede decidir si los editores podrán o no añadir a su vez a nuevos usuarios. En la parte superior derecha del cuadro, existe un botón denominado **Configuración,** donde se pueden indicar estas cuestiones.

En esta sección se puede marcar la opción para permitir o no que *Los editores pueden cambiar permisos y compartir,* ya que de manera predeterminada tienen permiso para realizar dichas operaciones.

La otra opción es permitir o no, que *Los lectores y comentadores pueden ver la opción para descargar, imprimir y copiar,* lo que permite que el documento pueda ser distribuido por los lectores y comentaristas.

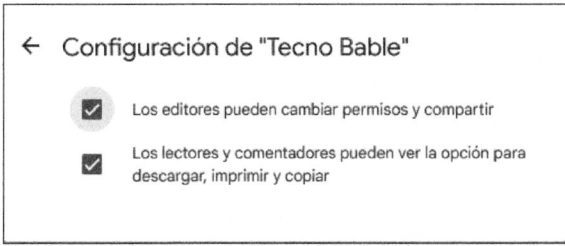

Configuración del propietario

Los documentos compartidos aparecen, como el resto, en el administrador de documentos de la página principal de *Google Drive* si se es propietario. Si se es colaborador el documento aparece en la ubicación **Compartido conmigo.**

En la Vista previa o con el comando **Visualizar detalles** se pueden ver en todo momento las características del documento seleccionado en el administrador: aparece si es privado y con quién está compartido.

Para modificar la configuración de compartición del documento, se puede hacer clic en **Compartir** para ir a la ventana de **Compartir.**

Si se es el propietario de un documento, se pueden administrar los derechos de cada invitado. Pueden definirse al enviar la invitación, tal y como se ha visto, pero también pueden ser modificados posteriormente. En **Compartir,** junto a cada uno de los nombres de usuario que aparece en la lista, existe una pestaña desplegable desde donde se podrá cambiar su cualidad.

También ocurre lo mismo con la privacidad. Se puede modificar en la sección **Acceso general** desplegando la lista y seleccionando entre acceso *Restringido,* lo que hace el documento privado, o *Cualquier persona con el enlace,* lo que hace que el documento sea público.

Acceso general

 **Nota**

Se puede utilizar el botón **Compartir** para ver en todo momento un listado de las personas con las que comparte un documento y con qué permisos.

Eliminar participantes de un documento

Si se desea eliminar a colaboradores o lectores del uso compartido, puede hacerse en la misma ventana **Compartir.** Para eliminar a un colaborador se desplegará la lista de permisos a su derecha y se seleccionará la opción ***Quitar acceso.***

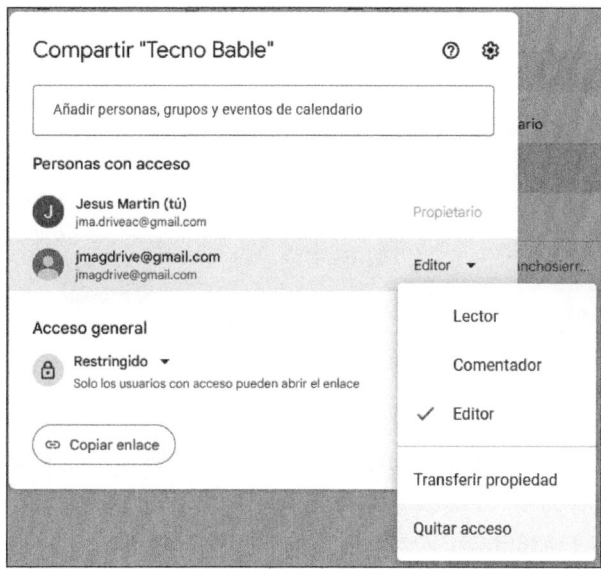

Quitar acceso a colaborador del documento.

Si el participante al que se elimina ha descargado una versión del documento en su ordenador, no se podrá evitar que tenga acceso a ella, pues está almacenada en su equipo. Sin embargo, no podrá acceder más al documento que se encuentra en *Google Drive,* ni por tanto realizar cambios en él.

6.4. Enviar un correo electrónico

Existe una forma de estar en contacto con todos los participantes en el documento. Si se quiere mandar una nota, aclaración, o incluso un mensaje de ánimo a los participantes de su documento, se debe abrir el documento y en el menú **Archivo** seleccionar la opción **Correo electrónico** y en el submenú seleccionar **Enviar correo electrónico a colaboradores,** y rellenar los detalles de dicho mensaje en la ventana que aparece.

Enviar mensaje a colaboradores

Se utiliza esta opción de envío de correo para recordar a alguien que se han realizado cambios en el documento. Si esa persona no entra en *Google Drive,* no tendrá otra manera de saber que ha sido modificado.

Para ver si un documento ha sido modificado por otro usuario después de que se accediera a él por última vez, se debe pulsar el botón **Visualizar detalles** accediendo a la pestaña **Actividad,** donde aparece toda la actividad reciente sobre los documentos.

En el campo **Destinatarios** aparecen por defecto todos los participantes en la edición o lectura del documento. Esto no significa que sea necesario escribir a todos, se pueden deseleccionar los que no se deseen pulsando sobre la x que aparece a la derecha del nombre, o también escoger las opciones seleccionar todos o ninguno de los **Editores, Lectores** o **Comentadores,** haciendo clic en las casillas correspondientes. Como no tendría sentido no seleccionar ningún receptor del mensaje, se puede utilizar esa opción para deseleccionar todos los que aparecen y escoger a mano alguno en concreto.

El asunto se rellena automáticamente por defecto con el título del documento, aunque puede ser modificado si se desea. Existe un espacio para introducir el mensaje a enviar y, finalmente, antes de enviar se puede elegir **Enviarme una copia,** con la que llegaría el mismo correo también al buzón del remitente.

Todos los colaboradores destinatarios del mensaje reciben en su buzón de correo electrónico una notificación con el texto del mensaje y el enlace al documento actualizado.

6.5. Enviar como archivo adjunto en un correo

Si lo que se desea hacer es enviar un documento como un archivo adjunto en un correo electrónico, *Google Drive* ofrece la opción de hacerlo directamente. Así, no habrá necesidad de descargar el archivo en el ordenador para luego buscar la ruta y adjuntarlo con el servidor de correo, sino que podrá hacerse de manera directa y sin descargas.

Para ello se debe abrir el documento, desplegar el menú **Archivo** y seleccionar la opción *Correo electrónico* y *Enviar este archivo por correo.* Aparece un cuadro de diálogo donde se deben rellenar algunos datos para completar el envío:

- Seleccionar la forma en la que adjuntar el documento, eligiendo un formato para el archivo a enviar. Dependiendo del tipo de documento, aparecerá un conjunto u otro de tipos de archivos.

- Rellenar el campo **Para** con la dirección de correo de la persona a la que se realiza el envío.
- Editar, si se desea, el asunto, ya que lo rellena *Google Drive* por defecto con el nombre del archivo.
- Escribir, si se desea, un texto en *Mensaje* que será el equivalente al cuerpo de texto del correo electrónico.
- Marcar si se desea que llegue una copia al propio correo.

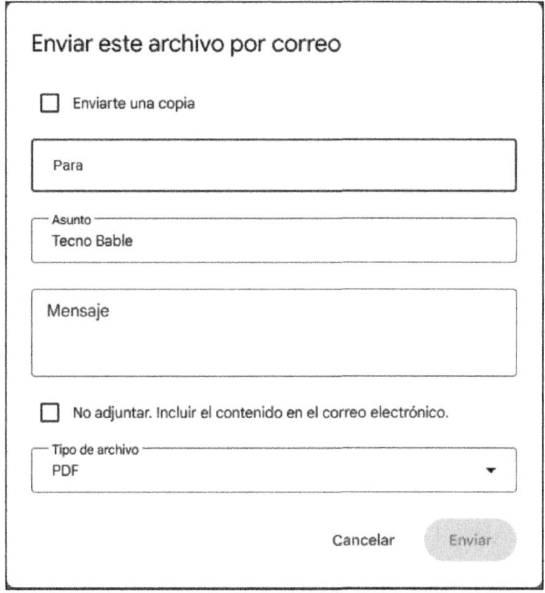

Cuadro de diálogo **Enviar este archivo por correo**

 **Actividades**

8. Cambie los permisos de los colaboradores de su documento compartido para que solo puedan incluir comentarios. Envíe un correo electrónico a todos los colaboradores para explicarles que ha cambiado los permisos de edición.

6.6. Compartir mediante enlace

Si se quiere compartir un documento con colaboradores que no utilizan *Google Drive,* o bien que pueden acceder mediante redes sociales, se puede utilizar un enlace para compartirlo. En esta forma de compartir el documento, *Google Drive* asigna al documento una dirección URL mediante la que se accede al interfaz del documento en *Drive.*

Para elegir esta opción se debe seleccionar el documento y elegir la opción **Copiar enlace** en la barra de herramientas (el último botón).

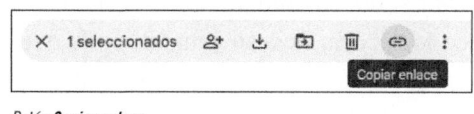

Botón Copiar enlace

Esto proporcionará un enlace que se debe enviar a los colaboradores y se copiará en el portapapeles del sistema. Este enlace puede ser pegado donde se desee.

El enlace al documento es, literalmente, la URL que puede compartirse para acceder a la web que lo contiene.

Para que los colaboradores a los que se le envíe el enlace tengan acceso al documento, se debe activar previamente la compartición por enlace. Esto se hace abriendo el cuadro de diálogo **Compartir** del documento y cambiando la privacidad en la sección **Acceso general,** indicando que podrá acceder al documento **Cualquier persona con el enlace.** Se puede desactivar la publicación del documento para volverlo a hacer privado desactivando el uso compartido de enlaces de la misma manera.

 **Nota**

Para copiar se abre el menú contextual sobre el enlace con el botón derecho del ratón y se selecciona **Copiar**. Después se podrá repetir la operación en cualquier gestor de correo o de mensajería seleccionando la opción **Pegar**.

De manera predeterminada, al compartir mediante enlace los colaboradores únicamente pueden ver el documento. En la parte inferior del cuadro de diálogo **Compartir** aparece la sección **Acceso general,** en la que se podrá indicar el tipo de colaboradores que serán los invitados mediante enlace.

Cuadro de diálogo **Compartir con otros**

Desplegando la lista de Rol se podrá indicar si los colaboradores con el enlace podrán editar, comentar, únicamente leer.

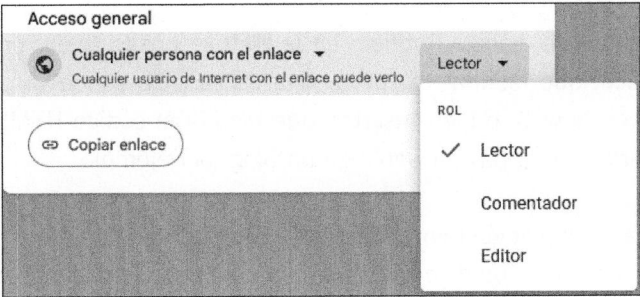

*Lista desplegable **Rol***

6.7. Publicar en la web

Cuando quiere hacer un documento extensivo a más personas, existe una forma específica de compartirlo: publicarlo en la red. Al publicar un documento, *Google Drive* asigna a esa página una dirección URL. Las personas que tecleen esa dirección en su navegador o que hagan clic en un vínculo que enlace a ella en su web o blog, podrán acceder a ella. Para elegir esta opción se debe abrir el documento y dentro del menú **Archivo,** seleccionar la opción **Compartir,** y dentro de esta, **Publicar en la Web.**

*Cuadro de diálogo **Publicar en la Web***

En el cuadro de diálogo **Publicar en la Web** se puede seleccionar entre la opción **Enlace,** que facilita un enlace, que es la URL donde se publicará el documento en la web, o bien **Insertar,** que facilita el código HTML necesario para insertarlo en una página web o en un blog, por ejemplo.

Desplegando la opción **Contenido publicado y configuración,** se puede marcar la opción *Volver a publicar automáticamente* cuando se realicen cambios, si se desea que la web se refresque cada vez que se realice un cambio en el documento original.

Para publicar el documento habrá que pulsar el botón **Publicar** o **Iniciar la publicación,** que hará que *Drive* pida confirmación y publique el documento en la web. Además, mostrará el enlace o el código de publicación para que pueda ser copiado y distribuido.

En cualquier momento se puede eliminar la publicación, volviendo a entrar en este cuadro de diálogo y pulsando el botón **Detener publicación,** que hará que deje de publicarse el documento en la web.

La opción de publicación es independiente de la opción de privacidad que se haya escogido previamente. Un documento publicado podrá ser visto por cualquier persona que tenga su URL o que haga clic en algún vínculo que haya creado con ese enlace.

 Nota

La página web creada se abre en una página que nada tiene que ver con el administrador de *Google Drive,* por lo que aquellos que accedan a ella no tendrán acceso a su edición.

En resumen, hay dos formas de obtener un enlace que lleve hasta el documento creado con *Google Drive:* el que se inserta en los correos electrónicos cuando se invita a participar a nuevos usuarios, y el que se obtiene al publicar el documento en internet. Sin embargo, en ningún caso existe el riesgo de que el documento pueda ser editado por personas a las que no se ha invitado a participar en él. Si se envía por error el enlace al documento original de *Google Drive,* a un usuario al que previamente no ha dado permisos de acceso, este no podrá entrar en él.

Actividades

9. Publique un documento en la web de modo que se actualice cuando se realicen cambios, obtenga su enlace y visite la página para comprobar que no es editable.

Aplicación práctica

Debe crear un documento compartido con los compañeros del departamento donde se refleje el avance de los distintos proyectos que se están realizando. Los coordinadores de cada proyecto deben tener permiso para editar el documento para ir actualizando el estado de los proyectos, mientras que el resto de colaboradores podrán realizar comentarios pero no modificar el documento. Además, existe un colaborador con un contrato de formación que podrá ver el documento pero no comentar ni editar.

¿Cómo puede compartir el documento con los distintos colaboradores?

SOLUCIÓN

Se debe seleccionar el documento y pulsar el botón **Compartir** de la barra de herramientas. Después se introducirán las direcciones de correo electrónico de los coordinadores en la caja de texto Personas y se fijará el botón desplegable de permisos en **Editor,** y se pulsará el botón **Compartir.**

Después se volverá a pulsar el botón **Compartir** y se introducirán las direcciones de correo de los demás colaboradores. Se desplegará el botón de permisos y se fijará en **Comentador.** Por último se pulsa el botón **Compartir.**

Continúa en página siguiente >>

<< Viene de página anterior

De nuevo se pulsa el botón **Compartir** y se introduce la dirección de correo del colaborador en prácticas, se despliega el botón de permisos y se selecciona la opción **Lector**. Finalmente se pulsa el botón **Compartir**.

---

7. Crear y utilizar plantillas

Las plantillas son documentos modelo predeterminados que ayudan a crear los propios. Pueden tomarse como base y ser modificadas o completadas para un uso más específico, o también pueden utilizarse tal cual, pues en la galería se recogen multitud de documentos tipo con gran variedad estética y de contenido.

7.1. Encontrar una plantilla

Se pueden encontrar plantillas para documentos de texto, hojas de cálculo, presentaciones, Formularios o Dibujos en la galería de plantillas. Puede accederse a ella externamente escribiendo en el navegador <https://drive.google.com/templates>, o pulsar el botón **Nuevo** y hacer clic en el triángulo de la derecha del tipo de documento a crear y seleccionar en el menú que aparece la opción **Desde una plantilla,** o bien se puede abrir o crear un documento de *Drive* y en el menú **Archivo** del interfaz desplegar el submenú Nuevo y seleccionar la opción **De la galería de plantillas.**

En cualquiera de los casos anteriores, se accede a la galería de plantillas. Esta galería se divide en distintas temáticas de plantillas. Las plantillas ya utilizadas son las que aparecen en la primera sección, denominada *Plantillas usadas recientemente.*

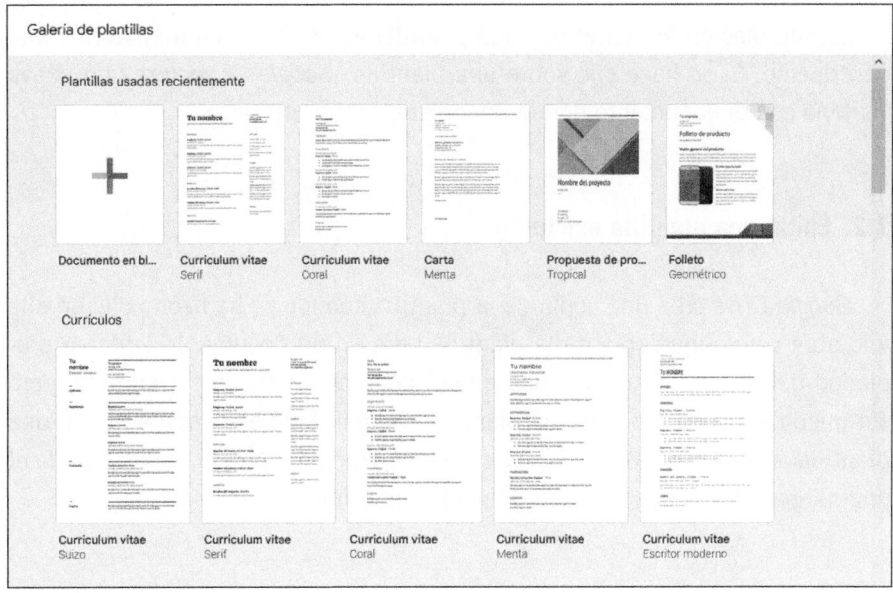

*Página de **Galería de plantillas***

 Nota

Las plantillas que aparecen en la galería de plantillas dependerán del tipo de documento seleccionado al crear desde plantilla. Es decir, si hemos accedido desde Documentos de Google las plantillas serán de documentos de texto, y si hemos accedido desde Hojas de cálculo las plantillas que aparezcan en la galería serán las de hojas de cálculo.

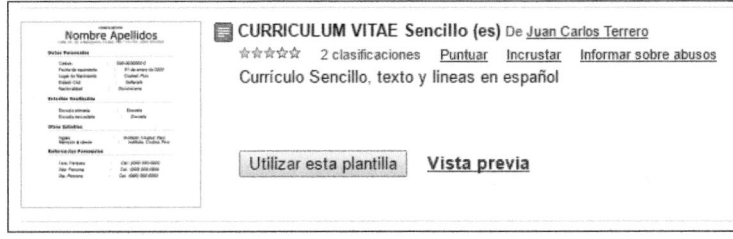

Detalle de una plantilla

La información existente de cada plantilla es una vista en miniatura y una descripción. Si se hace clic sobre una plantilla, *Google Drive* abre una nueva ventana con el documento donde puede empezar a utilizarse.

7.2. Editar una plantilla existente

Google Drive crea una copia de la plantilla cuando se ha hecho clic en ella y lo abre como una copia de la plantilla pero en un documento editable propiedad del usuario. Esto significa que el documento puede ser editado, pero sin miedo a que se modificar la plantilla original. Este es el cometido de una plantilla: se usa como base pero se crea un documento propio, manteniendo el original para poder ser utilizado de nuevo en el futuro.

 Importante

No se debe olvidar cambiar el nombre al documento si se desea, antes de guardarlo.

 Actividades

10. Busque y utilice una plantilla en español para crear un nuevo documento de carta comercial y guarde el documento con un nombre apropiado.

8. Ayuda de *Google Drive*

Google Drive cuenta con una opción de **Asistencia** en la barra de herramientas de la esquina superior derecha. Para obtener acceder a la ayuda debemos seleccionar la opción **Ayuda** del menú **Asistencia**.

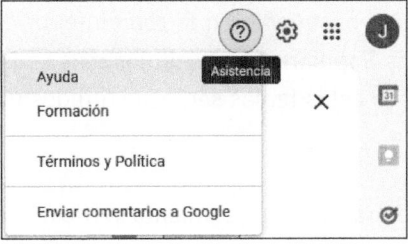

Menú Asistencia

La opción ayuda abre un panel flotante llamado **Ayuda de Google Drive.** Este panel puede ser desplazado a cualquier lugar de la ventana, arrastrándolo con el ratón sobre su cabecera. Para cerrar el panel no hay más que pulsar el botón **Cerrar** (X).

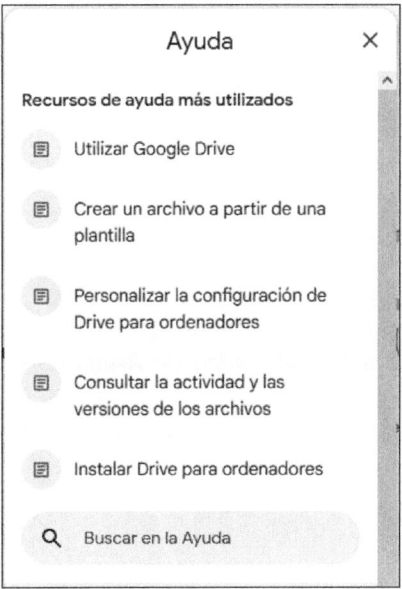

Panel Ayuda de Google Drive

En el panel se encuentra, en la parte inferior, un campo de texto llamado **Buscar en la Ayuda,** que permite introducir el término o la frase a buscar en los temas de ayuda. No hay más que escribir un término o frase y pulsar la tecla [Enter] para que se realice una búsqueda en la ayuda y se muestren los temas relacionados en la parte inferior del panel.

Antes de realizar una búsqueda, en la zona inferior del panel aparecen los temas de consulta más **Populares,** es decir, los más consultados. Una vez que se realice una búsqueda estos temas serán sustituidos por los resultados de la búsqueda.

Si se desplaza la barra de desplazamiento vertical de la zona de temas hacia abajo del todo, se muestran dos enlaces especiales llamados **Preguntar a la comunidad de Ayuda** y **Ponte en contacto con nosotros.**

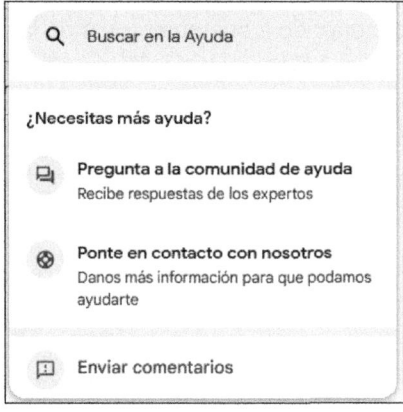

Más ayuda

El enlace ***Pregunta a la comunidad de Ayuda*** abre un cuadro de diálogo donde se podrá formular una pregunta que se dirigirá al foro de ayuda de *Google* sobre *Google Drive,* donde se puede plantear una consulta que pueden responder otros usuarios.

 Actividades

11. Busque ayuda sobre las carpetas de *Drive* en el panel de Ayuda.
12. Busque ayuda sobre *Drive* para ordenadores en los temas de ayuda más utilizados.

9. Resumen

El interfaz de *Google Drive* se compone de varias partes que permiten gestionar los documentos: barra de búsquedas, administrador de documentos, barra de herramientas y menú lateral de ubicaciones. Desde esta página de inicio se podrán gestionar todos los documentos.

En *Drive* se pueden crear documentos muy fácilmente mediante el botón **Nuevo** de la barra de herramientas. Además, se pueden crear carpetas para organizar los documentos. También se pueden subir archivos o carpetas desde el ordenador para almacenar en *Drive* y organizarlos como se desee.

Es muy útil compartir los documentos de *Drive* con colaboradores para poder editarlos y modificarlos conjuntamente incluso de forma simultánea en directo. *Drive* ofrece varias formas de compartir los documentos para cubrir todas las necesidades que puedan surgir. Además, se puede controlar el acceso de los colaboradores a los documentos compartidos permitiendo que puedan editarlos o que solo puedan realizar comentarios, o incluso que puedan solo leerlos y visualizarlos pero no editarlos.

Los documentos de *Drive* pueden ser publicados en la web, y el mismo *Drive* se ocupará de actualizar la publicación cuando se realicen cambios en el documento original.

Drive dispone además de una gran cantidad de plantillas para la creación de todo tipo de documentos, que son aportadas por la comunidad de usuarios.

Drive cuenta con un sistema de ayuda que permite buscar temas concretos o navegar entre una buena cantidad de artículos de ayuda. Además, existe un foro de ayuda donde los usuarios del programa plantean consultas que pueden ser visualizadas y donde también se pueden plantear consultas.

Ejercicios de repaso y autoevaluación

1. **¿De qué manera se puede encontrar un documento en el administrador?**

   a. Utilizando la herramienta de búsqueda.
   b. Aplicando filtros.
   c. Navegando por las diferentes ubicaciones.
   d. Todas las opciones son correctas.

2. **Indique si las siguientes afirmaciones son verdaderas o falsas:**

   a. En el administrador de documentos se pueden ordenar los documentos por nombre o por fechas de modificación o apertura.

   ☐ Verdadero
   ☐ Falso

   b. *Google Drive* ofrece aplicaciones para crear documentos de texto, hojas de cálculo, presentaciones, formularios y dibujos, pero no permite más opciones de ampliación.

   ☐ Verdadero
   ☐ Falso

3. **¿Puede editar un documento que suba a "la nube"?**

   a. No, una vez que lo ha subido ya no podrá volver a editarlo.
   b. No, pero sí podrá sustituirlo por otra versión más actualizada que tenga en su ordenador.
   c. Sí, pero habrá que convertirlo a formato de *Google Drive.*
   d. Sí, siempre y cuando al subirlo se asegure de marcar los permisos adecuados.

4. ¿Puede acceder sin identificarse para editar un documento desde el enlace en el correo electrónico?

    a. No, a menos que ya esté identificado en su cuenta de *Gmail* y, por tanto, en su cuenta de *Google,* en cuyo caso se abrirá el documento automáticamente.

    b. Sí, porque cualquiera puede acceder a los documentos que se almacenan en *Google Drive.*

    c. Sí, porque el enlace es lo único que hace falta para poder entrar en un documento y trabajar en él.

    d. No, a menos que el documento sea de su propiedad.

5. ¿Qué significa publicar un documento en la web?

    a. Hacerlo público para que todo el mundo pueda leerlo y editarlo.

    b. Hacerlo público para que todo aquel que tenga el enlace a la web pueda leer su contenido, pero solo pueda ser editado por aquellos que tengan los permisos adecuados.

    c. Crear un documento nuevo en *Google Drive,* ya que todo el trabajo que se realice con esta aplicación estará publicado en internet.

    d. Dar por finalizado el documento para que ya nadie más pueda editarlo, y su contenido se considere definitivo.

6. ¿Puede un colaborador editar un documento?

    a. Sí, si tienen permiso de edición en los documentos a los que han sido invitados.

    b. No, si solo tienen permiso para comentar en el documento al que han sido invitados.

    c. No, porque los colaboradores solo tienen permiso para visualizar el documento.

    d. Sí, pero para ello debe subir una copia del mismo documento desde su cuenta de *Google Drive.*

7. **Relacione cada tipo de participante en un documento compartido con sus permisos sobre el documento.**

    a. Puede únicamente visualizar el documento.
    b. Puede realizar comentarios en el documento.
    c. Puede realizar cambios en el documento.
    d. Puede asignar permisos, invitar a colaboradores y tiene control total sobre el documento.

    __ Propietario.
    __ Colaborador con permiso de edición.
    __ Colaborador con permiso de comentar.
    __ Lector.

8. **¿Puede cambiar la privacidad de un documento una vez empezado y compartido?**

    a. No, los permisos de acceso y edición de un documento han de fijarse al principio, y no son modificables.
    b. Sí, siempre podrá agregar colaboradores, pero no eliminar a los que ya ha invitado.
    c. Sí, podrá eliminar a los usuarios a los que dio acceso en un principio, pero no invitar a otros nuevos.
    d. Sí, los permisos concedidos y la privacidad podrán ser modificados en cualquier momento.

9. **Explique qué es una plantilla y para qué sirve.**

    _____
    _____
    _____
    _____

10. **Indique si las siguientes afirmaciones son verdaderas o falsas:**

   a. Podemos acceder a las plantillas de cualquier tipo desde cualquier tipo de documento de *Google,* es decir, podremos acceder, por ejemplo, a las plantillas de las hojas de cálculo, creando un nuevo Documento de Google.

      ☐ Verdadero
      ☐ Falso

   b. La única forma de obtener ayuda de *Drive* es mediante el Foro de Ayuda.

      ☐ Verdadero
      ☐ Falso

Unidad Didáctica 3
Trabajo con procesador de textos

Contenido

1. Introducción

Anteriormente se vio la Gestión de documentos y se describió el procedimiento general para el manejo de todas las aplicaciones de *Google Drive*. Además de esta base común en cuanto a su interfaz y a algunas de sus herramientas, es necesario conocer más a fondo cada una de ellas para poder sacarle el máximo partido.

A continuación, se profundiza en la información necesaria para el uso de la herramienta **Procesador de textos,** atendiendo al siguiente esquema inicial propuesto: iniciar el documento (y su gestión), crear los contenidos y finalizar el documento (formas de darle salida).

Un procesador de textos es una aplicación que se utiliza para redactar textos elaborados. Generalmente es la más utilizada de las aplicaciones ofimáticas, ya que permite redactar todo tipo de documentos de texto con formatos y estilos, pudiendo redactar una carta, un catálogo, un *currículum vítae* o cualquier otro tipo de documento.

2. Iniciar un documento de texto

El procesador de textos de *Google* se llama *Documentos* o *Documentos de Google,* y es una utilidad que sirve precisamente para escribir y editar textos como en el caso de *Microsoft Word,* aunque algo más limitada pero, sin duda, suficiente para una gran cantidad de trabajos con textos.

Se puede acceder a un documento de diversas formas, bien porque ya esté creado en una plantilla o desde cero.

2.1. Acceder al documento

Se puede acceder de distintas formas a un documento, dependiendo de si es nuevo o existente, o de si es un documento compartido.

Para acceder a un documento existente no hay más que hacer doble clic sobre él en el administrador de documentos. En el caso de que sea un documento compartido del que el usuario no es propietario, se debe abrir la ubicación **Compartido conmigo** y hacer doble clic sobre el documento igualmente, aunque en este caso se puede entrar directamente haciendo clic sobre un enlace al documento en un mensaje de correo electrónico.

Una vez que se ha abierto un documento de *Google,* la gestión del documento se hace mediante la aplicación, ya sea Documentos, Hojas de cálculo, Presentaciones, etc., ya que al acceder a un documento se abrirá una nueva pestaña o ventana del navegador con el interfaz de la aplicación.

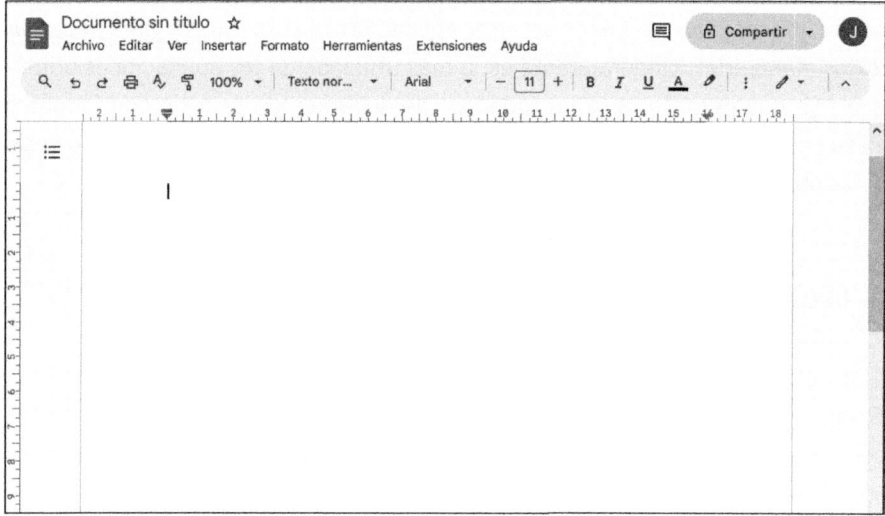

Interfaz de aplicación de procesador de textos de Google

En esta interfaz la gestión del documento corre a cargo del menú **Archivo.** Como su propio nombre indica, y al igual que cualquier otro programa, desde este menú se pueden administrar los distintos archivos. Se pueden crear nuevos, abrir existentes, guardar con distinto nombre, crear copias o imprimirlos.

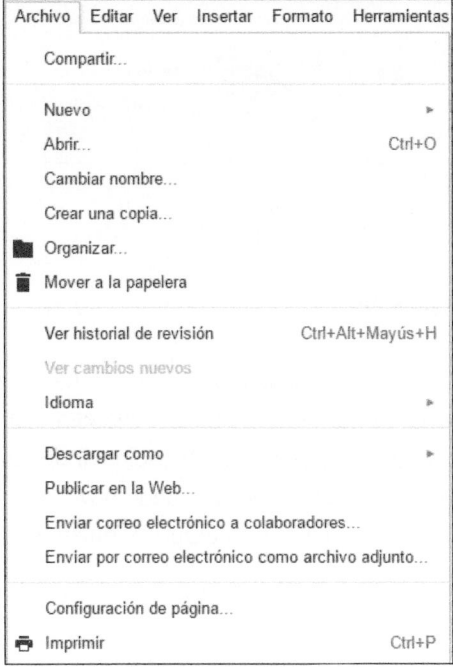

*Menú **Archivo** del procesador de textos de Google*

Crear un documento nuevo

En el menú **Archivo** se puede crear un documento de *Drive,* haciendo clic en el submenú **Nuevo,** que ofrece la posibilidad de crear un **Documento** nuevo de *Drive* en blanco o utilizar una plantilla de la galería de plantillas, del mismo modo que puede hacerse desde la página principal de *Google Drive.*

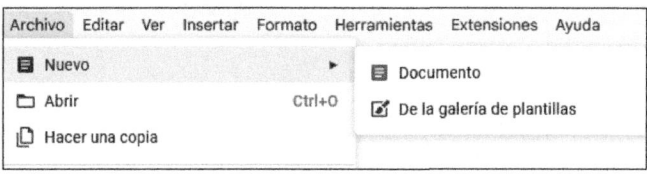

Submenú **Nuevo**

Abrir un documento existente

Para abrir un documento ya existente, se debe hacer clic en el comando **Abrir** del menú **Archivo.** Se abrirá un cuadro de diálogo donde se pueden seleccionar mediante pestañas las diferentes ubicaciones de los documentos y que por defecto se posiciona en **Recientes.** Se puede navegar por las carpetas y por las pestañas, seleccionar el documento a abrir y pulsar el botón **Abrir.**

 Nota

Se puede acceder a todos los archivos que aparecen en la lista de la página principal cuando se accede a la cuenta, a los compartidos e incluso subir un archivo desde el equipo.

Compartir documentos

Ya se ha visto cómo compartir los documentos desde la página principal de *Drive,* pero desde la interfaz de las aplicaciones también se pueden compartir los documentos. Para ello, se debe pulsar el botón **Compartir** que aparece a la derecha de la barra de menús, lo que abrirá el cuadro de diálogo **Compartir con otros** cuyo funcionamiento ya ha sido explicado.

También se puede acceder a documentos compartidos con el usuario pero que no son de su propiedad, para lo que hay que abrirlos buscándolos en la ubicación **Compartido conmigo** del cuadro de diálogo **Abrir un archivo,** si es que no ha sido guardado en **Mi unidad.**

Mientras se edita un documento, en la parte superior derecha aparece el nombre de usuario de las personas que lo están visualizado o editando al mismo tiempo. Si no aparece ninguna advertencia significa que únicamente el usuario ha accedido en ese momento al documento.

Colaboradores en línea en un documento

2.2. Guardar el documento

Una vez que se accede a un documento y se empieza a editarlo, *Google Drive* guardará el documento automáticamente cada vez que se realice un cambio. Estas actualizaciones permiten tener copia de seguridad de las modificaciones de los documentos de manera bastante frecuente, de tal forma que si ocurriese algún problema se podría recuperar gran parte e incluso la totalidad de dicho documento. Estas actualizaciones también permiten que se refresque el documento para todos aquellos usuarios que estén editándolo o leyéndolo simultáneamente y, por tanto, que puedan ver las modificaciones de los demás casi al mismo tiempo que ellos trabajan.

Guardar una copia del documento

Se puede guardar una copia del documento con el comando **Hacer una copia** del menú **Archivo.** Al crear esta copia, se muestra el cuadro de diálogo Copiar documento donde se puede dotar de un nombre a la copia, y además aparece en el administrador de archivos un nuevo documento con el nombre que haya establecido, que será idéntico al original.

Google Drive permite mantener a los participantes que tenía el original y con su mismo nivel de participación. Para ello, debe marcarse la opción **Compartirlo con las mismas personas** en el cuadro de diálogo.

Crear una copia

Se puede pensar que realizar una copia es útil para tener copias de seguridad de los documentos eventualmente, pero en *Google Drive* no es necesario realizar copias de seguridad de los documentos, ya que, aunque se siga trabajando sobre un mismo archivo, siempre se puede acceder a una versión anterior en el historial de revisión.

De igual modo, se puede descargar el documento cada vez que sea necesario y almacenarlo en el disco duro del equipo como copia de seguridad, aunque *Google Drive* en sí mismo ya es un espacio de almacenaje para copias de seguridad.

Ver el historial de revisión

Se puede acceder a una versión anterior de un documento, regresar al punto donde no se había introducido algún cambio o modificado una parte, o volver al momento en que aún no había editado alguno de los colaboradores. Para ello, se debe abrir el menú **Archivo** y seleccionar el submenú **Historial de versiones** y pulsar el comando **Ver historial de versiones.** Aparecerá un panel en la parte derecha de la ventana con todas las modificaciones, indicando las fechas y horas de las modificaciones con los usuarios que las han realizado.

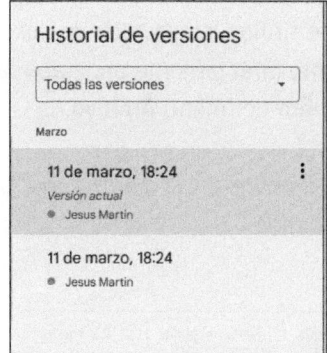

Historial de revisión

El guardado automático siempre se hace sobre el mismo documento, sobrescribiéndolo. Se puede revisar un documento siempre que se desee mediante el historial de cambios, así que no hay que preocuparse de perder alguna información si se modifica y se guarda automáticamente.

 Nota

Se puede utilizar esta opción para volver atrás en una versión anterior de un documento. No se necesita almacenar copias de estados anteriores de documento, y no hay peligro de que alguien que no sea el usuario lo modifique irreparablemente.

Renombrar el documento

Tanto si se ha creado un nuevo documento como si se ha hecho a partir de una plantilla o como copia de otro, hay que tener en cuenta que *Google Drive* asigna por defecto un nombre del tipo **Documento sin título** o **Copia de.** Se puede ver el nombre del documento en la parte superior del interfaz, sobre la barra de menús.

Es posible cambiar este título siempre que se desee. Para ello, se hace clic en el nombre del documento directamente en la aplicación, o bien se selecciona la opción **Cambiar nombre** del menú **Archivo.**

En cualquier caso, el nombre en la parte superior del interfaz se volverá editable y podrá ser modificado.

Editar el nombre del documento

Descargar el documento

La última de las opciones para el guardado de un documento es **Descargar como.** Esta opción permite descargar el documento "de la nube" donde se está trabajando con él para mandarlo por correo, almacenarlo o abrirlo en un ordenador donde no exista conexión a internet. Es una de las posibles intenciones finales de crear el documento y, como tal, se describe en el apartado correspondiente más adelante.

 Actividades

1. Cree un nuevo documento en su cuenta de *Drive* y asígnele un nombre. Después guarde una copia del documento.
2. Escriba algo de texto en su nuevo documento y después descárguelo a su ordenador en formato de texto enriquecido.

3. Crear el contenido

Los documentos de texto de *Drive,* además de componerse de texto formateado, pueden enriquecerse con imágenes, gráficos, enlaces, tablas, etc., como se verá a continuación.

3.1. Soporte

Google Drive tiene la peculiaridad de que no muestra distintas páginas a medida que se va añadiendo texto u otros elementos. Se trata de una hoja continua que se fracciona a la hora de finalizar el documento, con las características que se le quieran dar. De este modo, al abrir la aplicación se observará un espacio continuo en blanco en el que se puede empezar a escribir, si es que el documento ha sido creado desde cero, o un espacio continuo ya relleno si el documento ha sido compartido por otro usuario. La forma de escribir y editar texto en *Google Drive* es muy intuitiva.

En el primero de los casos, si se ha creado un documento nuevo, aparecerá una página en blanco con el cursor señalado en el lugar donde se puede empezar a escribir.

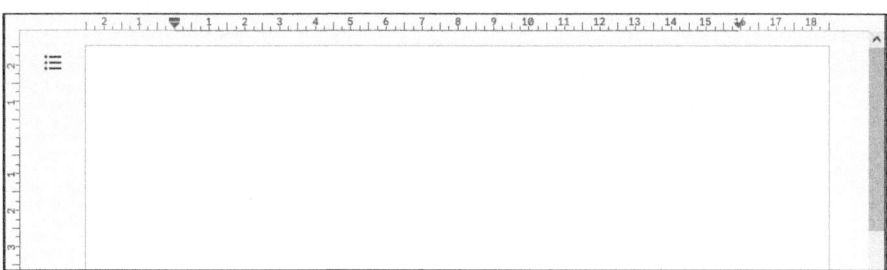

Documento vacío y cursor de texto

En el segundo de los casos, es decir, que existe texto previamente en la página, el cursor marcará la posición al final de este del mismo modo.

Si no se ve el cursor señalado como en cualquiera de los casos anteriores, se debe hacer clic en el interior del área del documento para que aparezca. Una vez situado el cursor, escribir es tan sencillo como empezar a teclear.

En todos los casos, la aplicación empieza a transcribir lo que se teclea en el estilo, fuente (tipo de letra) y tamaño que aparece por defecto. Todas estas características se pueden modificar en el menú **Formato,** que se describirá posteriormente, o en la barra de herramientas.

3.2. Contenido

El contenido principal de los documentos que se generan con esta aplicación es el texto. Este texto puede tener el formato que se desee y puede estar complementado con otros elementos, de tal forma que se obtenga un documento completo y rico. Para ello, se puede hacer clic en el menú **Insertar** y observar las opciones que se ofrecen para agregar imágenes, elementos gráficos, caracteres especiales, etc. Se observará también que las tablas tienen además su propio menú independiente, dada su importancia. Todos ellos se describen a continuación.

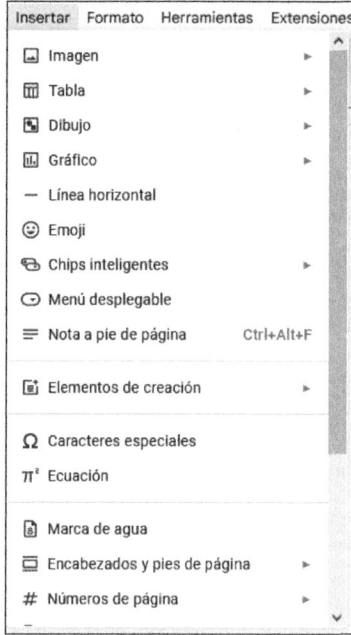

Menú Insertar

Elementos gráficos

Estos elementos constan de las siguientes opciones: imágenes, dibujos y línea horizontal.

Imágenes

Para insertar una imagen en el documento que se está editando se debe hacer clic en el submenú **Imagen** del menú **Insertar.** Se abrirá un nuevo menú con varias opciones de búsqueda para elegirla, según se trate de una imagen que se tenga en el ordenador o de una imagen que se encuentre en internet. A continuación, se describen sus opciones:

- **Subir del ordenador** corresponde al modo tradicional de incluir imágenes en los documentos. Aparecerá una ventana del explorador del sistema operativo para que se pueda seleccionar la imagen a subir del ordenador.
- **Buscar en la web** conecta directamente con la aplicación de *Google Images,* que es el motor de búsqueda de *Google* exclusivo para imágenes. Se podrá insertar el término a buscar y en esa misma ventana seleccionar directamente la que se quiera insertar de todas las que aparecen. Tras seleccionar una imagen, esta aparecerá en el documento.

Buscar en Google Imágenes

▪ **Drive:** permite seleccionar imágenes guardadas en nuestro *Google Drive,* de la misma forma que si las subiésemos del ordenador. Para ello abre un panel lateral donde podremos navegar por las carpetas y ubicaciones de nuestro *Drive* para localizar la imagen a insertar.

▪ **Fotos:** abre un panel lateral con nuestro *Google Fotos* para que se pueda buscar e insertar una de las fotos almacenadas en la cuenta.

▪ **Por URL:** permite insertar una imagen a partir de su ubicación en Internet. Se debe copiar en el campo de texto la dirección de la imagen que aparece en el navegador de internet.

Es preciso recordar que, si se va a utilizar una imagen que está publicada en internet, se debe tener autorización expresa para hacerlo, ya que puede tener derechos de autor.

Para obtener la URL de una imagen de internet, hay que hacer clic sobre la imagen con el botón derecho y seleccionar **Copiar ruta de esta imagen.** Luego, en la ventana de inserción de imágenes, situarse en el recuadro **Pegar una URL de imagen aquí,** y con el botón derecho, hacer clic en **Pegar.**

▪ **Cámara:** permite realizar una captura, de algún dispositivo para tal fin que tenga el ordenador, como por ejemplo una cámara conectada al ordenador.

Dibujo

En este pequeño editor se pueden insertar formas, textos y otras imágenes desde el ordenador y editar los grosores, colores, etc., hasta obtener una representación o dibujo que complemente el texto. Una vez que se hayan realizado las operaciones necesarias, se debe pulsar el botón **Guardar y cerrar** y aparecerá el dibujo insertado en el texto.

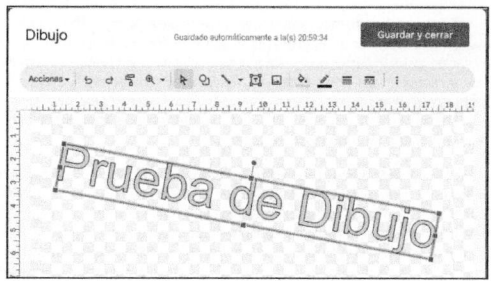

Editor de dibujos

En cualquier momento podrá volverse a modificar, ampliar o reducir, tirando de alguna de sus esquinas y puntos resaltados.

Se puede definir su posición: en línea con el texto, ajustado al texto o dividiendo el texto. La primera de ellas relaciona el dibujo con el texto en el que está insertado, tratándolo como si fuese un carácter de texto. Si el texto se modifica o se mueve, el dibujo también lo hace. Sin embargo, si se elige **Ajustar texto,** la figura permanecerá inmóvil en esa posición, y será el texto el que se adapte a ella. La opción **Dividir texto** hace que el texto se divida al llegar a la imagen para que no tenga que cambiar de lugar.

Dibujo insertado

Línea horizontal

El comando **Línea horizontal** del menú **Insertar** permite introducir una línea de separación justo debajo de aquella en la que tenga posicionado el cursor.

Lorem ipsum dolor sit amet, consectetur adipiscing elit. Nam vel libero ante. Vivamus interdum quam non accumsan fringilla. Quisque molestie velit ut ipsum tempus molestie. Ut in ultricies justo. Pellentesque quam mauris, malesuada et elit eu, interdum mollis neque. Duis vel posuere velit, non sagittis nibh. Aenean nec sodales lorem. Praesent consectetur volutpat odio, et imperdiet lacus varius consectetur. Fusce et molestie lorem, sed dignissim eros. Vestibulum ante ipsum primis in faucibus orci luctus et ultrices posuere cubilia curae; Phasellus finibus mi a massa rhoncus tempor.

Phasellus convallis libero in mi facilisis, et dictum tortor ultricies. Proin nec ligula vestibulum, viverra nunc quis, eleifend lacus. Donec nec auctor metus. Duis sed finibus urna, at porta nibh. Nullam commodo placerat malesuada. Pellentesque viverra iaculis ante vel cursus. Nulla porta ullamcorper interdum. Quisque ligula tellus, efficitur ut risus at, rhoncus lacinia leo. Fusce a nibh in erat faucibus porttitor. Mauris sed lobortis enim. Mauris justo sem, tincidunt et mauris ut, gravida sodales est. Curabitur in est ut ex congue euismod non quis nisi. Vestibulum nec nisl rhoncus, interdum tellus in, sodales velit.

Pellentesque gravida velit non nunc sodales, a cursus sapien pharetra. Sed congue tellus id maximus congue. Integer dignissim risus sem, sed feugiat sapien tempor sit amet. Curabitur maximus purus nunc, eget feugiat felis blandit a. Sed imperdiet libero diam, ac aliquam quam eleifend a. Nunc non rhoncus massa. Nunc suscipit dui nec nunc tristique aliquam. Nam in maximus magna, in facilisis sem. Nam non nisi purus. Etiam quam arcu, dignissim sed molestie sed, rhoncus fermentum felis. Suspendisse ornare mauris quis vehicula ultricies. Quisque aliquam ligula consequat nisl posuere, in interdum urna consectetur. In consectetur dui nec lorem mattis sollicitudin. Nullam placerat rutrum libero id imperdiet. Donec ac suscipit nibh. Nulla maximus iaculis lectus, id dictum arcu.

Línea horizontal

Nota

Siempre que se inserta o modifica algún elemento por referencia (delante, detrás, encima, debajo, a la derecha, a la izquierda, etc.), *Google Drive* toma como referencia el lugar donde tiene posicionado el cursor.

Actividades

3. Escriba dos párrafos de texto en un documento y sepárelos por una línea horizontal.
4. Inserte bajo los dos párrafos anteriores una imagen que busque *online,* con alguna de las opciones que le ofrece el cuadro de diálogo de inserción de imágenes.

Otros elementos de texto

Hay algunos elementos de texto que no se pueden escribir fácilmente con el teclado, o que son algo más complejos y requieren opciones más avanzadas.

Ecuaciones

Para introducir una ecuación se debe hacer clic en el comando **Ecuaciones** del menú **Insertar** para introducir fórmulas y operaciones matemáticas o físicas. Se muestra la **Barra de herramientas de ecuaciones** que se puede ocultar cuando se desee en el menú **Ver,** o bien pulsando el botón **Cerrar (X)** que aparece en su parte derecha.

Se debe pulsar el botón **Nueva ecuación** para escribir una nueva fórmula en el recuadro en que se sitúa el cursor.

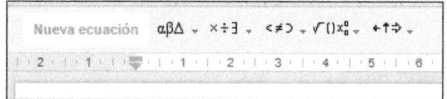

Barra de Ecuaciones

Esta fórmula puede contener símbolos, letras griegas, signos y otros caracteres que no se encuentran normalmente en el teclado del ordenador.

Los símbolos que se pueden introducir para las funciones se pueden seleccionar en los desplegables de la barra de ecuaciones y son los que se pueden ver en la siguiente figura:

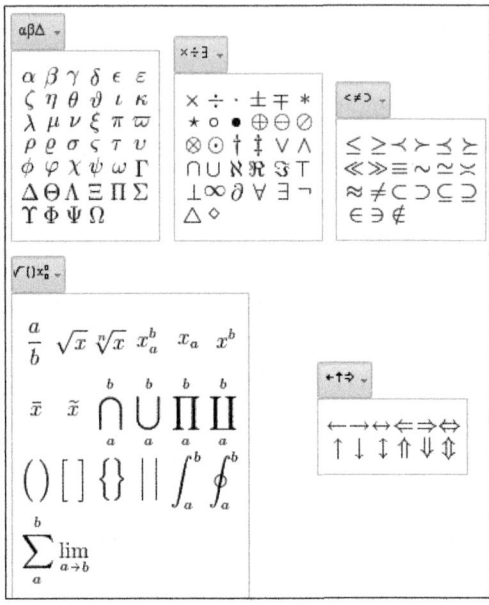

Símbolos para ecuaciones

Caracteres especiales

Para insertar caracteres especiales que no son comunes y que, por tanto, no aparecen en el teclado, se debe utilizar el comando **Caracteres especiales** del menú **Insertar.** Aparecerá un cuadro de diálogo donde se pueden encontrar estos caracteres divididos en **Categorías,** y se podrá optar por una gran variedad de caracteres y símbolos donde elegir.

Insertar caracteres especiales

Este cuadro de diálogo muestra en su parte derecha un campo de búsqueda para poder introducir un término o un código de carácter con el fin de buscar un carácter especial. Incluso incluye un cuadro con el lema **Dibuja aquí un símbolo** que permite dibujar el símbolo con el ratón, haciendo clic y dibujando, y en base al dibujo realizado buscará un símbolo o carácter parecido, mostrando los resultados de su búsqueda para elegir el símbolo deseado.

 Nota

Google Drive guarda las últimas selecciones de caracteres especiales en la opción Categorías recientes que aparece en el desplegable de categorías y que mostrará los últimos símbolos utilizados, en la parte inferior de la ventana. De forma que, si hay necesidad de insertar repetidamente alguno de estos caracteres, será más fácil localizarlos sin necesidad de realizar la búsqueda completa de nuevo.

Tabla

La tabla es un elemento que se usa muy frecuentemente, por lo que se puede crear desde el menú **Insertar** o bien desde su propio menú llamado **Tabla.**

Para insertar una tabla se selecciona el comando **Tabla** del menú **Insertar**. Se abrirá un submenú donde se puede indicar con el ratón el tamaño de la tabla en filas y columnas.

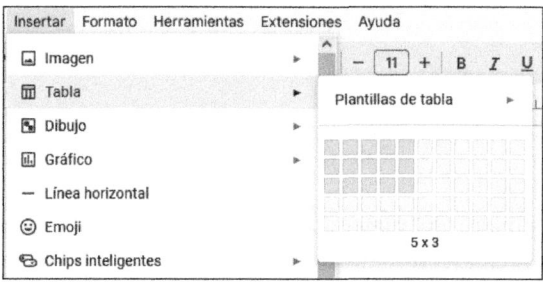

Insertar tabla

 Nota

No importa si en un principio no se sabe el tamaño final de la tabla, pues se puede modificar en cualquier momento.

Una vez creada una tabla, se puede desplegar el menú **Formato** y abrir el submenú **Tabla,** donde se podrán seleccionar más opciones de edición de la misma. Es posible insertar filas en la parte superior e inferior, o columnas a la derecha o izquierda, y modificar así su tamaño según vaya siendo necesario. También se puede eliminar la tabla entera, filas o columnas.

Es muy importante la selección correcta de las celdas. Para ello, se debe proceder del mismo modo que para seleccionar un texto: se pulsa con el botón izquierdo del ratón, mientras se arrastra hasta completar la selección deseada.

Nota

Se debe tener en cuenta que la celda en la que se tenga situado el cursor será la que *Google Drive* tome como referencia para insertar encima, debajo, a la derecha o a la izquierda, así como para eliminar elementos de la tabla.

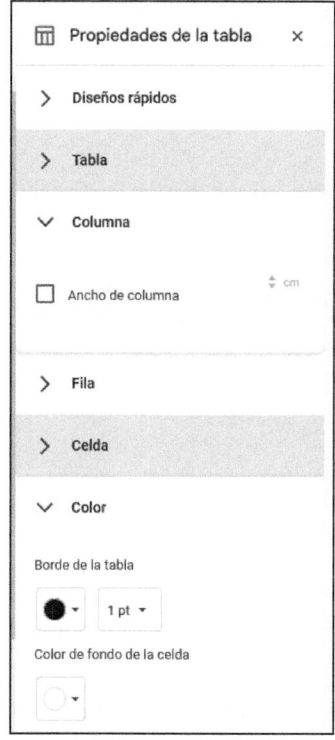

Propiedades de la tabla

Por último, al igual que otros programas, también *Google Drive* permite editar el formato de la tabla. Se puede definir el grosor y color de la línea de los bordes en el submenú **Tabla** del menú **Formato,** seleccionando el comando **Propiedades de la tabla,** que abrirá el panel del mismo nombre a la derecha del documento. En **Fila** y **Columna** se podrá definir el alto y ancho de las celdas y, por último, en **Celda,** se podrá asignar un color de fondo e incluso la manera en la que el texto deberá alinearse en ella.

Estas tablas son únicamente para representaciones gráficas con las que enriquecer el texto.

Elementos de relación externa: enlaces y marcadores

A continuación, se describen las diferencias entre estos elementos.

Enlaces

Si se selecciona el comando **Enlace** del menú **Insertar** o se pulsa el atajo de teclado [Ctrl] + [K], aparece un cuadro de diálogo apuntando al cursor de texto o a la selección realizada en el que se puede añadir un enlace en el documento. Estos enlaces son accesos directos a páginas web que se pueden colocar sobre la palabra o el texto que se desee. Una vez completado, bastará con hacer clic sobre el texto para abrir la web a la que apunta, ya que el texto se convierte en un hiperenlace.

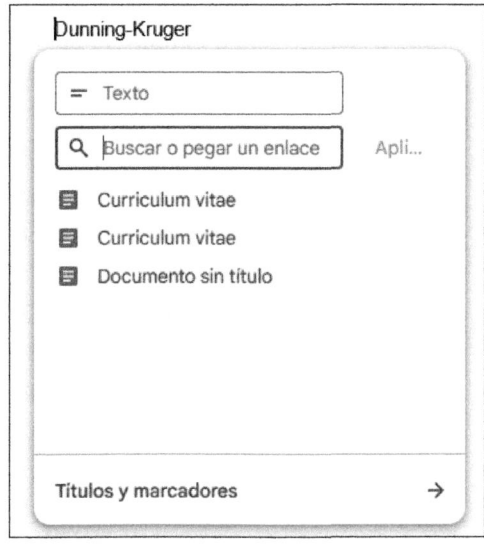

Insertar enlace

En esta ventana aparece un cuadro para rellenar el **Texto** que se mostrará, y un segundo cuadro donde se debe escribir la dirección URL del **Enlace** a la que apuntará el texto. Pulsando **Aplicar** se insertará en el documento el texto introducido con el enlace correspondiente, en el lugar donde se encontrase el cursor.

Si lo que se desea es añadir un enlace a una palabra o un fragmento de texto que ya se ha escrito en el documento, que es lo más usual, se seleccionará primero la palabra o palabras deseadas y después el comando **Enlace** del menú **Insertar.** De este modo aparecerá el texto seleccionado en el espacio **Texto.** Una vez que se añada la URL del enlace y se aplique, el texto no volverá a insertarse, sino que el enlace se añadirá sobre el texto original.

Además, si una palabra o texto ha sido seleccionado para insertarle el enlace, el cuadro de diálogo buscará los términos y mostrará una serie de páginas que pueden ser utilizados como URL del enlace, e incluso permite realizar una búsqueda para elegir la página del enlace a insertar.

Marcador (texto enriquecido)

Un marcador es una especie de marca invisible en un texto que sirve para poder enlazarla desde otra sección del mismo documento o, tal y como se ha mencionado, desde otro texto diferente.

Para insertar un marcador se debe colocar el cursor en el lugar en el que se desea crear y hacer clic en el menú **Insertar** y luego en **Marcador.** Aparecerá una especie de ribete azul al principio de la línea (aunque como se dijo antes será una marca invisible en la versión final del documento), y que al hacer clic sobre él se podrá ver un pequeño recuadro con su identificador.

A partir de ahora, este marcador estará disponible en la lista de marcadores de la ventana **Insertar enlace.**

Los marcadores pueden suprimirse cuando se crea conveniente en la opción **Eliminar.**

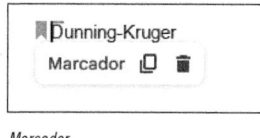

Marcador

Nota

Para crear un índice de contenidos que enlace a las distintas secciones de un documento, se puede crear primero un marcador al principio de cada capítulo, y luego, desde el índice, ir insertando enlaces a esos marcadores asociados a cada uno de los títulos correspondientes.

Aplicación práctica

En la empresa en la que trabaja le encargan elaborar un documento de texto en *Drive* que debe tener unos ciertos apartados o títulos, y en la primera página un índice de apartados que lleve a cada uno de ellos mediante un enlace.

¿Cómo podría elaborarlo?

SOLUCIÓN

Se debe insertar en cada título de apartado un marcador mediante la opción **Marcador** del menú **Insertar**.

Después elaborar un índice de apartados en la primera página e insertar un enlace para cada apartado mediante la opción **Enlace** del menú **Insertar**. Para cada enlace se selecciona el marcador correspondiente de la lista de marcadores que aparecerá al insertar el enlace.

Insertar y mostrar comentarios

Los comentarios son anotaciones que se incluyen en el texto a modo de correcciones o sugerencias que aparecen resaltadas al margen. Son muy útiles cuando el documento va a ser editado por distintas personas, pues muestran el nombre del usuario que los crea.

Para crear un comentario se debe hacer clic en el comando **Comentar** dentro del menú **Insertar** o utilizar su atajo de teclado [Ctrl] + [Alt] + [M], y se resaltará con un color el lugar donde está situado el cursor. Si lo que se desea es realizar un comentario para un trozo de texto o una palabra en concreto, se puede seleccionar previamente con el ratón, y entonces insertar el comentario. Se sombreará todo el texto al que el comentario hace referencia.

Inmediatamente se abrirá en el margen un cuadro de texto con el nombre del usuario. Del mismo modo, cada usuario tendrá un color asignado, y sus nombres también aparecerán en cada uno de sus comentarios. En este cuadro se puede escribir el comentario que se desee hacer con respecto al texto y pulsar el botón **Comentar,** para finalizarlo.

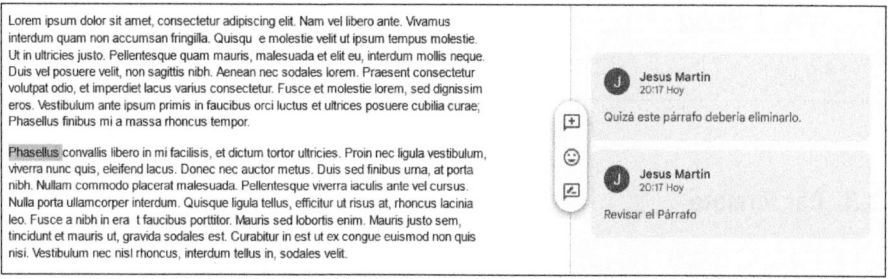

Comentarios

Al hacer clic sobre el cuadro del comentario, aparece la opción de **Responder** al comentario, **Eliminar** el comentario, **Modificar** o **Resolver** el cuadro, tal y como se muestra en la imagen.

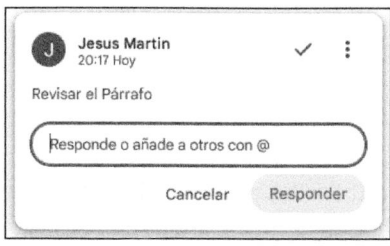

Opciones de comentario

Nota

Estas anotaciones y comentarios que aparecen al margen pueden estar hechos por una o varias personas de las que editan el documento. Las marcas y los comentarios no se imprimirán con el texto.

Actividades

5. Inserte una tabla de 7 filas por 5 columnas en el documento.
6. Inserte un marcador antes de la tabla y un enlace en el principio del documento que dirija a la tabla.

3.3. Dar formato

Para dar entidad, personalidad o presencia a un trabajo es muy importante aprender a manejar las herramientas de formato de textos. El procesador de textos de *Google Drive* cuenta con múltiples opciones que se pueden encontrar en el menú **Formato** (las más utilizadas también cuentan con sus atajos de teclado) y en la barra de herramientas.

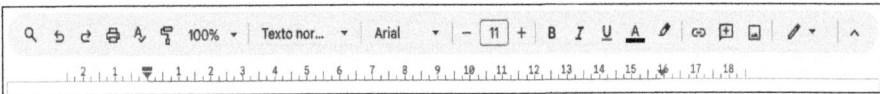

Barra de herramientas

Antes de describir todas las opciones de formateo con que cuenta esta aplicación, es importante hablar de las diferentes formas de selección de texto. Se puede dar formato a un texto de dos formas:

- Se puede activar una opción cualquiera de formato (por ejemplo, en la "**B**" de negritas) antes de empezar a escribir el texto. Cuando se empiece a teclear en el documento, el texto aparecerá con el formato que se ha seleccionado.
- Otra forma es seleccionar el texto escrito previamente y al que se desea dar un formato distinto al que tiene, y elegir y activar el formato a aplicar.

Opciones de selección de texto

Existen algunos métodos rápidos para seleccionar textos o partes de ellos en los que conviene detenerse unos instantes:

- Para seleccionar una palabra, se hará doble clic sobre dicha palabra.
- Para seleccionar un párrafo, se hará triple clic sobre una palabra del párrafo.
- Para seleccionar una cantidad de texto arbitraria, como varias líneas de texto seguidas, se coloca el cursor al inicio de la selección y con el botón izquierdo pulsado se arrastra hasta alcanzar el final del texto que se quiere seleccionar.

El texto seleccionado aparecerá con un fondo de color distinto al resto del texto. De este modo se puede saber el texto que está seleccionado.

Hybrid indeterminate line recognition network effect ethernet echo logistically. Direct design bypass wavelength backbone inertia extension mainframe. Anomoly recursive debugged. Concept messaging dithering reducer overflow hyperlinked.
Indeterminate software scalar. Particle cable remote sampling backbone. Coordinated logistically recognition effect integer. An fixed integer. Optical protocol wavelength high scan. Integer capacitance supporting floating-point extension developer adaptive pulse digital. Video or processor nominal. System a null.
Cable servicing wavelength. Analog or signal high-level. Inversion inversion an adaptive developer active kilohertz current. Molecular mainframe in nominal interactive hyperlinked dithering.

Ejemplo de texto seleccionado

Se puede realizar también una selección poniendo el cursor al inicio de la selección y soltándolo. A continuación, se mantiene la tecla de [mayúsculas] pulsada y se hace clic al final de la selección. *Google Drive* seleccionará todo aquello que esté entre el punto inicial y el punto final marcados.

Al igual que en otros programas y aplicaciones, *Google Drive* tiene la opción de **Seleccionar todo** en el menú **Edición.** Su atajo de teclado es [Ctrl] + [A] (procede de *"all",* que significa "todo" en inglés).

 Nota

Si se utiliza la tecla [Supr] con un elemento seleccionado, este será eliminado automáticamente.

Se puede mover un texto seleccionado arrastrándolo con el ratón al lugar donde se desee situar. Se debe tener cuidado con la precisión y con no soltar el botón izquierdo del ratón antes de tiempo, pues implicará colocarlo en algún otro sitio no deseado.

Fuente

La fuente define el aspecto del texto en la pantalla (y en el papel, si se imprime posteriormente). Las fuentes son archivos que contienen características para letras, números, símbolos y signos de puntuación que se encuentran instaladas en el ordenador y, por tanto, son comunes a todos los programas. En este caso, *Google Drive* tiene sus propias fuentes alojadas en el espacio virtual, por lo que no es necesario que estén instaladas en el ordenador de ningún usuario para que las reconozca. Estas fuentes son una selección de aquellas que más frecuentemente se usan.

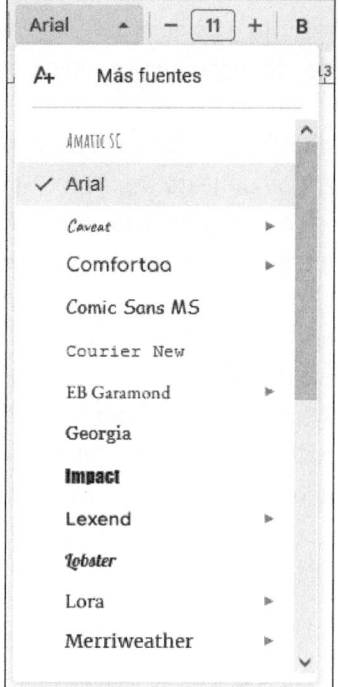

Fuentes de Drive

 Nota

Si se edita un documento de otra persona con un programa tradicional y está escrito con una fuente que no está instalada en el ordenador, al abrirlo, se perderá el formato. Con los documentos de *Google Drive* eso no puede ocurrir, porque los archivos de fuentes que se pueden utilizar siempre estarán alojados en su espacio virtual.

Fuente, tipo de texto según su uso y tamaño

La fuente, el tipo de texto según su uso, y su tamaño, se definen en la barra de herramientas. En la imagen aparece desplegada la lista **Fuente** con los nombres de las distintas fuentes instaladas en *Google Drive*. Se puede seleccionar cualquiera de ellas antes de escribir o bien seleccionar un texto que ya esté escrito y cambiar la fuente actual por otra de la lista de fuentes disponibles, de modo que se pueda observar la diferencia.

El desplegable **Estilos** está situado a la izquierda del desplegable **Fuente,** y permite elegir el tipo de texto según su función: texto normal, título 1, título 2, etc. Estos son tipos de texto predefinidos a partir de los más utilizados en los procesadores de textos. Además, permite establecer un gradiente y un orden en el texto.

El desplegable de la derecha, **Tamaño de la fuente,** permite seleccionar el tamaño del texto. Este tamaño se mostrará en la impresión del documento, ya que la visualización en la pantalla depende de la configuración del *zoom* del navegador o del monitor, y puede que no coincida con el tamaño real.

 Nota

Si no se está seguro de qué tamaño se debe escoger para imprimir correctamente un documento de *Google Drive* hay que tener en cuenta que la medida más común de un documento impreso es la letra en cuerpo de 12 puntos.

Se puede escoger un tipo predefinido de texto para cada fuente. Se aplicarán las características de tamaño y demás cualidades propias de ese tipo (negrita, subrayado, etc.), aunque si no se desea utilizarlos tal cual, se pueden modificar sus características.

Características especiales

Existen otras cualidades que pueden aplicarse a los textos para distinguirlos y enriquecerlos. Estas características pueden escogerse tanto en la barra de herramientas como en el menú **Formato.**

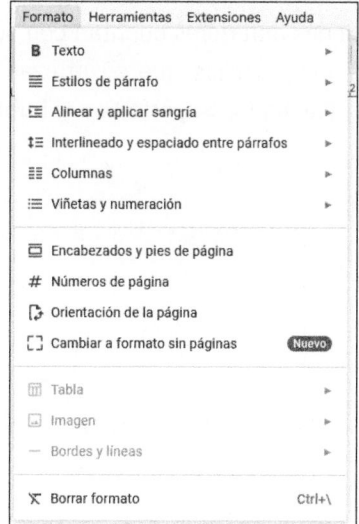

Menú *Formato*

Se puede escribir en negrita, cursiva, subrayado o tachado, y es posible convertir caracteres en superíndices o subíndices para distinguir o resaltar alguna parte del texto:

- **Negrita:** resalta el texto seleccionado con un grosor mayor al del texto normal, de manera que se verá más oscuro.
- **Cursiva:** es la forma de destacar el texto inclinando los caracteres hacia la derecha.
- **Subrayado:** destaca el texto con una línea horizontal bajo el texto que señala.

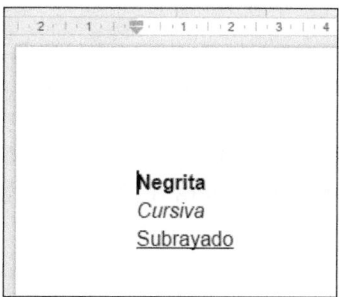

Ejemplos de uso

Estas tres opciones anteriores cuentan con su icono rápido en la barra de herramientas, pues son las que se utilizan más frecuentemente. El resto de opciones **(Tachado, Superíndice y Subíndice),** solo aparecen en el menú **Formato.**

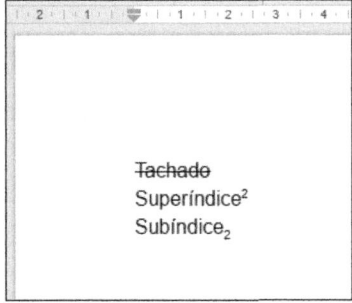

Ejemplos de uso

 **Consejo**

Se puede utilizar el tachado para señalar lo que se desea eliminar en un documento que comparte con otros usuarios.

Se suele utilizar el superíndice y el subíndice para notaciones matemáticas.

Color de la fuente

Por último, se puede modificar el color de la fuente. Por defecto siempre aparece la fuente en color negro, pero puede ser modificada puntualmente o incluso para el documento completo. Para ello, se despliega la lista **Color del texto** de la barra de herramientas y se selecciona el color deseado.

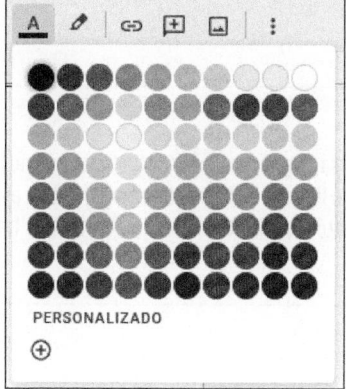

Color de fuente

 **Nota**

Si se trabaja en equipo en un documento compartido se puede asignar un color de fuente a cada usuario, y así se sabrá lo que cada uno aporta en cada momento.

Se puede elegir, además del color de fuente, el color del sombreado para resaltar el texto. Este tipo de resaltado, que imita al de un rotulador fosforescente sobre un texto impreso, es una herramienta que permite resaltar el texto que se desee entre todo el conjunto. Puede ser muy útil en el trabajo en equipo o como marca para una posterior revisión o comprobación.

Para asignar un color de resaltado se debe pulsar el botón **Color de resaltado,** que aparece a la derecha del botón **Color del texto** y finalmente elegir el color de resaltado.

Recuerde

Para seleccionar una letra, signo, grupo de caracteres que no lleguen a formar una palabra, o varias palabras que no lleguen a formar una línea, deben escogerse cuidadosamente con el botón izquierdo del ratón, sin soltarlo desde el principio hasta el final de la selección.

Párrafo

Existe un segundo grupo de opciones para dar formato, en este caso a un párrafo en su conjunto. Estas opciones se encuentran en el menú **Formato,** aunque muchas de ellas también aparecen en la barra de herramientas. Se puede elegir el estilo de los párrafos, la alineación y el interlineado, así como las viñetas de las listas y las enumeraciones:

■ **Estilos de párrafo:** permite diferenciar entre distintos tamaños y estilos de letra según se trate de un título, un subtítulo o el cuerpo de texto.

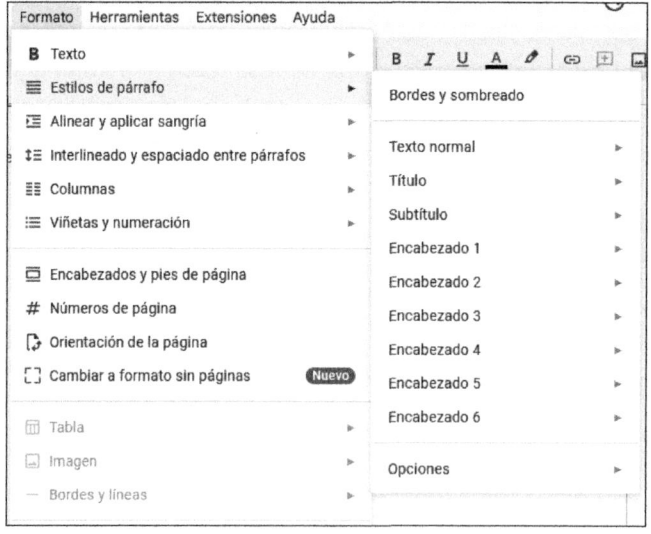

Estilos de párrafo

■ **Alinear y aplicar sangría:** permite escoger la forma en que se mostrará el texto. Se puede ajustar el texto a la izquierda, centro, derecha o justificando la línea completa a ambos lados. También se puede aumentar o disminuir la sangría, es decir, el espacio a la izquierda del párrafo.

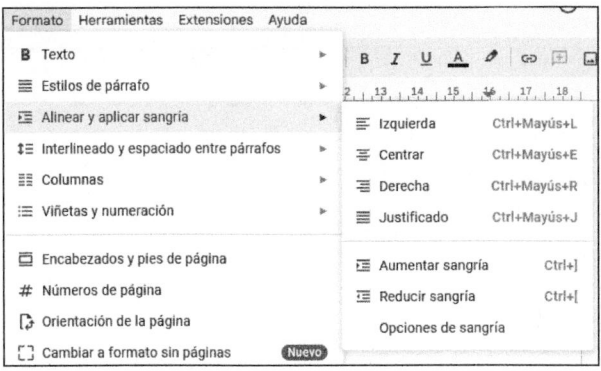

Alinear

■ **Interlineado y espaciado entre párrafos:** determina el espacio entre las distintas líneas de un mismo párrafo, y entre unos párrafos y otros.

Interlineado y espaciado entre párrafos

■ **Viñetas y numeración:** puede escoger el tipo de icono o carácter que quiere que anteceda a cada uno de los puntos que enumera en la lista. Verá que el menú tiene tres tipos de listas: el primero corresponde a las listas numeradas, el segundo a las numeradas no numeradas con usando viñetas y el tercero a listas con casillas de comprobación.

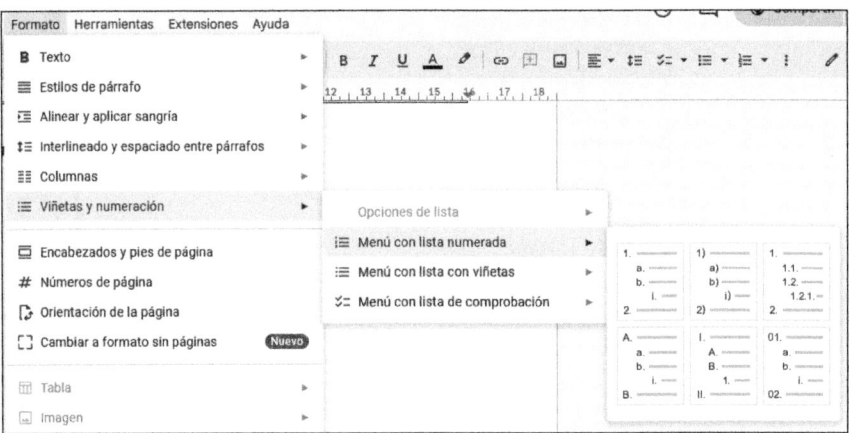

Viñetas y numeración

Estas opciones pueden ejecutarse en el menú **Formato** o en la barra de herramientas.

Borrar formato

La última de las opciones es **Borrar formato,** que elimina de una sola vez todos los estilos existentes en el texto.

Se puede utilizar la opción de **Borrar formato** para empezar a editar un texto que se haya subido y transformado a *Google Drive.*

Actividades

7. Escriba un texto en un documento. Cambie la fuente del texto a una que le agrade y modifique al tamaño a 14.
8. Cambie el color de la fuente de un párrafo del texto.
9. Ponga un título al texto con el estilo "Título". Aumente la sangría al resto del texto.

3.4. Herramientas

Hasta ahora, se han descrito las opciones para crear texto e insertar elementos que lo completen, así como para darles formato. En este apartado se desarrollarán otras herramientas que pueden hacer más sencillo el trabajo con el procesador de texto.

Editar

El menú **Editar** permite realizar acciones que modifican el texto una vez creado. Se trata de las mismas opciones que acostumbran a ofrecer otros programas: cortar, copiar, pegar, seleccionar, etc.

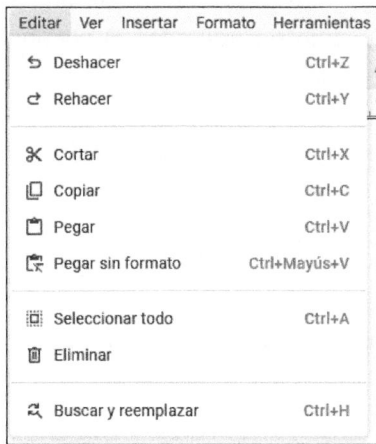

*Menú **Editar***

Deshacer

En primer lugar, destacan **Deshacer** y **Rehacer.** Se trata de dos de las opciones más utilizadas en la edición de cualquier documento. Cuando se realiza por error alguna acción no deseada, o bien el resultado no es el esperado, se puede seleccionar el comando **Deshacer** que inmediatamente deshará la última acción realizada. Si se sigue accionando, vuelve a deshacer un número limitado de operaciones. La opción **Rehacer** es exactamente la contraria, y suele ir aparejada a la anterior para que aún se tenga la oportunidad de volver a rehacer la acción eliminada, en caso de decidir finalmente que sí era correcta.

En cualquiera de los casos, se deben conocer sus atajos rápidos de teclado, pues suelen utilizarse frecuentemente, siendo más cómodo y rápido ejecutarlas sin desplegar el menú: [Ctrl] + [Z] para deshacer y [Ctr] + [Y] para rehacer.

Copiar, cortar y pegar

En segundo lugar, aparece un grupo de tres opciones de edición muy útiles: cortar ([Ctrl] + [X]), copiar ([Ctrl] + [C]) y pegar ([Ctrl] + [V]). Se debe tener en cuenta que para usar las dos primeras es necesario que previamente haya sido seleccionado algún fragmento del texto o cualquier otro elemento del documento. Si no es así, ambas opciones aparecerán desactivadas y no podrán ser utilizadas. A continuación, se describen lo que hacen estas opciones:

- **Copiar** permite repetir un elemento (letra o signo, palabra, párrafo, dibujo, etc.) en otra parte del documento, o incluso en otro documento.
- **Cortar** realiza la misma operación que **Copiar,** pero con la diferencia de que elimina el elemento seleccionado del lugar original.
- Por último, **Pegar** coloca aquello que se ha copiado o cortado en el nuevo lugar en que se sitúe el cursor.

Nota

Estas opciones son válidas entre documentos distintos. Si hay dos documentos abiertos en el procesador de textos de *Google Drive,* en otro programa o incluso en otra aplicación, se puede realizar este copiado o cortado y pegado entre ambos sin ninguna dificultad.

Buscar y reemplazar

Es importante destacar la opción de **Búsqueda y reemplazo.** Esta permite localizar palabras en el texto. Para realizar una búsqueda se rellena el campo **Buscar** con el término a buscar y, accionando los botones **Siguiente** o **Anterior,** se navegará por cada una de estas palabras, tantas veces como aparezcan en el texto. Aparecerán resaltadas de color amarillo. Esta opción es útil para localizar términos en el texto, ya sea para encontrarlos o porque se necesite modificar o corregir dichos términos.

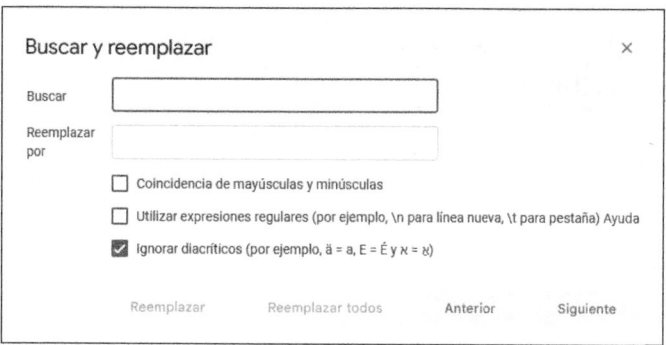

Buscar y reemplazar

Si se desea, además de localizar un término o términos, pueden sustituirse por otros. Para esto, se rellena el campo **Reemplazar por.** De este modo se puede corregir alguna palabra que se haya escrito incorrectamente en todos los casos, o algún dato que se desee cambiar en todo el documento.

 **Nota**

Tanto en la opción de **Reemplazar por** como también en la de **Buscar** se puede elegir "Coincidencia mayúsculas y minúsculas" para ser más específico en la búsqueda si es necesario.

Como se ha explicado anteriormente, *Google Drive* localiza todas las palabras que se ajusten al criterio de búsqueda, señalándolas con un con un marcador verde. Si se va pulsando en **Siguiente,** se irá pasando de una a otra (igualmente para **Anterior).** De esta forma, en caso de que se quiera sustituir solo una de estas palabras, puede ser localizarla primero antes de cambiar nada. Se debe pulsar el botón **Reemplazar** para hacerlo individualmente en aquella que se considere oportuno después de haber realizado la búsqueda, o bien pulsar **Reemplazar todos** para cambiar de una sola vez todas las que han sido localizadas.

Herramientas

En *Google Drive* existe el menú específico de **Herramientas.** En él se pueden encontrar múltiples opciones que ayudarán en el desarrollo de cualquier documento. Se trata de valores añadidos comunes en otros procesadores de texto, pero que, en este caso, además, aúna muchas de las funciones y aplicaciones de la marca *Google*.

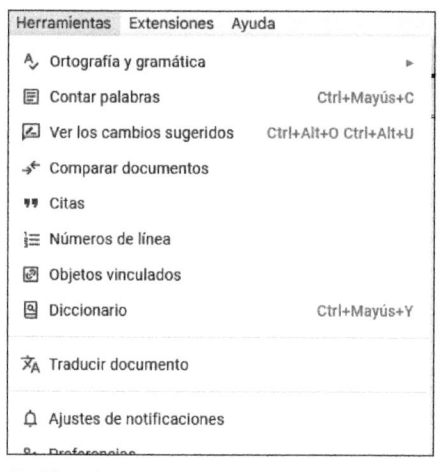

Menú *Herramientas*

Ortografía y gramática

El submenú **Ortografía y gramática** permite realizar una revisión de errores ortográficos y gramaticales en el texto. Para ello debemos seleccionar el comando ***Comprobación ortográfica y gramatical,*** que abre un panel donde se van mostrando los errores ortográficos y gramaticales.

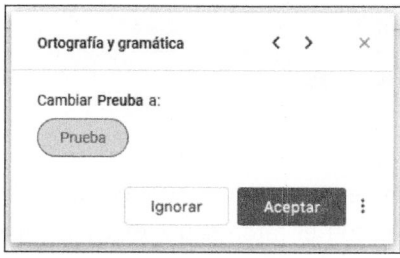

Revisión ortográfica

Este panel muestra el término erróneo y las alternativas correctas. Se puede seleccionar una de las alternativas y pulsar el botón **Aceptar** para que se cambie el término por el correcto en el texto. El botón **Ignorar** pasa al siguiente término sin modificar el detectado como erróneo, si no se desea cambiarlo.

Si el término es correcto, pero se trata de un vocablo técnico que la revisión no reconoce, podremos añadirla al diccionario personal para que la revisión la de por buena. Para ello debemos desplegar el botón de los tres puntos que aparece a la derecha del botón **Aceptar** y seleccionar el comando **Añadir al diccionario personal,** que permite introducir el término detectado como incorrecto en el diccionario personal, de modo que las siguientes veces que aparezca se dará por correcto. Esto es útil para los términos correctos, pero que no aparecen en el diccionario de *Google,* lo que suele pasar por ejemplo con términos técnicos de ciertas materias específicas, al no ser palabras de uso común.

En el submenú **Ortografía y gramática** también contamos con el comando **Mostrar sugerencias ortográficas** que hará que al escribir texto en un documento *Google Drive* detectará los posibles errores ortográficos, de puntuación, de concordancia, etc., y los subraya en rojo para llamar la atención sobre el error.

Sugerencias ortográficas

Cuando aparece una palabra subrayada en rojo por la ortografía, se puede hacer clic con el ratón sobre ella y mediante el menú contextual realizar las siguientes operaciones:

■ La primera opción que aparece es la palabra que Drive considera correcta o varias alternativas. Simplemente haciendo clic sobre una de estas palabras, se sustituirá la palabra por la seleccionada.

■ La siguiente opción es **Ignorar,** con forma de una x en un círculo, hace que Drive sustituya la palabra por el término alternativo todas las veces que la encuentre en el documento.

■ Si queremos que este término sea siempre corregido por la palabra seleccionada como correcta, podremos desplegar el menú de los tres puntos y seleccionar el comando **Corregir siempre por "término".**

■ Si no aparece una opción correcta o la palabra está bien escrita, pero no se reconoce al no estar en el diccionario, se puede hacer clic en **Añadir a diccionario personal,** con lo que *Google Drive* aceptará dicha palabra, eliminará su subrayado y no volverá a señalarla en ocasiones posteriores.

Contar palabras

El comando **Contar palabras** hace un recuento de todo el texto que hay escrito en el documento. Igualmente, se puede seleccionar en primer lugar un fragmento del texto y luego ejecutar el comando, obteniendo en ese caso los datos correspondientes a la selección, además del conteo global del documento, tal y como se muestra en la figura. Estos datos son: número de páginas, número de palabras, y número de caracteres contando y sin contar los espacios.

Recuento de palabras

Ver los Cambios sugeridos

Este comando nos permite visualizar los cambios sugeridos por otros editores del documento, si es que el documento está compartido. Esto mostrará en el documento los cambios sugeridos y en el panel derecho un cuadro para navegar por los cambios sugeridos y los comentarios de los editores con los cambios que han sugerido, con sendos botones para que podamos aprobarlos o rechazarlos.

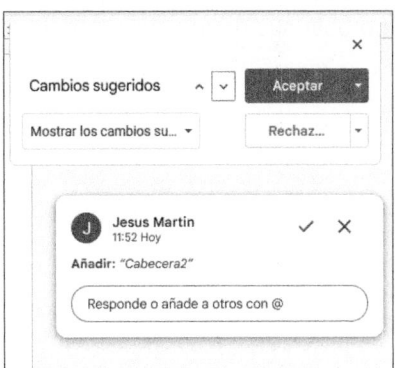

Ver los cambios sugeridos

En un archivo compartido los demás colaboradores pueden sugerir cambios que no se aplicarán al documento hasta que no sea aprobado por los demás. Para ello se debe desplegar la lista del modo de edición en la parte derecha de la barra de herramientas y seleccionar el modo **Sugerencias,** que hará que los cambios que se introduzcan en el documento no sean efectivamente añadidos al documento, sino mostrados como sugerencias a los demás colaboradores. Una vez realizadas todas las sugerencias, se podrá volver a desplegar la lista de Modo y volver al **Modo Edición.**

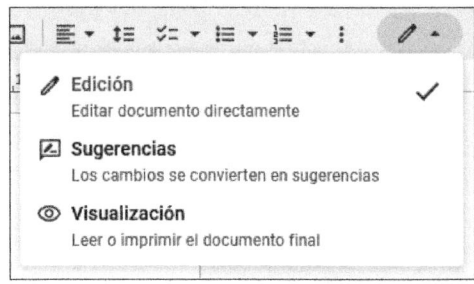

Modos de Edición, Sugerencias y Visualización

Comparar documentos

Este comando permite comparar el documento actual con otro documento que seleccionemos en nuestro *Drive*. Esto permite comparar el contenido de ambos documentos para visualizar las diferencias, lo que puede ser muy útil para comparar dos versiones de un documento que se tengan guardadas y comprobar sus diferencias y similitudes.

Comparar documentos

Selecciona el documento con el que quieras comparar

☐ Mi unidad

Atribuir las diferencias a
Jesus Martin

☐ Incluir comentarios del documento seleccionado

Más información   Cancelar   Comparar

Comparar documentos

Traducir documento

Al hacer clic en **Traducir documento,** se abre una ventana donde se puede elegir el idioma en la pestaña **Elige un idioma.** *Google Drive* utiliza la aplicación *Google Traductor,* también de su marca.

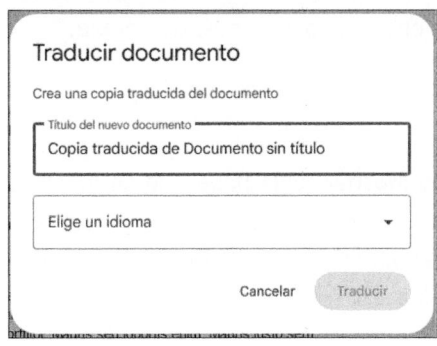

Traducir documentos

Google Drive abrirá un nuevo documento llamado **Copia traducida de...** y, de esta forma evita modificar el original. Este nuevo documento ya está traducido gracias a la herramienta de *Google.*

Ver

Por último, existen otros elementos que permiten personalizar el espacio de trabajo. En el menú **Ver** se pueden seleccionar algunas opciones de visualización.

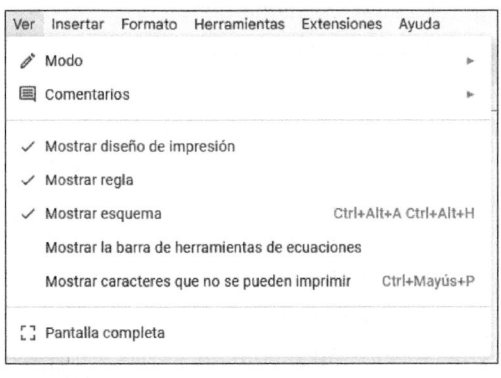

*Menú **Ver***

Mostrar diseño de impresión

Este comando permite mostrar el diseño en pantalla simulando cómo quedaría la impresión del documento, mostrando el texto en distintas páginas dibujadas en pantalla e indicando los encabezados y pies de página. Si desmarcamos esta opción el documento se mostrará como un texto continuo y sin encabezados ni pies de página.

Mostrar regla

El comando **Mostrar regla** hace que se muestre en pantalla una regla superior con la que se puede tener una idea de la dimensión de la página, los márgenes establecidos y el tamaño de los objetos que se inserten en ella, como tablas o imágenes.

Esta referencia es muy útil para saber en todo momento la proporción de los elementos, independientemente del grado de aumento *(zoom)* que tenga aplicado el documento.

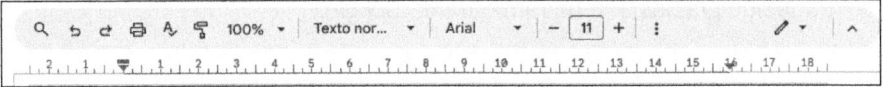

Regla

Mostrar Esquema

El comando **Mostrar esquema** abre el panel **Esquema** a la izquierda de la ventana. En este panel se muestra el esquema del documento y permite navegar directamente hacia cada título o subtítulo, haciendo clic sobre el esquema.

Para que un documento tenga un esquema es necesario utilizar los estilos de títulos y subtítulos en el texto.

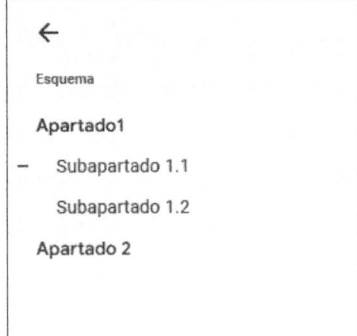

Panel de Esquema del documento

Pantalla completa

Esta opción mostrará el documento a pantalla completa, ocultando la barra de menús y la barra de herramientas. Para volver a restablecerlo, tan solo se debe pulsar la tecla [Esc].

Actividades

10. Copie el primer párrafo de su documento de texto y péguelo detrás del último párrafo.
11. Realice una revisión ortográfica del documento.
12. Traduzca el texto del documento al inglés.

Aplicación práctica

Le encargan modificar el documento de la aplicación práctica anterior para eliminar la primera página de índices, pero que se pueda seguir navegando por los apartados del documento.

¿Qué debe hacer?

SOLUCIÓN

Primero se debe eliminar la primera, suprimiendo el texto y sus enlaces.

Después hay que asegurarse de que los apartados y subapartados utilizan los estilos de títulos que ofrece la aplicación Documentos, y en caso contrario asignarle dichos estilos mediante el submenú **Estilos de párrafo** del menú **Formato.**

Después se abrirá el panel de esquema con el comando **Esquema** del menú **Herramientas,** lo que permitirá navegar por los apartados del documento.

4. Finalizar un documento

Tras crear el documento o acceder a uno creado, y tras haber desarrollado el contenido del mismo, dándole formato y completándolo con otros elementos como gráficos, imágenes, etc., está listo para ser finalizado a través de alguna de las diversas formas existentes.

Posiblemente se requiera imprimir el documento en papel para hacer entrega del mismo físicamente, o quizás crear un archivo de tipo ".pdf" para entregarlo de forma digital. También es posible que sea necesario simplemente enviarlo por correo electrónico en algún formato que otra persona pueda abrir para editarlo desde un programa distinto a *Google Drive.* Para cualquiera de estas opciones, se definen a continuación las posibilidades que ofrece la aplicación.

4.1. Imprimir

Al final del menú **Archivo,** se encuentran las opciones de configuración de página e impresión. Antes de imprimir o descargar el documento, conviene configurar la página para darle un formato concreto. En cualquier caso, se puede configurar la impresión y obtener una vista previa para asegurarse de que todo está correcto.

Configurar página

Mientras se crea o edita el texto, el procesador se muestra como una página continua y sin límite. Esto implica que tan solo a la hora de imprimir en papel o en ".pdf", o de exportar a cualquier otro formato, se podrá ver la división exacta en páginas de dicho documento.

Se puede obtener una vista previa sin llegar a imprimir, para lo cual es necesario haber configurado la página y la impresión previamente, tal y como se describe a continuación.

Datos básicos de la página

Si se pulsa el comando **Configuración de página** se podrán definir los parámetros básicos de las páginas del documento. Estos parámetros son su orientación y tamaño, la definición de sus márgenes y el color de fondo de la misma.

Cuadro de diálogo *Configuración de página*

Salto de página

Se puede introducir un **Salto de página** en el documento desde el menú **Insertar,** desplegando el submenú **Saltos** y seleccionando el comando **Salto de página,** para marcar el lugar donde se quiere forzar manualmente un espacio o salto del texto hasta la siguiente página. Esto hará que se cree una nueva página.

Encabezado y pie de página

En los documentos también puede insertarse una cabecera o pie de página. Estos elementos aparecerán en todas las páginas que se impriman. Para ello, se debe abrir el menú **Insertar** y abrir el submenú **Encabezados y pies de página,** seleccionar entre **Encabezado** o **Pie de página** y escribir el texto correspondiente en la parte superior en el primer caso, y en la parte inferior en el segundo caso. Se puede editar el formato (tamaño, tipografía, color, etc.) como si se tratase de un texto normal.

Nota a pie de página

Otro de los elementos útiles que se puede introducir en los textos son las notas a pie de página desde el menú **Insertar.**

Con el cursor situado en el sitio exacto donde se quiere insertar la aclaración, se debe hacer clic en el comando **Nota a pie de página.** Inmediatamente *Google Drive* introduce un número correspondiente a la numeración de las notas como superíndice junto a la palabra en cuestión. Simultáneamente en el pie de página se podrá escribir dicha nota.

Imprimir

Se puede seleccionar esta opción directamente en el menú **Archivo.** Al seleccionarla aparecerá el panel **Imprimir** con las opciones de impresión y una vista previa del documento.

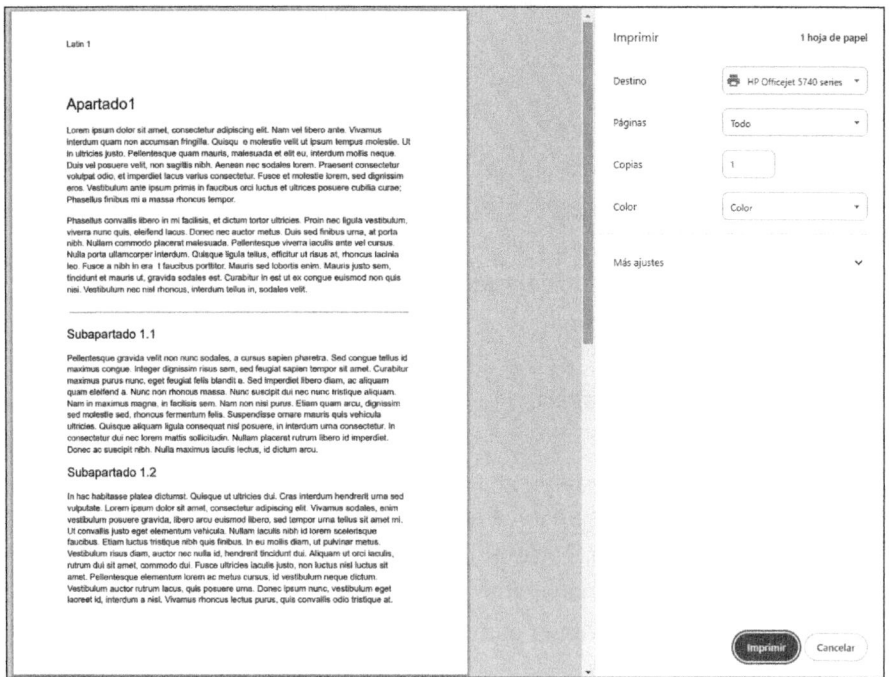

*Panel **Imprimir***

Cuando se compruebe que todo está correcto en la vista previa, se puede hacer clic en el botón **Imprimir** directamente, si se desea enviar a la impresora, o bien en **Cancelar** si se desea volver al procesador para hacer modificaciones, ya sea en el propio texto o en su formato, o en la configuración antes de la impresión.

En cualquier caso, se puede imprimir de las siguientes formas:

- Haga clic en **Imprimir** en la pestaña desplegable **Archivo.**
- Haga clic en el icono de la barra de herramientas.
- Ejecute el atajo de teclado [Ctrl] + [P] ("P" de "print", "imprimir" en inglés).

Dentro de la ventana imprimir, se pueden configurar los márgenes de impresión, si la impresión será a color o blanco y negro, elegir la impresora, etc.

4.2. Exportar

Se pueden exportar documentos de *Google Drive,* haciendo clic en la opción **Descargar** del menú **Archivo** y eligiendo la extensión del archivo que se quiera obtener. Tal y como se mostró en el apartado correspondiente de la gestión de los documentos de texto, es posible guardar dicho documento en varios formatos compatibles con otras aplicaciones o programas. En la pestaña que se despliega se pueden observar las extensiones de esos formatos.

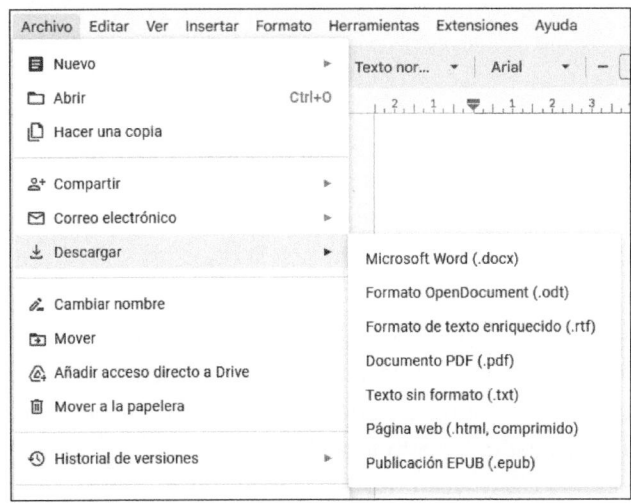

*Submenú **Descargar***

Si se decide hacer copias de seguridad independientemente de las que *Google Drive* ya hace, esta es la forma en la que ha de descargarse al ordenador el documento, pues permitirá seguir editándolo en el futuro en caso de que resulte necesario.

4.3. Compartir y Publicar

Al finalizar un documento, puede optar por publicarlo en internet para distribuirlo entre un determinado número de personas, a las que el usuario habrá de enviar la dirección correspondiente.

Para publicar el documento en internet haga clic en **Archivo,** abra el submenú **Compartir** y elija la opción **Publicar en la Web.**Se obtendrá una dirección URL en la que puede consultarse su publicación.

 Actividades

13. Haga que las páginas del documento tengan una orientación horizontal.
14. Descargue el documento en formato PDF.

5. Resumen

La herramienta de *Drive* llamada *Documentos,* o *Documentos de Google,* es una utilidad que sirve para escribir y editar textos, es decir, es un procesador de textos.

Documentos permite crear textos con un formato propio, o bien importar documentos de otros formatos, subir documentos desde el equipo, o acceder a documentos compartidos por otros. Se pueden crear textos desde cero o utilizar plantillas para comenzar con cierto formato.

Una vez creado un documento se podrá definir la página del documento, añadir texto e imágenes, formatear el texto y enriquecer el documento con otros elementos como símbolos y fórmulas matemáticas. Además, *Documentos de Google* ofrece gran cantidad de herramientas para ayudar en la creación del documento, como diccionario, corrección ortográfica, búsqueda y reemplazo de datos, etc.

Una vez finalizado un documento se podrá publicar de varias formas. La más obvia es imprimirlo, pero también se podrá exportar a otro formato y descargarlo o bien compartirlo, enviarlo por correo o publicarlo *online*.

Ejercicios Prácticos

1. Abra cualquier documento con texto y copie los dos primeros párrafos en un nuevo documento y cambie su formato hasta obtener el texto tal y como se indica:

   ▪ Párrafo 1: texto tipo "título 5", fuente: Comic Sans, tamaño 14 pt, color rojo y alineación a la izquierda.
   ▪ Párrafo 2: texto tipo "normal", fuente: Verdana, tamaño 11 pt, color azul y alineación central.

   Si su documento no tuviese texto, escriba dos párrafos a modo de prueba, con los que poder trabajar.

2. Inserte una tabla de horario, tal y como se muestra a continuación.

	Lunes	Martes	Miércoles	Jueves	Viernes	Sábado	Domingo
8:00							
9:00							
10:00							
11:00							
12:00							
13:00							

Descripción: Fondo de las celdas de los días de la semana en gris y color del borde de toda la tabla negro, con un grosor de 1,5 pt. El texto de las celdas usa la fuente Arial 10 en negrita, y está alineado horizontalmente en el centro.

Ejercicios Prácticos

Ejercicios de repaso y autoevaluación

1. **¿Puede cambiar el nombre de un archivo que está editando sin necesidad de cerrarlo?**

   a. No, debe cerrarlo para cambiar su nombre desde el administrador.
   b. Sí, puede hacerlo creando una copia a la que llame con el nombre nuevo, pero no podrá modificar el actual.
   c. No, debe hacerlo otro colaborador y compartirlo con usted.
   d. Sí, puede hacerlo directamente desde la pestaña **Archivo** o haciendo clic sobre el nombre del documento.

2. **¿Puede recuperar un texto que escribió en el documento y que posteriormente ha modificado un colaborador?**

   a. No, nunca.
   b. No, salvo que cuente con una copia de seguridad en su disco duro.
   c. Sí, pero solamente si ha sido en la misma sesión y lo hace a través de la opción de "deshacer".
   d. Sí, puede consultar el historial de revisión y restaurar la versión en la que aparecía su texto.

3. **De las siguientes afirmaciones, indique cuáles son verdaderas o falsas:**

   a. Podemos realizar una copia de un documento de *Drive* en un archivo descargando el documento.

   ☐ Verdadero
   ☐ Falso

   b. Es necesario siempre realizar copias de seguridad de los documentos de *Google,* pues *Drive* no las hace.

   ☐ Verdadero
   ☐ Falso

c. Se puede realizar una copia de un documento de *Drive* mediante el comando Crear una copia del menú **Archivo**.

☐ Verdadero
☐ Falso

4. **Explique cómo puede cambiar el formato de una parte del texto de su documento.**

_____

_____

_____

_____

5. **¿Se pueden escribir caracteres especiales que no aparecen en el teclado en *Google Drive*?**

a. No, porque es una de las funciones de *Google Drive* que no están disponibles en su versión gratuita.
b. No, porque *Google Drive* cuenta con menos opciones que otras herramientas.
c. Sí, puede escoger insertar caracteres especiales y buscar entre ellos el que necesita.
d. Sí, pero tiene que copiarlo y pegarlo de otra herramienta que tenga instalada en su ordenador y que sí los escriba.

6. **¿Puede resaltar partes del documento para que otros usuarios que trabajen en él lo adviertan?**

a. Sí, pero la única forma será marcar el texto introducido con subrayado, negrita u otro color diferente, para que no se olvide de borrarlo al final, antes de entregar o imprimir el documento.
b. Sí, existe una opción para insertar comentarios en el texto para su uso interno, que no aparecerán en la impresión.
c. Sí, pero no sobre el propio documento. Escriba un correo al usuario pegando el texto en el cuerpo del mensaje y señalándole lo que quiere que vea.
d. No, *Google Drive* no cuenta con herramientas para el repaso y la corrección.

7. Indique de qué forma o formas se puede crear un índice en un documento de *Drive:*

    a. Mediante enlaces.
    b. Mediante marcadores y enlaces.
    c. Mediante comentarios y enlaces.
    d. Mediante un esquema.

8. ¿Puede saber cuántas páginas lleva escritas en el documento?

    a. No, *Google Drive* funciona como un único espacio continuo donde escribir.
    b. Sí, puede ver la vista previa de impresión en cualquier momento para saber cuántas páginas lleva, pero siempre habiendo configurado previamente el tamaño de las mismas.
    c. Sí, puede insertar el número de página desde el menú **Archivo** en la opción de Configuración de impresión, y verá en el margen en qué página se encuentra.
    d. No, el número de páginas lo verá directamente en la impresora cuando recoja el material que ha mandado imprimir.

9. Explique para qué sirve la herramienta de Sugerencias.

_____
_____
_____
_____
_____
_____
_____
_____

10. ¿Pueden editarse los documentos de texto de *Google Drive en Word?*

    a. No, debería haber escogido el programa *Word* desde el principio.
    b. Sí, puede hacer una copia y cambiarle el nombre para que acabe por ".doc", que es como se llaman los archivos de *Word*.
    c. Sí, puede exportarlo en formato compatible descargándolo desde la pestaña **Archivo.**
    d. No, la única forma de hacerlo es copiar todo el texto y pegarlo en un documento de *Word*.

Unidad Didáctica 4
Trabajo con hojas de cálculo y formularios

Contenido

1. Introducción

Anteriormente se han descrito de forma general y de forma particular para textos las distintas maneras de acceder y funcionar con los archivos. Del mismo modo, ahora se describen las distintas operaciones que pueden realizarse para las hojas de cálculo.

Atendiendo a un esquema similar al de las demás aplicaciones, esta unidad didáctica se divide en un primer apartado para iniciar la tabla y aprender cómo trabajar con ella, un segundo apartado en el que se describe cómo crear el contenido, en qué soporte y con qué formato y, por último, un tercer apartado que propone las distintas finalidades con que se creó la hoja de cálculo o que puede tener una vez terminado.

Una hoja de cálculo es una retícula de celdas donde se pueden incluir datos. La potencia de una hoja de cálculo reside en que se pueden realizar una gran cantidad de cálculos y funciones con los datos, pudiendo ser utilizadas para una gran cantidad de objetivos, realizando estadísticas, gráficos, subtotales, etc.

2. Iniciar una hoja de cálculo

En este apartado se van a explicar las acciones básicas para la creación y el acceso a los archivos de hoja de cálculo de *Google.*

2.1. Acceder a la hoja de cálculo

La hoja de cálculo se puede gestionar desde la pestaña **Archivo** como en el resto de aplicaciones. Como su propio nombre indica, desde esta pestaña se pueden administrar los distintos archivos: crearlos, guardarlos, abrirlos y cerrarlos, crear copias o exportarlos a otros formatos.

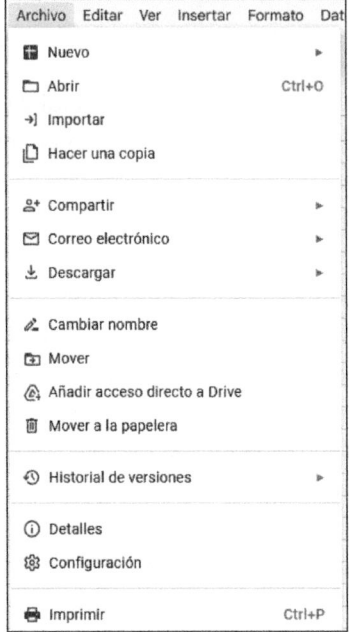

*Menú **Archivo***

Se puede acceder a la hoja por varias vías. En primer lugar, si se trata de una hoja nueva, puede ser creada desde cero o desde una plantilla y, en segundo lugar, si es una hoja creada previamente, puede ser de la cuenta del usuario, es decir, creada por él, o bien ser de otro usuario que haya enviado una invitación para editarla. Según esto, se describen las formas de acceder a ella:

- Acceder desde la página principal haciendo clic en **Nuevo → Hoja de cálculo.**
- Acceder desde una plantilla haciendo clic en el menú **Archivo** de la aplicación y seleccionando **Nuevo → De la galería de plantillas.**
- Acceder desde la página principal, haciendo clic en la hoja de cálculo a editar de la lista de documentos, en el caso de una hoja existente.
- Acceder desde un enlace proveniente de un correo electrónico que haya llegado con una invitación.

Se puede realizar la misma operación para crear un formulario. Se trata de una herramienta que se explica más adelante en esta unidad didáctica para la recogida de datos de la hoja. Se puede optar por crear directamente un formulario en lugar de la hoja de cálculo, para lo que se podrían hacer cualquiera de las operaciones descritas, cambiando el nombre de la aplicación seleccionada.

Crear un documento nuevo

Para crear una nueva hoja de cálculo se debe hacer clic en **Nuevo** y seleccionar el comando **Hoja de cálculo de Google.**

También es posible crear una nueva hoja de cálculo o formulario desde la aplicación, es decir, desde una hoja de cálculo abierta. Para ello, se debe utilizar el comando **Nuevo** del menú **Archivo,** con la diferencia de que de esta forma se puede crear una hoja de cálculo desde una plantilla.

Abrir un documento existente

Hay que dirigirse a la pestaña **Archivo** y hacer clic en **Abrir** para acceder a una hoja de cálculo o a un formulario ya existente, desde la aplicación. Esta opción lleva a un cuadro de diálogo en el que aparece un listado de todas las hojas de cálculo que tiene guardadas la cuenta de *Google Drive.* En la lista se puede ver el título del documento, el propietario y la fecha de la última modificación. Estos datos pueden ayudar a decidir qué hoja de cálculo se desea abrir.

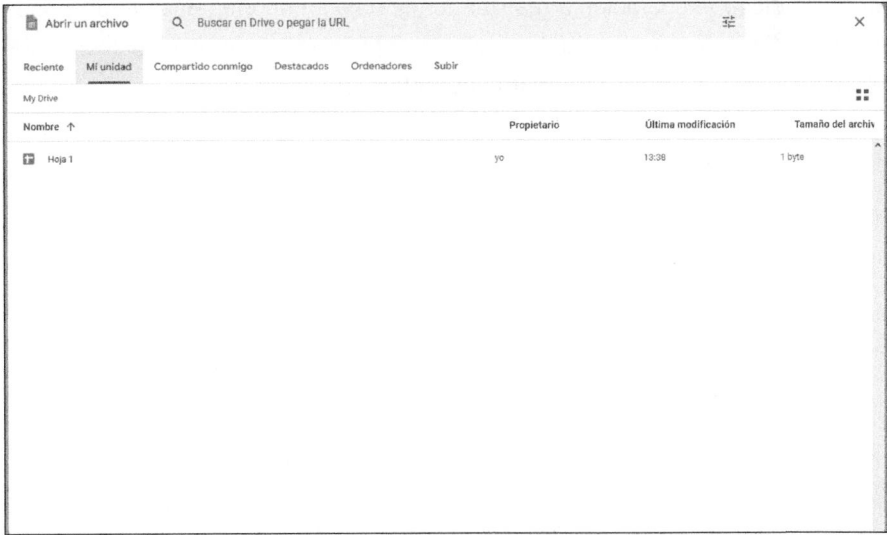

*Cuadro de diálogo **Abrir un archivo***

Si no está dentro de la aplicación, también se puede abrir una hoja de cálculo o formulario desde la página principal de *Google Drive* en la que aparece el listado de los documentos de la cuenta. Se debe seleccionar una hoja de cálculo de la lista y hacer clic sobre su nombre para acceder a ella.

Subir e importar un documento

Se puede subir o importar una hoja de cálculo completa desde el ordenador mediante el comando **Subir archivos** del botón **Nuevo** de la página principal de Google Drive, eligiendo entre conservar el formato original o transformarlo al de Google Drive para poder editarla, o haciendo clic en el menú **Archivo → Abrir...** para obtener el mismo cuadro que se detalló en el apartado anterior. En la parte superior se encuentra la pestaña **Subir,** que permitirá subir una hoja de cálculo completa desde su ordenador.

Sin embargo, la aplicación de hoja de cálculo tiene una modalidad de importación que permite precisar con más detalle los elementos de la hoja existente que se desean importar.

Para ello, se ha de utilizar el comando **Importar** del menú **Archivo** y seleccionar las características de la hoja que se desean importar. El archivo a importar debe haber sido creado con otro programa en un formato compatible. Se podrá elegir la operación a realizar con la hoja a importar, añadiendo o sustituyendo los datos de la actual. Se puede obtener más información sobre esta operación en el apartado de **Crear contenido.**

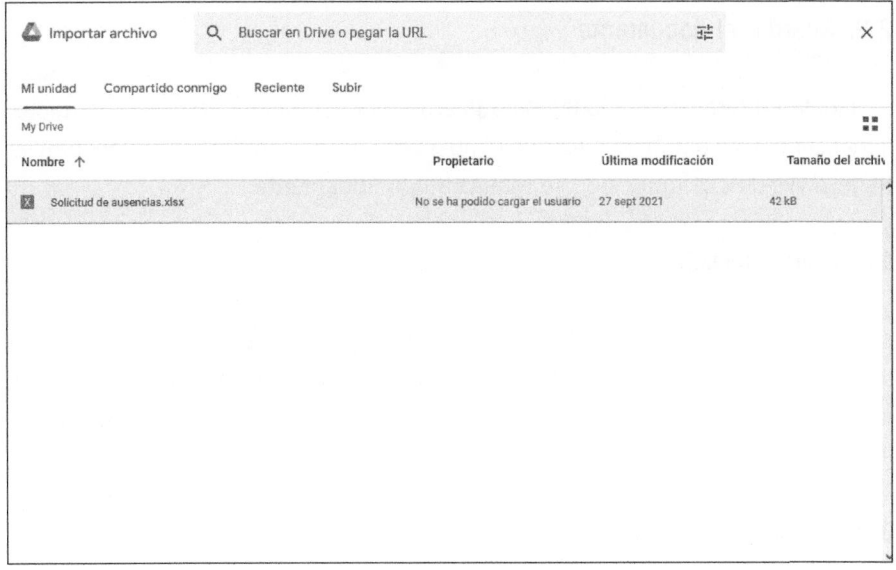

*Cuadro de diálogo **Importar archivo***

Abrir desde plantilla

Se puede trabajar en una hoja de cálculo a partir de una plantilla existente, escogiendo la que más se ajuste a los requerimientos de entre la amplia galería de plantillas existente en *Google Drive.* La mayoría están creadas y compartidas por los propios usuarios de la aplicación, y también se puede contribuir con plantillas creadas por el usuario, tal y como se describe en la unidad anterior.

Para ello, se debe abrir el menú **Archivo** y en este el submenú **Nuevo,** donde se seleccionará el comando **De la galería de plantillas,** y en la galería de plantilla de *Drive* se seleccionará la plantilla deseada. Una copia de dicha plantilla se abrirá en una ventana nueva para que se pueda comenzar a usar.

Trabajar en equipo: compartir documentos

Una de las principales razones de ser de *Google Drive* es el trabajo en equipo, para lo cual cuenta con diversas herramientas encaminadas a facilitar la tarea. Cuando se crea un documento, pueden seleccionarse una serie de colaboradores para que lo vean o editen. Del mismo modo se puede acceder a una hoja por haber sido invitado, tal y como se ha explicado anteriormente.

2.2. Guardar el documento

Existen diferentes opciones para guardar el documento, aunque orientadas a realizar copias o publicar, ya que el guardado de los cambios en un documento de *Drive* de cualquier tipo se realiza automáticamente.

Guardados automáticos

Al igual que se ha descrito para los documentos de texto, *Google Drive* irá realizando guardados automáticos a medida que se van introduciendo datos en la hoja de cálculo. Los distintos guardados se van actualizando "en la nube", lo que permite tener al día siempre una copia de seguridad.

Guardar una copia del documento

Se puede hacer una copia de un documento con el comando **Hacer una copia** en el menú de **Archivo.** Aparecerá un cuadro de diálogo donde aparecerá como nombre del archivo de manera predeterminada "Copia de" seguido del nombre del archivo copiado. En este cuadro de diálogo se podrá indicar en cualquier caso el nombre que se le dará a la copia. Con la copia, también pueden mantenerse los colaboradores a los que se haya invitado a dicho documento, marcando la casilla **Compartirlo con las mismas personas.**

Cuadro de diálogo "Copiar documento"

Al crear esta copia, aparece en el administrador de archivos de la página principal de *Google Drive* un nuevo documento que será idéntico al original, pero con el nombre indicado.

Es necesario recordar que hacer una copia de la hoja no es del todo útil como copia de seguridad, pues los documentos estarán siempre guardados "en la nube", y accesibles desde cualquier punto.

 Consejo

Se puede hacer una copia del documento para empezar a trabajar en otra hoja que tenga muchas cosas en común con la primera (esta es la acción que en muchos programas se conoce como **Guardar como...**), o utilizar de forma indirecta un documento propio como plantilla, sin necesidad de compartirlo.

Ver el historial de revisión

Se podrá utilizar el comando **Ver historial de versiones** del menú **Archivo** para buscar y restaurar una versión anterior de la hoja de cálculo. Se abre un panel que permite conocer los cambios que se han realizado, su autor y la fecha. Del mismo modo, los cambios se resaltan de un color en la hoja para que puedan ser localizados fácilmente entre tantos datos.

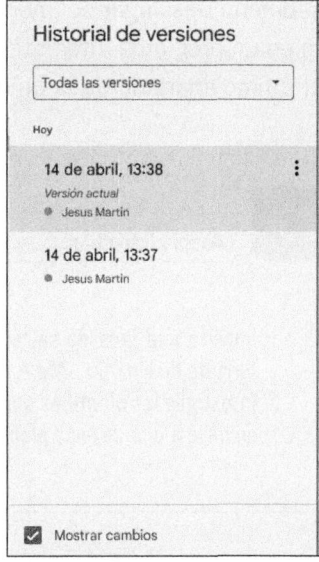

Se pueden ver las distintas versiones, haciendo clic en la que se desee del panel y pulsando el botón **Restaurar esta revisión** para establecerla. Cuando se haya finalizado se debe pulsar sobre el botón **Atrás** que aparece en la esquina superior izquierda de la hoja para regresar a la ventana de edición.

*Panel de **Revisiones***

Cambiar el nombre del documento

Al crear un nuevo documento o al abrir una plantilla, se genera una hoja de cálculo titulada provisionalmente **Hoja de cálculo sin título.** Es importante para el orden en los documentos asignar un nombre por el que identificarla más adelante. El nombre del documento aparece en la parte superior de la ventana de la aplicación.

Para cambiar el nombre se puede hacer clic en el nombre del documento en la parte superior de la hoja de cálculo o bien en la opción **Cambiar nombre** del menú **Archivo,** e introducir el nombre que se le quiere asignar. En ambos casos se escribirá el nombre en la cabecera de la hoja.

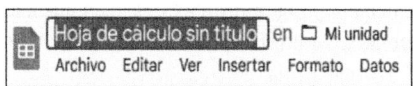

Cambiar nombre en la cabecera de la hoja

Descargar el documento

Por último, se puede descargar la hoja de cálculo actual desplegando el submenú **Descargar** del menú **Archivo,** para seguir trabajando con el documento en un programa diferente. Esta opción se desarrollará más extensamente en el último apartado de la unidad.

Actividades

1. Importe una hoja de cálculo realizada con otro programa a *Drive,* convirtiéndola al formato de hoja de *Google.*
2. Investigue las plantillas que ofrece *Google* para hojas de cálculo y cree una nueva hoja en base a una de esas plantillas.

3. Crear contenido

Las hojas de cálculo permiten efectuar operaciones más o menos complejas con una serie de datos introducidos y ordenados previamente. A continuación, se definen las partes de las que se compone una hoja de cálculo, pero el contenido de la hoja puede ser tan variado como se desee. Se puede hacer una hoja de cálculo para llevar la contabilidad doméstica o para el cálculo de hipotecas, para llevar el horario de trabajo o para ordenar la colección personal de libros, por ejemplo.

En *Google Drive,* las hojas pueden contener una gran cantidad de datos, con un máximo de 256 columnas o 200.000 celdas (aunque estos límites desaparecen en la opción de pago), por lo que es muy importante la buena organización de los mismos para realizar las operaciones correctamente.

3.1. Soporte

El contenido de la hoja de cálculo es la razón de ser fundamental de esta aplicación, si bien es muy importante conocer el soporte que ofrece *Google Drive* para ello, y aprender a crear, editar y eliminar los distintos elementos en los que se introducen, se ordenan y se presentan los datos.

Definición de los elementos principales

Al abrir el documento de hoja de cálculo por primera vez, aparece por defecto una sola hoja, llamada **Hoja 1,** tal y como se ve en la parte inferior de la pantalla, aunque se pueden crear más hojas dentro del mismo archivo de la forma que se describe posteriormente. Esta hoja está compuesta, también *a priori,* por 1.000 filas y 25 columnas, valores susceptibles de cambio.

Pestaña de hoja

Se puede hacer clic en el signo **+** de la barra inferior para crear una nueva hoja en blanco, o bien hacer clic en **Duplicar** en la pestaña desplegable si se desea trabajar a partir de una copia idéntica a la hoja actual.

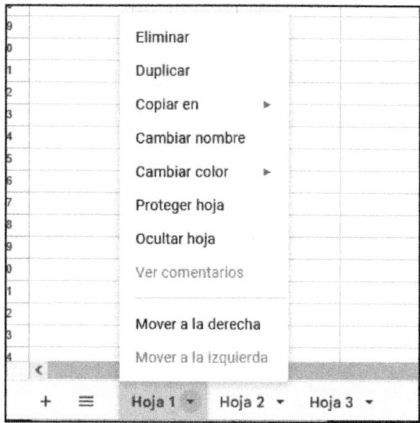

Pestaña desplegable de la hoja

También existen opciones para cambiar el nombre de la hoja y proteger las distintas hojas que se vayan creando. Esto último se explicará más adelante.

 Nota

Si hay más de una hoja en el mismo archivo y se hace clic en el signo "+", *Google Drive* crea la nueva hoja justo detrás de aquella que estuviese activa.

Las hojas se componen de filas y columnas que, a su vez, se componen de celdas. Estas celdas son la intersección entre las filas (identificadas con números a la izquierda) y columnas (identificadas con letras en la parte superior de las mismas). De ese modo, cada celda tiene un identificador único, formado por la letra y el número correspondientes a su posición.

Por defecto, el cursor aparecerá situado en la esquina superior izquierda, en la primera celda **A1**. Para moverse por ellas se pueden utilizar las teclas de flechas del cursor del teclado o haciendo clic directamente en la que se desee con el ratón. Se debe tener en cuenta que lo que se ve en pantalla es solo una parte de la tabla; se puede seguir hacia la derecha o abajo con los cursores o con las barras de desplazamiento para llegar a los datos que *a priori* no se llegan a ver.

 Recuerde

Las barras de desplazamiento aparecen en el extremo inferior y en el extremo derecho y permiten navegar por la parte del documento que queda fuera de la vista de la pantalla.

También existen atajos de teclado para moverse entre las distintas celdas; se puede ir a la última celda con [Ctrl] + [Fin] o a la primera con [Ctrl] + [Inicio]. Se puede llegar a las celdas extremas en todas direcciones sin tener que pasar una a una por las anteriores o sin tener que desplazarse con las barras de la página con [Ctrl] + [Flecha izquierda, derecha, arriba o abajo], según donde se quiera acceder. Esto resultará especialmente útil en tablas de datos muy extensas. Por último, se puede utilizar [AvPág] o [RePág] para avanzar o retroceder hasta la primera o última fila visible en pantalla.

Para ir de una hoja a otra de las creadas en un mismo documento, se puede hacer clic en cada una de las pestañas correspondientes de la parte inferior de la pantalla, o bien utilizar los atajos de teclado rápido: [Ctrl] + [AvPág] para ir a la siguiente y [Ctrl] + [RePág] para ir a la anterior.

Insertar filas y columnas

Si se necesitan más celdas de las disponibles al inicio del documento, se puede ampliar la cantidad inicial de filas o columnas de una tabla, especificando el lugar exacto en el que se quieren introducir.

Si se desea insertar filas al final, hay que situarse al final de la hoja y hacer clic en **Añadir más filas,** indicando la cantidad en el recuadro a tal efecto.

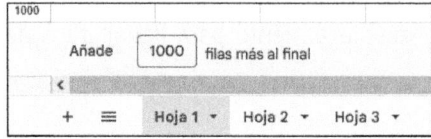

Añadir filas al final

Si se quiere insertar un dato entre dos filas o dos columnas que a su vez ya están rellenas, y sin tener que mover toda la información introducida, se puede especificar la posición exacta de lo que se desea insertar, en lugar de agregarlo al final del documento.

Para indicar una posición relativa, *Google Drive* interpreta como actual la última celda seleccionada por el cursor. Se debe seleccionar en el menú **Insertar** el submenú deseado según se vayan a insertar **Filas** o **Columnas** y elegir la opción deseada: **Insertar 1 Fila encima, Insertar 1 Fila debajo, Insertar 1 Columna a la derecha** o **Insertar 1 Columna a la izquierda,** y se obtendrán las celdas deseadas en la posición que se ha indicado.

Menú Insertar

Si se selecciona más de una celda a la vez como referencia, *Google Drive* ofrecerá la opción de insertar al mismo tiempo tantas filas o columnas como se hayan seleccionado. Más adelante se describirá con mayor profundidad ese conjunto de celdas, llamado **rango.**

Sabía que...

A veces puede ser más operativo crear una hoja nueva para organizar la información en varias tablas, que incluir muchas filas en una misma, que además está limitada a 200.000 celdas en esta versión gratuita de *Google Drive*.

Eliminar filas y columnas

Si se desean eliminar filas o columnas se pueden utilizar los comandos **Filas** o **Columnas** del submenú **Eliminar** del menú **Editar.** De igual modo que para insertarlas, *Google Drive* tiene en cuenta la situación del cursor para aplicar las acciones a las celdas seleccionadas. También es posible hacerlo mediante la selección de un rango, con lo que se pueden eliminar múltiples elementos.

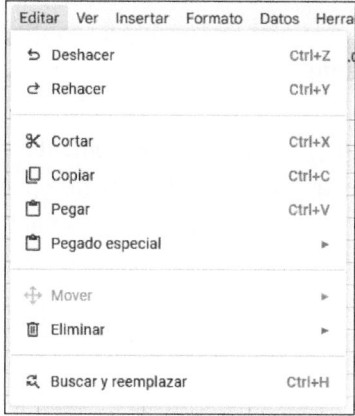

Menú Editar

Actividades

3. Añada varias hojas a un documento de hoja de cálculo de *Drive.*
4. Inserte una columna detrás de la columna D.

3.2. Crear contenido

A continuación, se verán las distintas formas de crear contenido en una hoja de cálculo.

Insertar datos

Antes de introducir datos, es conveniente poner un nombre a la hoja. En la parte inferior aparece una lista de las hojas que contiene el archivo. Para cambiar el nombre a la hoja actual se hará clic en la pestaña de su nombre, y se seleccionará la opción **Cambiar nombre** y se introducirá el nuevo nombre en la casilla correspondiente.

Las hojas de cálculo, tal y como se comentó en la introducción, sirven para almacenar y ordenar datos, y para realizar operaciones con ellos. Para el correcto funcionamiento de este tipo de documentos, es fundamental haber introducido los datos de forma correcta, ya sean valores constantes o fórmulas y funciones, como se verá más adelante. El motivo es que, a diferencia de otras aplicaciones, la hoja de cálculo necesita utilizar dichos datos para trabajar con ellos y proporcionar otros nuevos de forma automática.

Se pueden introducir valores constantes en cada una de las celdas, es decir, valores que no se modifican ni dependen de otras celdas, que pueden ser de distinta clase: cantidades, porcentajes, fechas, horas, etc.

También se pueden introducir textos en las celdas que no son valores en sí mismos, pero ayudan a la organización de la tabla al funcionar como descripciones o categorías para una mejor distribución de los datos numéricos.

Por último, se pueden introducir fórmulas en las celdas, que pueden contener nombres, constantes, referencias a otras celdas, operadores y funciones, como se describe a continuación. Estas tienen como finalidad la realización de operaciones más o menos complejas con los valores constantes introducidos previamente.

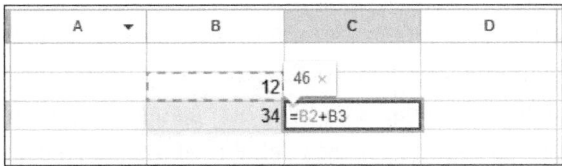

Valores numéricos y fórmulas en la hoja de cálculo

Como se puede observar, en la hoja de cálculo aparece una primera fila de celdas separada del resto, que funcionan como encabezado de la tabla de datos. Si se imprime una tabla que ocupa más de una página, este encabezado se repetirá automáticamente al principio de cada página, para conservar la referencia de los datos.

Insertar valores constantes

Para introducir datos es suficiente con hacer clic en la celda en que se quieran insertar, tras lo que el contorno de la celda aparece marcado en color azul. Si se trata de un valor constante, simplemente se tecleará y al terminar se pulsará [Enter], se hará clic en otra celda o se desplazará con las flechas del teclado a otra posición.

Utilizar "autorrellenar"

Si se necesita repetir el mismo dato en varias celdas, no es necesario introducirlos uno a uno. Se hará clic en el pequeño cuadrado azul que aparece en la esquina inferior derecha de la celda a repetir y, sin soltar el ratón, se arrastrará hasta cubrir la celda o celdas en las que se quiere copiar dicho dato. Como se puede ver en la imagen, las celdas se autorrellenan con ese valor.

	A		A		A
1		1		1	
2	30	2	30	2	30
3		3		3	30
4		4		4	30
5		5		5	30
6		6		6	

Autorellenar

Esta opción también permite rellenar de forma automática los elementos de una sucesión. Si *Google Drive* detecta que se están insertando datos en celdas sucesivas que siguen un patrón, por ejemplo, números correlativos o meses del año, al realizar la operación descrita anteriormente, continúa la serie hasta donde se le indique.

	A		A		A
1		1		1	
2	1	2	1	2	1
3	2	3	2	3	2
4	3	4	3	4	3
5		5		5	4
6		6		6	5
7		7		7	6
8		8		8	7
9		9		9	8
10		10		10	9
11		11		11	

Autorrelleno de una serie

Por último, si se empieza a teclear un texto en una celda que ya ha sido introducido más arriba en otra celda de la misma columna, *Google Drive* ofrece la opción de "autocompletado". Esta opción puede ser activada o desactivada en el menú **Autocompletar** marcando la opción **Habilitar autocompletar.**

Actividades

5. Pruebe el autorrelleno con la palabra "lunes". Después inténtelo con la palabra "enero".

Insertar fórmulas

Si el dato que se quiere introducir depende de una fórmula, no se hace de forma tan directa. Se debe hacer clic en la celda donde se quiera insertar, y escribir la fórmula en la barra superior a tal efecto. Toda fórmula debe estar precedida del símbolo **=,** seguido por las cifras y signos de las operaciones matemáticas sencillas que se deseen realizar. Se debe pulsar [Enter] cuando se haya terminado de introducir la fórmula para obtener el resultado de la operación en la celda en que se insertó dicha fórmula.

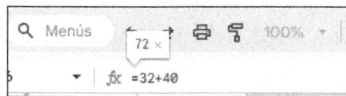

Introducción de fórmulas

Cuando se haya obtenido un valor a partir de la fórmula, se podrá comprobar que en la **Barra de fórmulas** siempre estará visible la operación realizada, pero la celda mostrará directamente el resultado final de la operación. Para mostrar la fórmula en la celda correspondiente, se debe abrir el menú **Ver,** desplegar el submenú **Mostrar** y activar la opción **Fórmulas.**

Los signos de operaciones matemáticas sencillas u operadores más utilizados en la barra de fórmulas son:

+	Suma
-	Resta
*	Multiplicación
/	División
=	Igual
<	Menor que

Continúa en página siguiente >>

<< Viene de página anterior

<=	Menor o igual que
>	Mayor que
>=	Mayor o igual que
<>	No igual a
^	Elevado a la potencia
%	Tanto por ciento

Las fórmulas que se pueden realizar de este modo son sencillas. Para hacer una operación algo más compleja, se debe utilizar una función, que es una fórmula predeterminada que se puede elegir de entre todas las que tiene *Google Drive,* y en la que solamente habrá que añadir los datos con los que realizar las operaciones. Estas funciones se describen a continuación.

Insertar funciones

Además de las fórmulas sencillas con operadores aritméticos, *Google Drive* permite insertar algunas funciones más complicadas que ayudan, por un lado, a simplificar la introducción de fórmulas y, por otro, a realizar cálculos más complejos. Estas fórmulas predefinidas o funciones pueden ser de tipo matemático, estadístico, financiero, de texto, de fecha y hora, lógicas, de información, de búsqueda, de ingeniería, etc.

Para introducirlas, hay que situarse en la celda correspondiente y hacer clic en la opción **Función** en el menú **Insertar.** Se despliega un submenú con las funciones básicas, y después, separadas por una línea horizontal aparecen clasificadas todas las fórmulas de las que se disponen organizadas en submenús.

Nota

Se puede obtener más información sobre cada una de las funciones, haciendo clic en el comando **Más información** que aparece como última opción del submenú **Fórmulas**. Este comando abrirá una ventana de ayuda con la relación de todas las fórmulas y su funcionamiento.

Cada función se compone, por tanto, de dos partes: la operación que se desea realizar (normalmente será una abreviatura del nombre de dicha operación, para que resulte más intuitivo) y los datos con los que se realizará el cálculo del resultado, que han de incluirse dentro del argumento con el formato que requiera cada función específica.

Si se empieza a escribir la función después del "=" en la barra de fórmulas, *Google Drive* propone las funciones que coinciden con lo que se ha comenzado a escribir. De ese modo no es necesario memorizar las funciones completas, o recurrir siempre al cuadro anterior.

Si se introduce comillas (") al principio de una celda, cualquier texto, función o valor que se escriba a continuación serán mostrados tal cuales, sin que se efectúe ninguna operación en ellos, ni a su vez puedan ser utilizados para realizar otras funciones, ya que *Google Drive* los interpretará como elementos de texto.

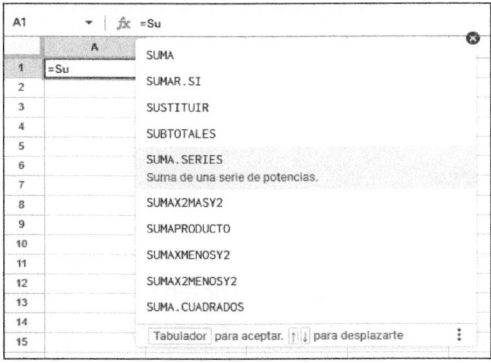

Ayuda de la barra de fórmulas para el nombre de la función

Existe otro modo rápido de insertar funciones desde la barra de herramientas. Se puede hacer clic en el botón **Funciones** que aparece con un icono de Sumatorio y desplegar la ventana con las cinco funciones más utilizadas incluyendo las básicas al principio, y todas las demás organizadas por temáticas.

Argumento de una función

El argumento de una función puede estar compuesto por uno o varios valores numéricos que se inserten de forma manual o, como sucederá con mayor frecuencia, puede estar compuesto por las referencias de las celdas que contienen dichos valores.

El argumento también puede incluir a su vez una operación sencilla, que de nuevo puede realizarse con valores que se inserten directamente en la fórmula o con valores que ya se encuentran en alguna de las celdas de la hoja.

Por último, el argumento puede contener funciones. Esto permite realizar operaciones más complejas en una misma celda. Se debe tener en cuenta que las funciones se realizan por orden, de dentro a fuera. Esto quiere decir, que se empieza por el argumento más interno y, al resultado de esa función, se le aplica la siguiente operación.

Botón **Funciones**

Estas son algunas de las funciones más comunes que existen en *Google Drive:*

ı **Funciones de fecha y hora:** permiten establecer el formato de las fechas y horas para luego obtener correctamente los datos que dependan de ellas. Las más comunes son "FECHA(año;mes;día)", que construye la fecha a partir de los datos que se introduzcan en el orden señalado (es decir: habrá que introducir entre los paréntesis los valores correspondientes para el año, el mes y el día, separados entre sí por ";"); y "FECHANUMERO("texto")", que transforma un texto en formato de fecha. Existen otras opciones para obtener información como "DIA", "HORA", "MINUTO", "MES", que da los días y horas correspondientes en formatos numéricos.

ı **Funciones de texto:** permiten trabajar con el texto introducido para buscar y sustituir, e incluso cambiando minúsculas por mayúsculas. Se puede usar la función "HALLAR(texto a buscar;texto;[posición])" para saber dónde se encuentra un texto que haya insertado, o utilizar "NOMPROPIO(texto)" si se desea que ponga en mayúsculas la primera letra de cada palabra. Por último, se puede reemplazar un texto por otro si se utiliza "REEMPLAZAR(texto; posición;longitud;nuevo texto)".

ı **Funciones de búsqueda:** permiten localizar entre los datos aquellos que sigan las características o requisitos que describe. Se puede utilizar "ELEGIR(índice; valor1; valor2;...; valor30)", para elegir valores de una lista, o "INDICE (referencia;[fila];[columna];[rango])" para obtener el valor de una celda en la intersección de una fila y una columna. Estas funciones permiten también obtener respuestas a preguntas determinadas. Tal es el caso de "COLUMNA(referencia)", que indica el número de columna del valor a que se ha referido.

 Actividades

6. Investigue las distintas funciones que ofrece la aplicación de hoja de cálculo de *Google* y su funcionamiento.

Referenciar celdas

Una de las formas más habituales de introducir valores en el argumento de una función es emplear como referencia el contenido de otras celdas que se hayan rellenado anteriormente. De este modo no habrá que escribir los datos uno a uno de nuevo, lo que agilizará el trabajo e incluso evitará que se cometan errores. Las referencias de celda pueden emplearse tanto en fórmulas sencillas como en funciones más complejas.

Con el cursor en el interior de los paréntesis de la función, se hace clic directamente sobre cualquier celda para que su referencia (formada, como ya se ha dicho, por la letra de la columna y el número de fila en que se sitúa) se inserte en esa parte del argumento.

 Recuerde

Cuando se modifica el contenido de una celda cuya referencia ha sido utilizada para una fórmula o función, el resultado de esta también se verá afectado. Es importante tener esto en cuenta, porque, si no se desea que ocurra, no se deberá estar tomando como referencias a otras celdas, sino escribiendo valores fijos en los argumentos de sus funciones.

La mayoría de las funciones requieren que se introduzca más de un valor en el argumento. Pueden escribirse uno a uno separados por ";" o, si son valores o celdas contiguas (en filas o columnas) puede introducirse toda la serie de una vez mediante un intervalo que incluya la referencia del primero y el último elemento, separados por ":". Esta es la forma más sencilla para designar al conjunto de celdas contiguas que antes se ha presentado como **rango.**

Un rango tiene siempre forma de rectángulo, y puede contener varias celdas pertenecientes a una o varias filas y columnas. El intervalo para designar a cada rango estará compuesto por la primera celda situada en la esquina superior izquierda, y por la última situada en la esquina inferior derecha.

Definir el rango de una función

Para delimitar el rango que se desea introducir en el argumento de una función, habrá de seleccionarse de una vez todas las celdas que lo componen.

Para ello, se hace clic en la primera de las celdas que forma parte del rango y, sin soltar el botón del ratón, se arrastra hasta llegar a la última celda que lo compone, delimitando un rectángulo virtual. Se suelta entonces el botón y quedan marcadas con un color azul de fondo todas las celdas contenidas por él.

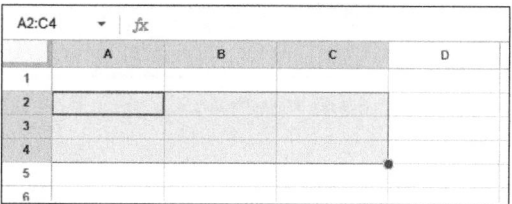

Selección de un rango de celdas

Se puede observar en la imagen el rango "A2:C4", donde "A2" es la referencia de la primera celda situada arriba a la izquierda, y "C4" es la inferior derecha.

Si se conocen las referencias de las celdas que delimitan un párrafo, pueden teclearse manualmente en el argumento de la función, sin necesidad de delimitarlo con el ratón.

 Consejo

Se puede seleccionar un rango rápidamente manteniendo pulsada la tecla [Mayúsculas], y utilizando las teclas de flechas del cursor desde la celda actual desplazándose hasta llegar a la última de las celdas que se quiere incluir.

Si el rango que se desea seleccionar es toda una fila o toda una columna, o incluso la hoja entera, se pulsará en el encabezado correspondiente a la fila o a la columna (donde aparecen, respectivamente, el número o la letra mayúscula), o se hará clic en el recuadro de confluencia de ambos, situado en la esquina superior izquierda de la hoja de cálculo, lo que seleccionará la hoja entera.

Selección de una columna

Aplicación práctica

En la empresa en la que trabaja le piden que realice una hoja de cálculo con los resultados de ventas por meses de varios productos. En la cabecera de la columna deben fijarse los meses y en la de las filas los nombres de los productos. La última fila será la de totales, debiendo sumar todos los resultados de ventas de cada mes.

¿Qué debe hacer para crearla?

SOLUCIÓN

Se puede escribir "enero" en la celda B1 y aprovechar el autorrelleno para, arrastrando el tirador de autorrelleno, rellenar el resto de celdas de la fila "1" con los meses restantes.

Después se escribirán los productos en la columna "A" a partir de la celda A2.

Se rellenarán las celdas con los datos de ventas correspondientes a cada producto en cada mes.

Continúa en página siguiente >>

<< Viene de página anterior

Por último, hay que situarse en la fila siguiente a la última de datos del mes de enero y pulsar el botón **Funciones** de la barra de herramientas y seleccionar la función Suma. Ahora, situando el cursor dentro de los paréntesis de la fórmula, se hará clic en el primer dato de la columna y se arrastrará hasta el último para seleccionar todo el rango en la función Suma. Esto se repetirá para todas las columnas.

Referencia a celdas de otras hojas

Se pueden hacer referencia a celdas de la misma hoja o incluso de hojas distintas del mismo archivo. Para hacer referencia a celdas de una hoja es suficiente con hacer clic en aquella a la que se quiere hacer referencia, o bien escribir en la barra de fórmulas su nombre identificativo (letra y número que le corresponden), tal y como se ha explicado en el apartado anterior.

Para hacer referencia a celdas de una hoja distinta, se debe hacer clic sobre el nombre de la hoja, y después sobre la celda o el rango de celdas que se desee utilizar como base para la función. Finalmente se pulsará [Enter] para aceptar y volver a la fórmula que se estaba editando.

Si se conoce la posición exacta de las celdas y la hoja donde están, se puede escribir directamente la expresión compuesta por el nombre de la hoja entre comillas simples, seguida de un signo de admiración y el identificativo de la celda o el rango de celdas a emplear.

Referencia completa de hoja y celda

Si se trata de un rango, no hay más que utilizar la expresión del rango en lugar de una sola celda.

Referencia completa de hoja y rango de celdas

En los ejemplos mostrados, en las imágenes no se ha usado ninguna fórmula, por lo que únicamente se limitarán a recuperar el valor de la celda original en la hoja actual (el primero del rango designado, en el segundo ejemplo, ya que una misma celda no puede contener más de un valor). Esto puede ser muy útil para crear tablas de resumen de varias hojas de un mismo documento, para que se modifiquen automáticamente si se cambia alguna de las variables o de los cálculos de cada una de esas hojas.

Es importante señalar que todas las referencias que se han empleado hasta ahora son de carácter relativo. Seguirán designando a la misma celda original aunque esta haya cambiado de lugar porque se haya insertado en medio cualquier número de líneas o de columnas, o porque se haya cortado y pegado directamente en otra ubicación. Se verá que la propia referencia se modifica automáticamente sin necesidad de modificarla de forma manual.

Si se desean realizar referencias absolutas a celdas, se debe anteponer el símbolo **$** a los identificativos de celdas y columnas.

Error en una fórmula o función

Si no se introducen los datos necesarios que precisa una fórmula o una función, o si alguno de los datos introducidos no es válido o la referencia de la celda es incorrecta, *Google Drive* devolverá un mensaje de error.

Dicho mensaje lleva un prefijo que indica qué tipo de error se ha cometido. Los errores más frecuentes se producen porque la función esté mal expresada o porque se introduzca un rango de celdas para operar con ellas en las que hay textos en lugar de cifras. Si se hace clic sobre la esquina superior derecha de la celda que contiene el error, sobre la que habrá aparecido un triángulo de color, se ofrecerán más detalles sobre dicho error.

El mensaje de error que se obtiene más a menudo es "#¡VALOR!", y se produce cuando el argumento de la función no es válido, por alguna de las razones explicadas anteriormente. En el ejemplo de la figura, se ha intentado calcular la tangente de una celda que contiene la palabra "Ingresos", que no es un valor numérico.

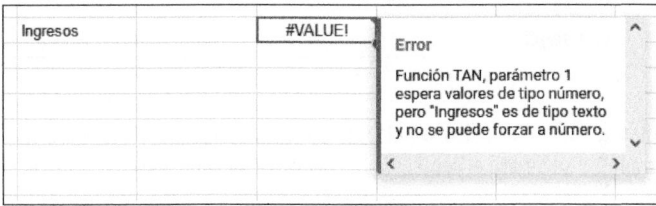

Operación que produce un error #¡VALOR!

Otros errores comunes son "#DIV/O!", que aparece cuando se divide un número entre cero, "#N/A", cuando se hace referencia a un valor que no está disponible, "#ERROR!" cuando se produce un error de análisis, y "#REFR!", cuando se produce una dependencia circular, es decir: el rango incluido en la fórmula incluye a la propia celda en la que está inscrita dicha fórmula.

Modificar datos, fórmulas o funciones

Si durante la inserción de un dato se comete un error, antes de pulsar [Enter], se puede borrar lo que no se desea con la tecla [Delete], al igual que se hace en cualquier procesador de textos.

También es posible modificar un dato de una celda introducido previamente, pero teniendo en cuenta que, si se selecciona la celda y se pulsa la tecla de borrar, se eliminará de una vez todo su contenido. También se puede sobreescribir el contenido completo seleccionando la celda y empezando a teclear. Los datos previos se eliminarán automáticamente, y serán sustituidos por los nuevos.

Si lo que se desea es eliminar o corregir solo una parte (una cifra, por ejemplo), se debe volver a hacer clic en la celda para entrar en el modo de edición o bien pulsar [F2], y cambiar la parte deseada igual que se haría en un documento de texto.

En cualquiera de los casos anteriores, se pulsará [Intro] o se hará clic en otra celda para validar los datos introducidos.

 Consejo

Si antes de validar los datos se pulsa la tecla [Esc], no tendrá efecto ninguno de los cambios realizados, y se dejará el contenido tal y como se encontraba antes de iniciar la edición.

Para modificar una fórmula o función, se puede proceder del mismo modo que se ha explicado para los valores constantes. En la celda correspondiente, así como en la barra de fórmula, se puede modificar aquello que se desee desplazándose con los cursores una vez que se encuentra en modo de edición.

 Nota

Es posible que para modificar un carácter o una cifra dentro de una celda resulte más cómodo hacerlo desde la barra de fórmulas. Si se hace clic sobre ella se podrá editar el contenido de la celda con normalidad.

Copiar y pegar datos

Al igual que se ha descrito para otras aplicaciones, los datos de las hojas de cálculo también pueden ser copiados, cortados y pegados. La aplicación de hojas de cálculo con *Google Drive* ofrece varias opciones avanzadas de copiado y pegado que agilizarán en gran medida el trabajo, y que se desarrollarán más adelante.

Importar datos

Si es necesario trabajar con hojas de cálculo creadas previamente en otros programas de hoja de cálculo, se podrá importar los datos que se necesite de esos archivos.

Google Drive puede importar documentos para ser editados de un máximo de 1 MB, de cualquiera de los siguientes formatos:

- *Microsoft Excel* (".xls", ".xlsx").
- *OpenDocument Spreadsheet* (".ods").
- Formato CSV (valores separados por comas, o ".csv").
- Formato TSV (valores separados por tabuladores, o ".tsv").
- Archivo de texto (".txt"): en este caso, debe tener el texto en el documento organizado en filas y columnas.

Para importar, se utilizará el comando **Importar** del menú **Archivo.** Una vez que se tenga el archivo origen seleccionado, se elegirá de qué manera se desea realizar dicha importación, ya sea creando una nueva hoja de cálculo, insertando los datos como una hoja más del archivo en el que se trabaja, reemplazando alguna de las existentes, etc.

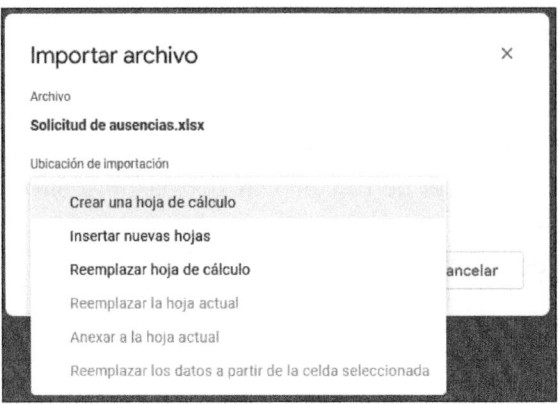

Cuadro de diálogo de **Acción de la importación**

También se puede elegir **Remplazar los datos a partir de la celda seleccionada,** con lo que se sustituyen simplemente datos concretos, y no la hoja en su totalidad.

 Nota

Las distintas opciones de importación se marcan en negro cuando pueden ser seleccionadas (según el tipo de archivos y datos) y en gris cuando no pueden serlo.

Tras asegurarse de la elección en la vista previa, se pulsará el botón **Importar** para que se importen los datos del archivo seleccionado de la forma elegida.

 **Actividades**

7. Añada una hoja a un documento de hoja de cálculo. Introduzca datos en ella y haga referencia a estos datos en celdas de la hoja inicial. Cambie los datos introducidos para comprobar que cambian en la hoja donde están referenciados.
8. Importe un archivo de hoja de cálculo de alguna aplicación, a una hoja de *Google Drive.*

Insertar elementos gráficos

Uno de los aspectos que mejora y hace más atractiva a una hoja de cálculo son los gráficos; a continuación, se describe cómo se pueden introducir.

Gráfico

Google Drive permite crear un gráfico a partir de los datos introducidos en la hoja de cálculo. Ambos elementos (datos de origen y gráfico resultante) permanecerán siempre vinculados, de tal forma que, si se modifica alguno de los datos, el gráfico cambiará automáticamente. El gráfico es un valor añadido al documento, que permite interpretar visualmente los datos numéricos e incluso compararlos.

Se pueden introducir los datos en la tabla poniendo, si se desea, nombre a las filas o a las columnas, tal y como se muestra en el ejemplo de la figura. Cuando se inserte el gráfico, habrá de definirse cuál será el encabezado del gráfico y cuál la etiqueta o leyenda.

	A	B	C	D	E	F
1		Alquiler	Coche	Recibos	Telefono	Gimnasio
2	enero	400,00 €	250,00 €	60,00 €	25,00 €	60,00 €
3	febrero	400,00 €	250,00 €	60,00 €	30,00 €	60,00 €
4	marzo	400,00 €	250,00 €	30,00 €	30,00 €	60,00 €
5	abril	400,00 €	250,00 €	30,00 €	30,00 €	60,00 €
6	mayo	400,00 €	250,00 €	30,00 €	36,00 €	60,00 €
7	junio	400,00 €	250,00 €	30,00 €	40,00 €	60,00 €
8	julio	400,00 €	250,00 €	80,00 €	30,00 €	0,00 €
9	agosto	400,00 €	250,00 €	70,00 €	25,00 €	0,00 €
10	septiembre	400,00 €	250,00 €	60,00 €	25,00 €	0,00 €
11	octubre	400,00 €	250,00 €	50,00 €	25,00 €	0,00 €
12	noviembre	400,00 €	250,00 €	60,00 €	30,00 €	0,00 €
13	diciembre	400,00 €	250,00 €	60,00 €	36,00 €	0,00 €

Datos para la creación de un gráfico

Una vez que se hayan introducido los datos, se debe utilizar el comando **Gráfico** dentro del menú **Insertar** para abrir el **Editor de gráficos.** En primer lugar, se debe indicar el intervalo de datos con los que se va a realizar la representación. Se puede escribir el rango en el recuadro directamente si se conoce la referencia, o hacer clic en **Seleccionar intervalo** para hacerlo manualmente con el ratón. Esta última opción lleva a la hoja de cálculo para seleccionar las celdas que constituyen el intervalo.

 Consejo

Si se seleccionan las celdas antes de insertar el gráfico, el rango de datos correspondiente aparecerá relleno directamente, sin necesidad de volver a indicarlo.

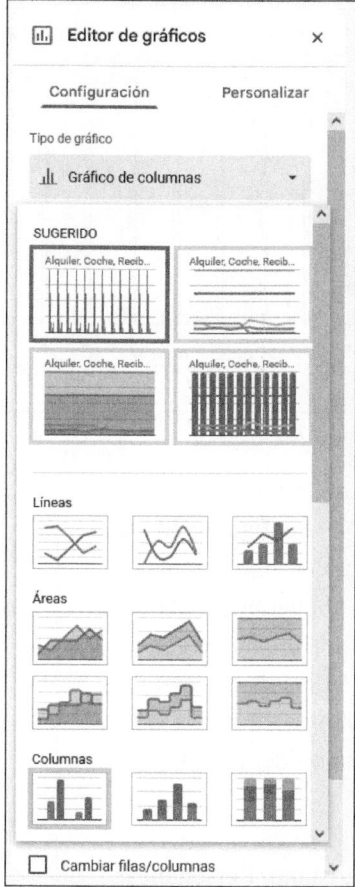

Editor de gráficos

Se puede elegir entre utilizar como encabezado la fila o la columna, y la otra pasará a ser automáticamente interpretada como etiqueta o leyenda. Para ello, hay que posicionarse en la pestaña **Tipos de gráfico** y hacer clic en **Usar la fila 1 como encabezado** o en **Cambiar filas/columnas,** según los datos que se deseen representar. Con los mismos datos se puede crear gráficos diferentes, tal y como se muestra en la imagen.

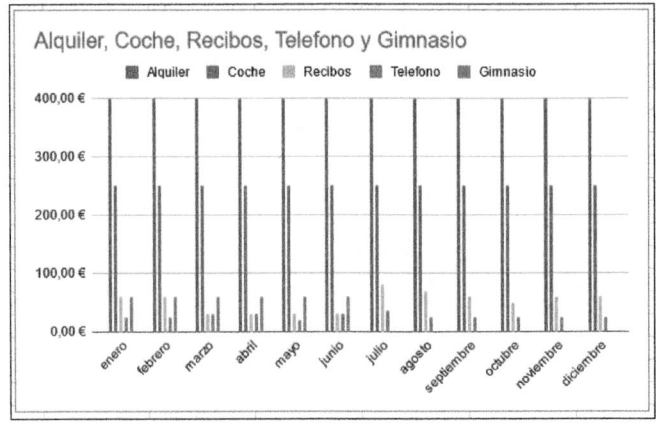

Gráfico insertado en la hoja de cálculo

En la pestaña **Configuración** se puede elegir el tipo de representación que se desea. Se pueden encontrar gráficos de líneas, de áreas, de columnas, de barras, de dispersión, circulares, etc. Normalmente, además aparecen varios subtipos dentro de cada tipo de gráfico.

En la tercera pestaña, **Personalizar,** se puede cambiar el título y dar formato al gráfico. Son acciones encaminadas a modificar la visión estética del mismo, pudiendo detallar el formato de cada uno de los elementos del gráfico.

Personalización del gráfico

En todo caso, tras ir seleccionando las características, *Google Drive* muestra muestra directamente en el gráfico, que habrá aparecido en la hoja, los cambios que se vaya indicando. Se pueden probar las distintas variantes hasta seleccionar la más adecuada, y entonces cerrar si lo deseamos el **Editor de gráficos.**

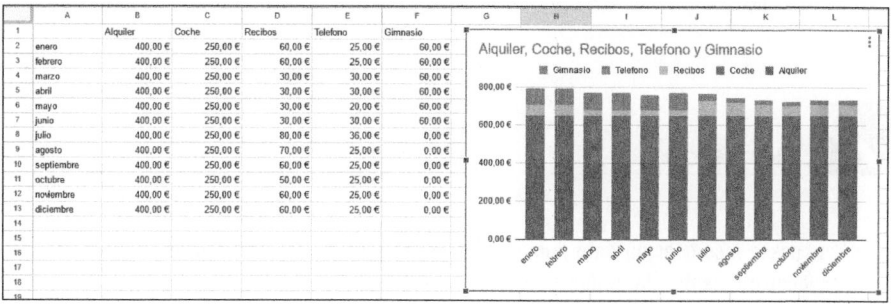

Gráfico insertado en la hoja de cálculo

El gráfico queda en la hoja como una ventana flotante, y puede seleccionarse haciendo clic sobre él y desplazarlo hasta situarlo en la posición que se desee.

En cualquier momento se puede editar el gráfico o realizar otras acciones con él, haciendo clic en el botón desplegable que aparece en la esquina superior derecha.

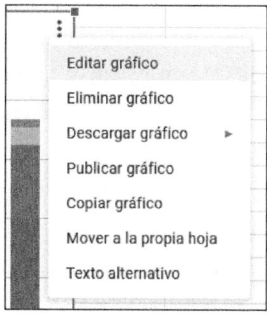

Menú de edición del gráfico

Edición avanzada

En el menú de edición del gráfico se puede seleccionar la opción **Editar gráfico** para cambiar los datos que se deseen directamente en el **Editor de gráficos.** También se puede cambiar el tipo de gráfico, el encabezado y etiqueta y el número de celdas a las que se refiere el rango.

 Recuerde

Si se desea modificar un dato numérico de la tabla se deberá cambiar en la celda correspondiente dentro del rango de datos a que se refiere el gráfico. Este se modificará automáticamente una vez realizado el cambio.

El tamaño del gráfico puede modificarse desde las esquinas del mismo, haciendo clic cuando aparezca una doble flecha y arrastrando en el sentido y dirección deseados.

Finalmente, se puede borrar el gráfico escogiendo la opción **Eliminar gráfico** del menú de edición del gráfico.

El gráfico se inserta flotando en la hoja. Para moverlo es suficiente con hacer clic y desplazarlo, tal y como se ha comentado. También puede seleccionarse la opción de **Mover la propia hoja,** con la que *Google Drive* lo sitúa en una página separada, centrado, y con todas las opciones de edición a la vista en un menú específico.

Menú en la hoja del gráfico

Exportar gráfico

El gráfico se inserta en la hoja y es visible para todos aquellos que compartan el documento con el propietario, pero se puede elegir usar solo el gráfico para mandarlo por correo o para insertarlo como imagen en otra aplicación o en otro programa. Puede ser exportado de dos formas: publicándolo en internet o guardándolo como una imagen en el ordenador. Estas dos opciones pueden hacerse desde el botón desplegable de edición de gráfico, haciendo clic en **Publicar gráfico** o en **Descargar gráfico** respectivamente. En el último bloque de esta unidad, se explica más en detalle las posibles finalidades del trabajo realizado, entre las que se encuentran las diferentes formas de exportación.

Dibujo

La herramienta **Dibujos de Google** se puede abrir desde el menú **Insertar** de la aplicación de hoja de cálculo, y permite crear un dibujo con formas y texto. Cuando se crea el dibujo se pulsará el botón **Guardar y cerrar,** y este se inserta en la hoja en un recuadro. El dibujo se insertará en la hoja como un elemento flotante al igual que los gráficos, con lo que se pueden mover y redimensionar tal y como se desee, facilitando además un botón desplegable desde el que se puede editar o eliminar el dibujo.

 Actividades

9. Cree una tabla de datos en una hoja y utilícela para insertar un gráfico. Seleccione el tipo de gráfico que le parezca más adecuado.
10. Haga que el gráfico ocupe una hoja propia y después expórtelo como una imagen.

Formulario

Si se necesita rellenar una hoja de cálculo con datos a conseguir de terceras personas, se puede optar por crear un formulario cuyas respuestas serán los datos que se añadan automáticamente a la tabla.

Para crear un formulario a partir de una nueva hoja, se utilizará el comando **Crear Formulario** del menú **Insertar** y se abrirá una nueva ventana donde se deben definir los datos del mismo.

Creación de un formulario

En la ventana del formulario se deben definir algunos datos, como:

- **Título y descripción del formulario:** es importante añadir estos datos, ya que el fin del formulario es enviarlo por correo a colaboradores, clientes, personal, etc., de modo que es probable que se necesite añadir alguna explicación sobre su participación.
- **Título de la pregunta, texto de ayuda, tipo de pregunta que quiere realizar y si quiere que la pregunta sea obligatoria:** estas opciones deben

rellenarse tantas veces como preguntas se quiera incluir en el formulario. Se puede escribir un título y una explicación para cada una de ellas, además de seleccionar el tipo de respuesta deseada.

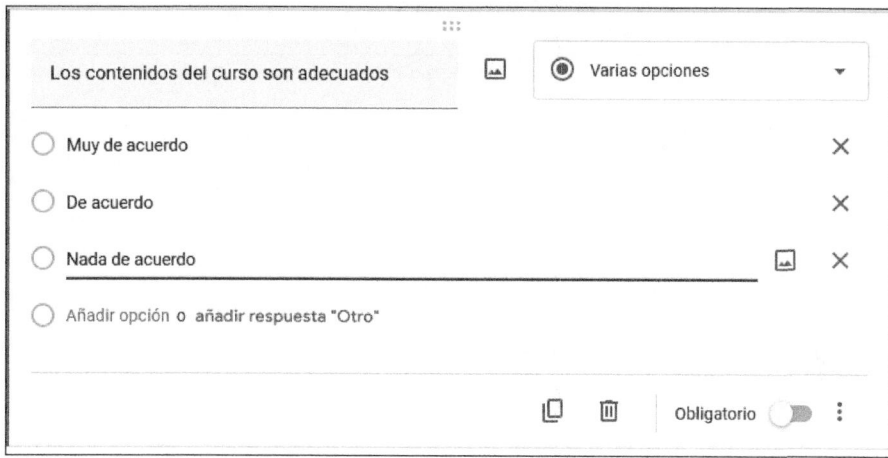

Creación de preguntas del formulario

 **Nota**

Existe una gran variedad de tipos de preguntas y respuestas que se pueden realizar en un formulario: contestar escribiendo un texto libre, eligiendo opciones de una lista, respuestas tipo test, dando una puntuación numérica, etc.

En cualquier momento se podrá editar el formulario para incluir nuevas preguntas o elementos estéticos y organizativos del mismo, como un encabezado o salto de página, utilizando los botones de la parte inferior de la ventana de edición. Estos botones pueden aparecer también a la derecha.

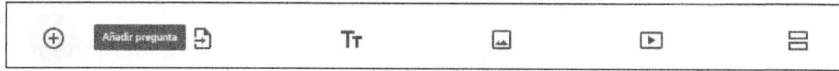

Botones de adición de elementos

Una vez que se complete la estructura del formulario, se puede hacer clic en el botón **Enviar** desde la misma ventana del formulario. Se abrirá un cuadro de diálogo donde elegir los contactos a los que enviarlo, escribir un asunto e insertar el formulario para que lo rellenen.

*Cuadro de diálogo **Enviar formulario***

No es necesario que el usuario que lo reciba tenga cuenta de *Google* para rellenarlo, ya que puede hacer clic en el enlace que se envía o rellenarlo en el mismo cuerpo de texto del correo.

Cuando el receptor del formulario haya terminado de rellenarlo y haga clic en enviar, el propietario recibirá una notificación en su correo electrónico para avisarle de que los datos se insertarán automáticamente en la hoja de cálculo a la que corresponden.

Cuando *Google Drive* inserta estos datos, les añade una **Marca temporal** que permite diferenciarlos de los ya existentes, si los había; los coloca en las celdas correspondientes al encabezado que formaban los campos del formulario enviado.

	A	B
1	Marca temporal	Los contenidos del curso son adecuados
2	23/06/2025 12:15:05	Muy de acuerdo
3	23/06/2025 12:15:12	De acuerdo
4	23/06/2025 12:15:16	De acuerdo
5		

Datos del formulario insertados en la hoja

Editar el formulario

Una vez creado, se puede editar en todo momento el formulario como un elemento más. Puede modificarse y volverse a enviar, puede verse el resumen de respuestas y aceptarlas, y también puede suprimirse. Para todas estas opciones, debe abrirse el menú **Herramientas,** desplegar el submenú **Gestionar Formulario,** y seleccionar la opción **Modificar formulario.** Desde el propio formulario también puede verse el resumen de respuestas o, directamente, pasar a la hoja de cálculo y verlos ordenados en la tabla de datos.

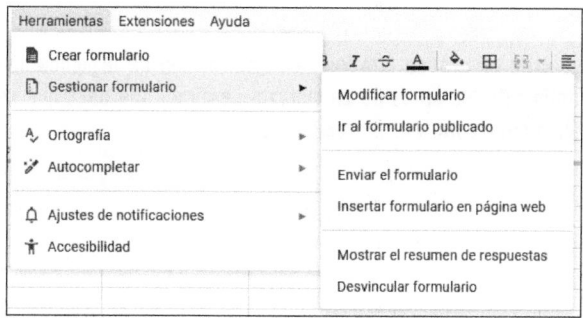

*Menú **Formulario***

Recuerde

El formulario es únicamente una herramienta que permite obtener datos para insertarlos más cómodamente en una tabla que, una vez rellena, se comporta como una hoja de cálculo

Continúa en página siguiente >>

<< Viene de página anterior

de *Google Drive.* Puede realizarse con ella todas las operaciones que se han descrito hasta ahora, y se le puede dar formato. También se pueden generar gráficos a partir de esos datos obtenidos, lo que permite hacer comparativas visuales.

 Actividades

11. Cree un formulario con varias preguntas y publíquelo mediante un enlace.

 Aplicación práctica

Le piden que cree un gráfico con los datos de la hoja de la aplicación anterior para visualizar fácilmente los datos de un vistazo. Le dicen que para que se vea de forma clara, el gráfico debe estar en su propia hoja.

¿Cómo lo haría?

SOLUCIÓN

Se deben seleccionar todos los datos de la tabla, abrir el menú **Insertar** y pulsar el comando **Gráfico**. Se elige entonces el tipo de gráfico a utilizar en la pestaña **Tipo,** y se cambia el formato si se desea en la pestaña **Personalización.** Después se pulsa el botón Insertar.

Se debe ahora desplegar el botón de edición del gráfico en su esquina superior derecha y pulsar sobre la opción **Mover a hoja propia.**

3.3. Dar formato

A continuación, se van a ver las distintas formas de seleccionar celdas y aplicarles formato.

Formas de selección

En todas las aplicaciones de *Google Drive* es fundamental saber cómo se selecciona cada elemento, pues es el paso inicial e indispensable para editarlo o darle formato.

A continuación, se explican brevemente las distintas formas de seleccionar los elementos según su naturaleza.

Seleccionar una celda, fila, columna o rango

Para seleccionar una celda no hay más que hacer clic sobre ella, o bien desplazarse por la tabla con las flechas de teclado hasta llegar a la celda deseada. Cuando una celda está seleccionada aparecerá resaltada con el borde azul oscuro.

Para seleccionar varias celdas o rango, es necesario seleccionar la primera de ellas y, sin soltar el ratón, la última de las que componen el conjunto. Se marcará el rango con un borde azul oscuro.

Si se quiere seleccionar una fila o una columna entera, se hará clic en el número o letra que la identifica, situados respectivamente en el borde superior y en el izquierdo de la tabla.

Para seleccionar todas las celdas que componen la tabla se debe hacer clic en el recuadro gris superior izquierdo (donde se cruzan la cabecera con las letras y la primera fila con los números).

Seleccionar gráfico, imagen o dibujo

Todos los elementos que se insertan en una tabla aparecen enmarcados dentro de un cuadro flotante por encima de la misma. Se debe hacer clic sobre el elemento deseado para seleccionarlo, con lo que se obtendrán los puntos principales para su modificación y el menú desplegable con las opciones de edición que se han comentado en apartados anteriores.

Formato de celdas

Tal y como se ha comentado, es muy importante ser ordenados en la introducción de datos. El formato de las celdas permite que estos datos estén escritos correctamente (decimales, puntos, unidades, etc.), y además permiten resaltar unos datos respecto a otros.

Como en las demás aplicaciones de *Google Drive,* se puede aplicar formato desde la pestaña del mismo nombre de la barra de menús, o bien escogiendo los iconos de acceso rápido de la barra de herramientas.

Fuente, estilo, tamaño de letra y color

En primer lugar, se deben seleccionar la celda o celdas a las que se quiere dar formato y, posteriormente, elegir una fuente (comunes con el resto de aplicaciones), tamaño y estilo (negrita, cursiva, etc.). También se puede designar el color de la letra o de la celda completa.

No es necesario que la celda o celdas cuyo formato se ha modificado tengan ningún contenido. Si lo tienen, los cambios se aplicarán inmediatamente. Si están vacíos, cualquier cosa que se escriba posteriormente adoptará automáticamente el formato designado.

 Consejo

Si se está haciendo una hoja de cálculo de gastos e ingresos, puede ser útil que se asigne color rojo a los gastos y verde a los ingresos, por ejemplo.

Botón desplegable Color del texto

 Recuerde

Se puede aplicar formato a varios elementos al mismo tiempo, seleccionando todas las celdas correspondientes y escogiendo las características que se les quiere dar en la barra de herramientas o en el menú **Formato.**

Se puede dar formato a las celdas que respondan a alguna característica común en su valor, utilizando la opción **Formato condicional** del menú **Formato.** Se seleccionarán previamente las celdas a las que se quiere dar formato en el panel de **Formato condicional** y se indicarán las condiciones y el formato que se dará a las celdas en el caso de que cumplan las condiciones.

Panel de *Formato condicional*

En el panel **Reglas de formato condicional** se establecerán las condiciones y el formato. El panel dispone de dos pestañas: **Un color** y **Escala de colores.** En la pestaña **Un color** se puede indicar manualmente las condiciones y el formato, mientras que en la pestaña **Escala de colores** se indica un rango de colores según los valores numéricos de las celdas, pudiendo indicar los colores para el valor mínimo, el punto medio y el punto máximo.

En la sección **Aplicar al intervalo** se indicará el rango de celdas en las que se aplicará el formato. Si se ha seleccionado previamente el rango aparecerá relleno ya este campo.

Para indicar la condición se acudirá a la sección **Dar formato a celdas si...** donde existe una lista desplegable con condiciones para valores de texto, fechas o numéricos, y en el campo inferior se indicarán los valores concretos de la condición.

En la sección **Estilo de formato** se indicará el formato a aplicar a las celdas que cumplan la condición. Consta de una lista desplegable con varios formatos predeterminados, además de botones para aplicar efectos al texto, darle un color de fuente y un color de fondo.

Se puede aplicar más de una regla simultáneamente. Para indicar más reglas para el mismo rango de celdas se hará clic en **Añadir otra regla,** y se rellenarán las secciones con las nuevas condiciones y formato.

Finalmente, se hará clic en **Hecho.** Al volver a la hoja de cálculo, se aplicará el formato indicado a las celdas del rango que cumplan la condición.

Para eliminar una regla se debe seleccionar de nuevo el rango o las celdas donde se quiera eliminar la regla. En el panel de formato condicional aparecerán las reglas que se aplican a las celdas seleccionadas, y no habrá más que pulsar el botón **Elimina la regla** que aparece al situar el cursor del ratón sobre la regla.

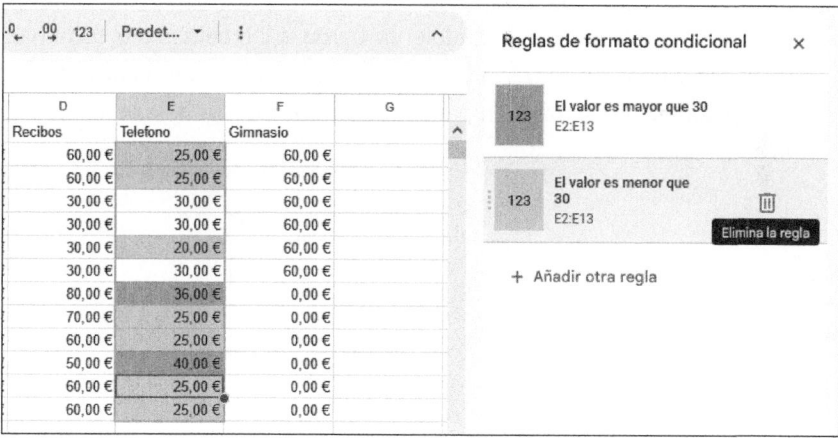

Reglas aplicadas sobre el rango

También se pueden agregar reglas de la misma forma, pero pulsando el enlace **Añadir otra regla.**

Alineación y bordes de las celdas

La alineación del texto en el interior de la celda no es solo horizontal, como ocurre con un texto habitualmente, sino que también puede definir la posición del texto verticalmente en el interior de la misma. Para cambiar la alineación se puede pulsar sobre el botón **Alineación horizontal** de la barra de herramientas y elegir la alineación a aplicar: *izquierda, centro* o *derecha.* También se puede cambiar la alineación vertical, pulsando sobre el botón **Alineación vertical** y eligiendo la opción deseada entre *Arriba, Medio* y *Abajo.* Si no se indica ninguna opción, el texto aparece alineado por defecto abajo y a la izquierda, y los datos numéricos abajo y a la derecha.

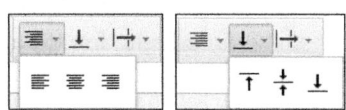

Botones de alineación

Otra forma de resaltar información, de organizar visualmente la tabla o de delimitar datos es asignándole un borde a las celdas o a conjuntos de ellas. Para ello, se utiliza el botón **Bordes,** seleccionando entre las distintas opciones que se ofrecen para marcar todos o algunos de los bordes de la selección.

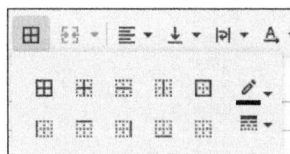

Botones **Bordes**

 **Nota**

Si no selecciona ninguna celda o ningún conjunto de ellas, se aplicará el formato a la que por defecto se encuentra seleccionada, esto es, en la que se encuentra el cursor.

Se pueden seleccionar una o varias opciones. Si se escoge la opción que no tiene ninguna línea marcada, elimina los bordes existentes de la celda seleccionada.

Ancho y alto de las celdas

Por defecto, al abrir una hoja de cálculo todas las celdas tienen el mismo tamaño, es decir, el mismo ancho de columna y el mismo alto de fila.

Si se introduce un texto que exceda la extensión de la celda, el texto invadirá el espacio de las columnas de la derecha, pero la columna no crecerá a lo ancho.

Se puede hacer que la columna se ajuste al tamaño del texto introducido haciendo doble clic en el borde derecho de la cabecera de esa columna, es decir, en la celda que contiene a la letra que la referencia. Se comprobará que el ancho de la celda crece hasta que se ajuste el tamaño al texto que contiene.

Mediante el botón **Ajuste de texto** de la barra de herramientas se puede elegir el comportamiento de la celda cuando se desborde el texto. Por ejemplo, se puede hacer que, al introducir texto que desborde la celda, la fila se haga más alta y se desplace el texto hacia abajo. Para ello, se seleccionará la opción **Ajuste**.

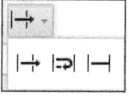

Ajuste de texto

La opción por defecto es **Desbordamiento,** que permite al texto de la celda invadir el espacio de la columna de la derecha, aunque si se introduce un dato en dicha columna no se verá el texto que la invadía.

La última opción es **Recorte,** que no permite que el texto se salga de la celda, por lo que el texto que desborde el tamaño de la celda no se mostrará, aunque se conservará en la celda.

Se puede aumentar o disminuir en cualquier momento tanto la altura como el ancho de filas y columnas acercando el puntero del ratón a la línea que separa sus cabeceras. Aparecerá un puntero con doble flecha y se podrá arrastrar manualmente hasta alcanzar la dimensión deseada.

	A	B	C	D	E	F
1		Alquiler	Coche	Recibos	Telefono	Gimnasio
2	enero	400,00 €	250,00 €	60,00 €	25,00 €	60,00 €
3	febrero	400,00 €	250,00 €	60,00 €	30,00 €	60,00 €
4	marzo	400,00 €	250,00 €	30,00 €	30,00 €	60,00 €
5	abril	400,00 €	250,00 €	30,00 €	30,00 €	60,00 €
6	mayo	400,00 €	250,00 €	30,00 €	36,00 €	60,00 €

Cambiar tamaño de filas o columnas manualmente

Se puede aplicar el mismo formato en más de una fila o más de una columna, seleccionándolas al hacer clic en su letra o número identificativos. Una vez hecha la selección, se puede realizar la operación anterior en una de las filas o columnas y el resultado se aplicará en todas ellas.

Combinar celdas

Se pueden combinar varias celdas contiguas verticales u horizontales para convertirlas en una sola, seleccionando aquellas que se desee y haciendo clic en el icono **Combinar** de la barra de herramientas. Esta acción tiene un fin fundamentalmente estético, y su empleo es más frecuente en tablas de resúmenes o esquemas con contenido de texto que de datos numéricos.

Si se elige combinar varias celdas en las que previamente se ha insertado algún contenido, se mostrará un mensaje avisando de que se puede perder parte de ese contenido.

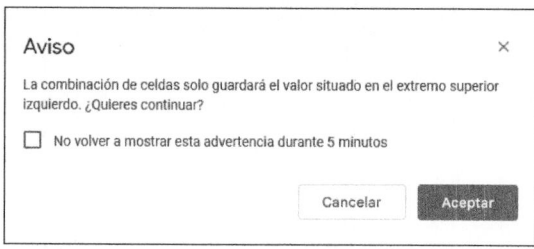

Advertencia de combinación de celdas con contenido

 Actividades

12. Cree una tabla de datos en una hoja y aplique un formato condicional de escala de colores distinto para cada columna.
13. Añada bordes a la tabla de datos, alinee todos los datos de la tabla a la derecha y en la parte inferior. Aumente el tamaño de las filas de la tabla.

Formato de los datos

La hoja de cálculo ofrece opciones adicionales de formato con respecto a otras aplicaciones, para presentar los datos introducidos con mayor claridad. Dicho formato modificará la forma en que los datos son mostrados, pero no su valor, y las acciones realizadas siempre serán reversibles. Se puede indicar, por ejemplo, la cantidad de cifras decimales que se desea mostrar, cuándo redondear, mostrar el signo de la divisa, interpretarlo como fecha, etc.

Para aplicar formato a los datos que se encuentran en una o varias celdas, deben seleccionarse y hacer clic en el icono **Más formatos** de la barra de herramientas. En el menú que se despliega se muestran varias opciones de formatos disponibles.

Botón **Más formatos**

 Consejo

Se pueden utilizar los dos botones de la barra de herramientas para aplicar el formato **Moneda** y **Porcentaje** rápidamente y los botones **Aumentar decimales** y **Disminuir decimales** para cambiar la precisión de los datos.

En el menú del botón **Más formatos,** junto a cada nombre se verá un ejemplo del resultado de dicho formato.

Para eliminar el formato de un dato que se haya aplicado previamente, se debe seleccionar **Texto sin formato,** al principio de la lista.

Igualar formato

Para aplicar el mismo formato a una celda que ya se ha definido en otra anteriormente, resultará más rápido y cómodo copiarlo de forma directa que formatear de cero la celda o celdas nuevas, especialmente si se le han aplicado muchas características diferentes. Para ello, se selecciona la celda cuyo formato se quiere copiar y se pulsa el botón **Copiar formato** de la barra de herramientas. Después, se seleccionan las celdas de destino del formato, y el formato se aplicará automáticamente.

Botón *Copiar formato*

Formato de los gráficos

Tanto al crear un gráfico como al editar uno existente, se trabajará con el Editor de gráficos. Mediante la pestaña **Personalización** del Editor de gráficos se podrá dar formato al gráfico. Además de darle un nombre, se puede escoger el diseño de la leyenda, si se quiere que esta aparezca el eje horizontal o vertical, el rango de valores y las funciones y el estilo de las series. En esta última opción puede escoger para cada gráfico el color y tipo de todos los elementos que lo componen.

 Aplicación práctica

Le piden que modifique la hoja de cálculo creada en las aplicaciones anteriores con los datos de ventas de modo que se aprecie la diferencia rápidamente entre los datos de ventas de un mismo producto a lo largo del año.

¿Cómo debe proceder?

Continúa en página siguiente >>

<< Viene de página anterior

SOLUCIÓN

Se debe aplicar un formato condicional a cada fila para que la diferencia se vea a primera vista. Para ello, se puede utilizar un formato condicional por escala de colores. Se seleccionará cada fila y se aplicará formato condicional, y se abrirá la pestaña **Escala de colores**, eligiendo una de las escalas de color.

Después se utilizará la herramienta **Copiar formato** con la fila seleccionada y se pegará el formato al resto de filas.

3.4. Herramientas

A continuación, se describen las herramientas que la aplicación **Hoja de cálculo de** *Google Drive* posee para hacer que el trabajo sea más ordenado y su espacio de trabajo aún más intuitivo.

Editar

Desde el menú **Editar** se pueden realizar diversas operaciones, tanto con los datos como con las hojas, filas o columnas.

Deshacer

Al desplegar el menú, se encuentran en primer lugar las acciones **Deshacer** y **Rehacer.** Como en el resto de las aplicaciones, esta útil herramienta permite volver atrás cuando se ha ejecutado una acción cuyo resultado no es el esperado. Igualmente, se puede rehacer una operación deshecha previamente.

Copiar, cortar y pegar

Copiar, cortar y pegar son herramientas comunes a todos los programas y a todas las aplicaciones de *Google Drive*.

Se puede acceder a estas herramientas desde el menú **Editar,** desde la barra de herramientas o ejecutando sus comandos rápidos: cortar ([Ctrl] + [X]), copiar ([Ctrl] + [C]) y pegar ([Ctrl] + [V]), pero siempre habiendo seleccionado el elemento sobre el que se quiere ejecutar la acción.

 Recuerde

También se puede hacer clic con el botón derecho sobre la celda que se desea copiar y elegir dicha opción en el menú contextual.

Copiar repite el elemento seleccionado en otro lugar, para lo cual se debe completar la acción pegándolo en el sitio deseado. El pegado estándar reproduce el contenido y también el formato de la celda original, al igual que cuando se copia y pega un fragmento dentro de un documento de texto.

No obstante, existen otras opciones de pegado donde se podrá seleccionar lo que se va a pegar de la celda copiada. Para ello, se debe desplegar el submenú **Pegado especial,** ya sea en el menú **Edición** o en el menú contextual de la celda de destino. De esta forma, la opción **Pegar solo el formato** aplica todas las características de formato de la celda original a la final, respetando el contenido de ambas, y la opción **Pegar solo los valores** introduce el valor copiado en la celda, siendo un valor fijo, aunque el origen fuese una fórmula.

Ejemplo

Al copiar y pegar una fórmula o función de la forma convencional, se estará pegando la propia función, pero no el resultado, porque las referencias (hay que recordar que, a menos que hayan sido cambiadas, siempre son relativas) cambiarán para conservar la misma relación entre fórmula y rango de datos de la original.

Búsquedas

Si se activa la opción **Buscar y reemplazar** del menú **Editar,** *Google Drive* permite hacer una búsqueda en el documento. Para buscar un término a lo largo del documento tan solo hay que escribirlo en el campo **Buscar** del cuadro de diálogo. Este cuadro de diálogo da también la opción de sustituir el término buscado por otro que también se puede indicar en el campo **Reemplazar por.**

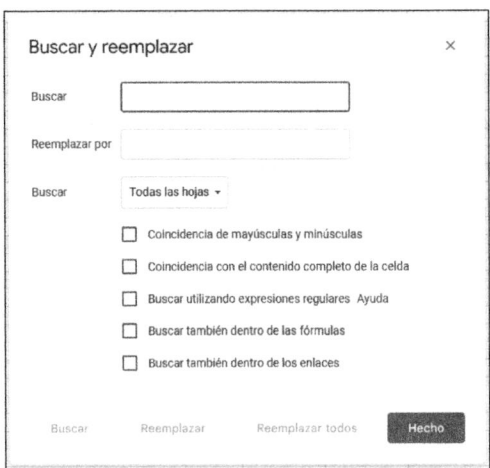

Cuadro de diálogo **Buscar y sustituir**

Se puede afinar bastante la búsqueda seleccionando las opciones existentes: **Coincidencia de mayúsculas y minúsculas, Coincidencia con el contenido completo de la celda** e indicar dónde buscar, como en **Todas las**

hojas, Esta hoja o en un **Intervalo específico.** Una vez que se hayan definido todas las características de la búsqueda y si hay o no sustitución, se pulsará el botón **Buscar.** La aplicación señala los términos que coinciden, y se podrá entonces **Reemplazar** el término, o cerrar el cuadro de diálogo si se trataba solo de una búsqueda.

Opciones de visualización

Mediante el menú **Ver** se pueden indicar los elementos del interfaz que se desean ver y cómo se desean ver.

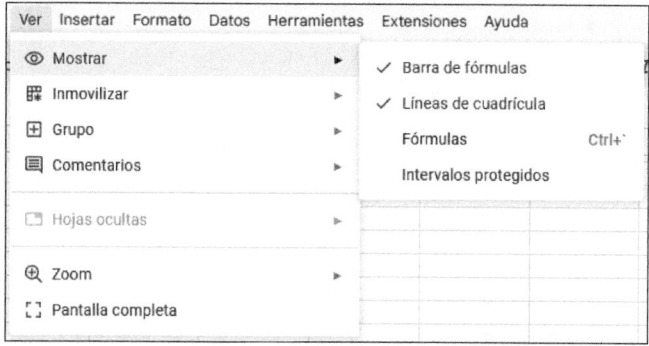

*Menú **Ver***

Mediante las opciones **Barra de fórmulas** del submenú **Mostrar** se puede decidir si se quiere mantener visible la barra de fórmula.

Herramientas para trabajar con elementos

Por último, existen otras herramientas para aplicar distintas acciones a los datos introducidos y a la forma en que se muestran en la tabla.

Ordenar datos

Se pueden ordenar los datos introducidos en una hoja sin ningún criterio de ordenación inicial, para facilitar su consulta.

Para ordenar la hoja completa, hay que situarse en cualquiera de las celdas, abrir el menú **Datos**, desplegar el submenú **Ordenar hoja** y seleccionar la ordenación deseada. En el menú aparece la letra identificativa de la columna seleccionada y se puede elegir **Ordenar hoja por columna (A → Z)** (ascendente) u **Ordenar hoja por columna (Z → A)** (descendente).

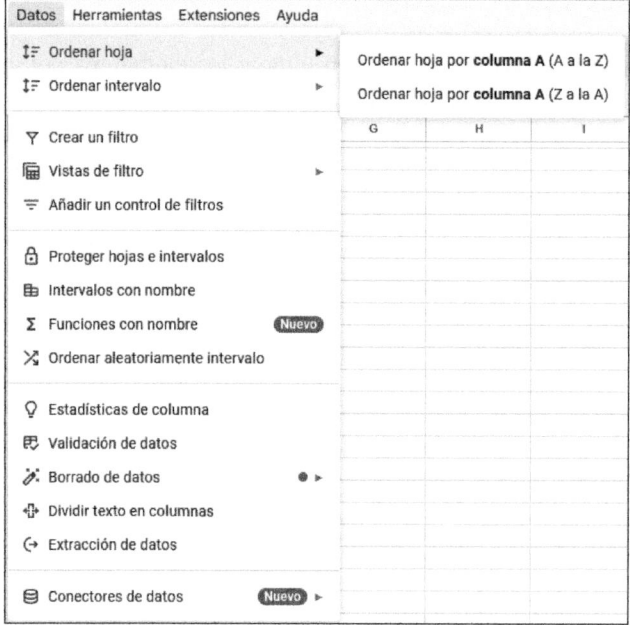

Menú **Datos**

Al ordenar por una columna, el resto de datos de la hoja cambia también de orden para conservar la relación con esa columna, es decir, se ordenan las filas en relación a los valores de la columna. Por ejemplo, si se han introducido en una columna los nombres de varias personas, y en las columnas de la derecha se añaden diversos tipos de información como direcciones o números de teléfono, se puede ordenar la primera columna para que los nombres aparezcan alfabéticamente, y los datos asociados a cada uno se mantendrán en el lugar correcto. De lo contrario, esta operación desordenaría toda la información introducida, lo cual podría suponer un auténtico desastre.

Si los datos o las columnas de la hoja no guardan ninguna relación entre sí, se pueden ordenar las columnas de forma independiente mediante el comando **Opciones avanzadas de ordenación de intervalos** del submenú **Ordenar intervalos.**

Ordenar intervalo de A2 a A13   ×

☐ Los datos tienen una fila de encabezado

Ordenar por   Columna A ▾   ⦿ A a la Z   ○ Z a la A

Añadir otra columna para ordenar

Cancelar   Ordenar

*Cuadro de diálogo **Ordenar intervalo***

Inmovilizar filas y columnas

Normalmente, en las hojas de cálculo se suelen utilizar las primeras filas para la cabecera de las columnas, es decir, para los títulos o cabeceras de cada una. Lo mismo puede decirse de las primeras columnas, que suelen utilizarse para los títulos de cada fila.

En ambos casos, es muy útil no perder de vista en la pantalla los encabezados de líneas y columnas para tablas grandes, cuando haya que desplazarse con el cursor.

Para esto, existe una herramienta que permite tener siempre visibles estos encabezados, aunque la pantalla se desplace para llegar a valores más alejados. Se pueden inmovilizar filas y columnas, seleccionando dichas opciones de la pestaña **Ver.** En cada uno de los casos se puede escoger el número de ellas que se quiere fijar. De esta forma es posible desplazarse por la pantalla para acceder a valores en el extremo derecho o inferior, que quedan fuera de la pantalla, sin perder de vista las categorías de cada celda.

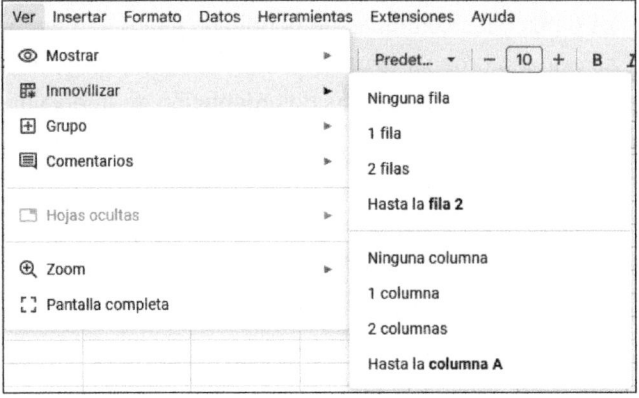

Submenú *Inmovilizar*

Para eliminar una inmovilización, se debe seleccionar la opción **Ningu-na fila** o **Ninguna columna.**

Actividades

14. Realice una búsqueda y reemplazo de un dato concreto en su hoja de cálculo.
15. Ordene los datos de su hoja por el contenido de una columna en orden creciente.

Otras herramientas útiles

A continuación, se resumen el resto de herramientas disponibles para esta aplicación.

Correcciones

Existen dos tipos de correcciones que se pueden aplicar a una hoja de cálculo: ortográfica y de datos (la revisión ortográfica ya se ha visto anteriormente).

La revisión de datos se activa mediante el comando **Validación de datos** del menú **Datos.** Se pueden indicar criterios para validar los datos de un intervalo de celdas que habrá que seleccionar. *Google Drive* comprueba estos datos, mostrando aquellos que se salen de los criterios que han sido establecidos y, de este modo, advierte de posibles errores o valores que requieran especial atención por ser diferentes o inesperados.

*Panel **Validación de datos***

Protección de celdas y hojas

Trabajar con meticulosidad y con orden es una de las cosas más importantes en este tipo de documentos, pues a menudo se estará manejando una gran cantidad de datos y fórmulas en los que no se pueden permitir errores. A veces, puede resultar conveniente proteger determinadas celdas o incluso una hoja completa dentro del documento para impedir que ningún otro usuario edite o sobreescriba su contenido, ya sea de forma intencionada o por error. El nivel de protección puede ser total para que solo el propietario pueda modificar las celdas protegidas, o se puede otorgar permiso para hacerlo a cualquiera de los colaboradores. Para activar la protección se debe acudir al menú **Datos** y activar el comando **Proteger hojas e intervalos,** que abrirá el panel de **Hojas e intervalos protegidos.**

Panel **Hojas** e **intervalos protegidos**

Notificaciones

Para ver y modificar las notificaciones existentes sobre nuestra hoja debemos abrir el menú **Herramientas,** desplegar el submenú **Ajustes de notificaciones** y clicar sobre el comando **Editar las notificaciones.** Las notificaciones nos permiten estar siempre al corriente de los cambios que se producen en una hoja.Estas notificaciones pueden avisar de cambios generales, o de cambios específicos en hojas o celdas concretas, que habrá que indicar por medio de intervalos de selección.

Cuadro de diálogo **Definir reglas de notificación**

Consejo

Esta herramienta es muy útil cuando se trabaja en una hoja de cálculo compartida y se necesita que los colaboradores completen determinados datos. De ese modo, se informará de cuándo han terminado de hacerlo y se puede retomar el trabajo.

También se pueden pedir notificaciones cuando se añadan o eliminen colaboradores y cuando se envíen formularios. Se puede elegir entre recibir estas notificaciones por correo en el momento en que tienen lugar, o una sola vez al día como resumen con todas las acciones.

Actividades

16. Añada una validación de datos a una columna para que no se puedan introducir números negativos.

Aplicación práctica

Le piden que ordene los datos de la hoja de cálculo creada en las aplicaciones anteriores de forma que las filas queden ordenadas por el nombre del producto de forma alfabética.

¿Cómo debe proceder?

SOLUCIÓN

Se debe seleccionar toda la tabla y desplegar el menú **Datos**. Se seleccionará la opción **Ordenar intervalo.**

Continúa en página siguiente >>

<< Viene de página anterior

En el cuadro de diálogo **Ordenar intervalo** se debe seleccionar la casilla de verificación "Los datos incluyen una fila de encabezado" y en la lista "ordenar por" dejar seleccionada la Columna A y marcar la casilla de opción A → Z.

Por último, se pulsará el botón **Ordenar** y los datos quedarán ordenados por nombre de producto.

---

4. Finalizar un documento

Como en el resto de aplicaciones de *Google Drive,* una vez finalizado el documento se puede optar por imprimirlo, por guardarlo como un archivo compatible con otros programas para enviarlo a otras personas o para usarlo sin conexión a internet, o se puede compartir y publicar en internet, una de las funciones más importantes de *Google Drive.*

A continuación, se describen todas estas opciones.

4.1. Imprimir

Para imprimir una hoja de cálculo debe primero configurarse dicha impresión. Se debe acudir al comando **Imprimir** del menú **Archivo.** En el cuadro que aparece, se deben especificar las características de la impresión.

 Nota

Existe un icono de acceso rápido en la barra de herramientas, y también se puede ejecutar su atajo de teclado ([Ctrl] + [P]), para obtener dicho cuadro de configuración.

Se debe definir qué parte del archivo se va a imprimir. Se puede imprimir en su totalidad o bien elegir una hoja o un intervalo concretos. También se puede optar por que aparezcan o no las líneas de cuadrícula y si se quieren repetir encabezados de filas en todas las páginas, lo cual puede facilitar la consulta de tablas grandes que ocupen varias páginas, para no perder nunca de vista la referencia de cada dato.

Por último, es necesario definir en qué tamaño de papel se imprimirá y con qué orientación. También se puede definir si se desea que los datos se muestren en tamaño real o bien que se ajusten al ancho existente de página seleccionada, con la consiguiente reducción de tamaño de la letra.

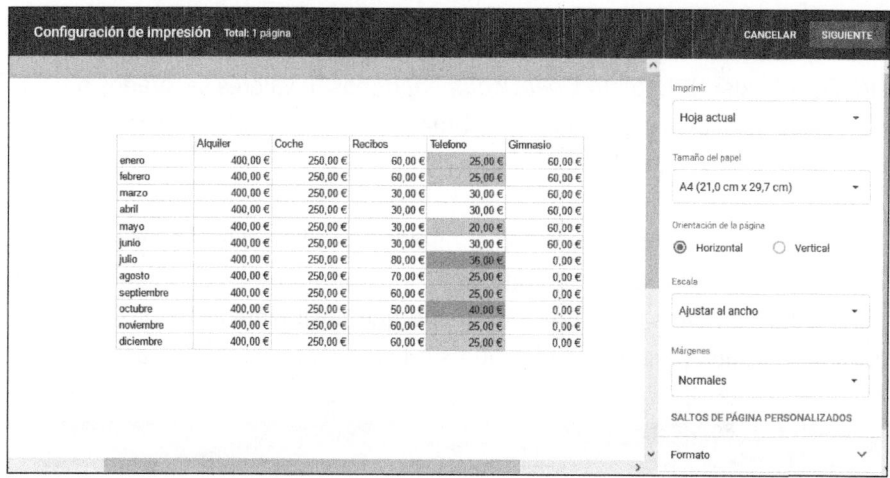

Cuadro de diálogo **Configuración de impresión**

4.2. Exportar

Al igual que en otras aplicaciones, se puede exportar una hoja de cálculo en varios formatos compatibles con otros programas, ya sea porque se quiera trabajar en ella desde un ordenador sin conexión a internet, o porque se necesite enviarla a alguna persona que no tenga cuenta de *Google*.

Para exportar una hoja de cálculo se utilizará la opción **Descargar** del menú **Archivo** y se elegirá el formato en que se quiere descargar.

La opción **Descargar** es la forma de *Google Drive* para realizar exportaciones. El documento se guardará en el lugar que se indique o, por defecto, en la carpeta de descargas. Una vez descargado se podrá trabajar con él o enviarlo por correo.

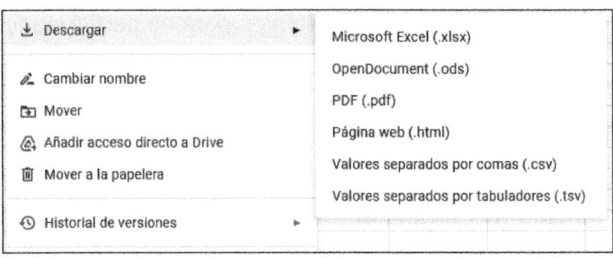

Submenú **Descargar como**

Los programas o formatos que son compatibles con *Google Drive* son *Microsoft Excel* (".xlsx"), formato *OpenDocument* (".ods"), valores separados por comas (".csv"), valores separados por tabuladores (".tsv"), página web (".html") o documento *PDF* (".pdf").

Si se desea exportar la hoja como ".pdf" se tendrán que definir las características del mismo. El documento *PDF* no es un tipo de documento que se pueda editar en otros programas, de modo que posiblemente la finalidad sea enviarlo a alguien para que lo consulte sin poder realizar ningún cambio.

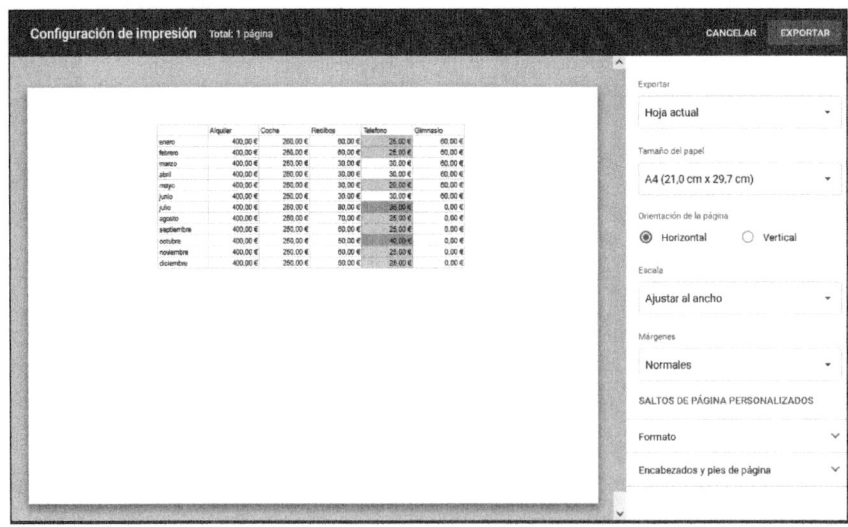

Cuadro de diálogo **Exportar a PDF**

Se debe seleccionar la parte de la hoja que se quiere exportar; se puede elegir entre exportar solamente la hoja actual, exportarlas todas o una selección de celdas. Para esto, se debe seleccionar previamente un conjunto de celdas. También se puede elegir el tamaño del papel y su orientación, y si se quiere que el encabezado se repita en todas las páginas del documento generado.

4.3. Compartir y Publicar

Se pueden compartir las hojas de cálculo con otros usuarios para su visualización y edición. Para hacerlo se debe proceder del mismo modo que se ha descrito para la aplicación del **Procesador de textos.**

También se puede optar por publicar la hoja de cálculo en internet, ya sean todas las hojas que contiene el documento o solo una de ellas. Para ello, debe dirigirse al submenú **Compartir** del menú **Archivo** y seleccionar el comando **Publicar en la web** y se deberá definir las hojas que se quieren publicar. *Google Drive* proporcionará un enlace a la hoja publicada que se podrá facilitar a quien se desee, e incluso mostrar en una página web o blog personal.

Publicar en la Web   ×

Este documento no está publicado en Internet.

Publica tu contenido en la Web para que todos lo puedan ver. Puedes insertar tu documento o un enlace al documento. Más información

Enlace   Insertar

Todo el documen... ▾   Página web ▾

Publicar

‣ Contenido publicado y configuración

*Cuadro de diálogo **Publicar en la Web***

En lugar de publicar en internet la hoja de datos organizados en filas y columnas, se puede publicar solamente un gráfico creado a partir de esos datos. Para ello, se seleccionará la página en la que se encuentra.

 Recuerde

Al crear un gráfico se podía escoger, entre sus opciones de edición, la de moverlo a una hoja propia. Esto permite publicar dichos elementos gráficos de forma independiente.

 Actividades

17. Exporte la hoja de cálculo a formato *PDF.*

5. Resumen

La aplicación de hoja de cálculo de *Google* permite crear hojas de cálculo en un formato propio, importar archivos de hojas de cálculo de otras aplicaciones, o utilizar plantillas para crear hojas de cálculo.

Las hojas de cálculo se guardan automáticamente tras realizar cambios en ellas, pero también permite crear copias de las hojas de cálculo o exportarlas a formatos de otras aplicaciones y bajarlas al ordenador local.

En un documento de hoja de cálculo de *Google* se pueden añadir las hojas que se necesiten, así como eliminarlas cuando se desee. Del mismo modo, en una hoja se pueden insertar filas o columnas, o eliminarlas cuando sea necesario.

En las celdas de la hoja de cálculo se pueden introducir datos numéricos, de texto o de fecha y hora. Para introducir datos tan solo hay que hacer clic en la celda y escribir el dato, o bien seleccionar la celda y después escribir el dato en la barra de fórmulas. Se pueden además utilizar los operadores lógicos y aritméticos para crear fórmulas, que deben ir precedidas por el signo "=". También se ofrece una gran cantidad de funciones que se pueden utilizar para crear fórmulas operando con los datos de las celdas.

Se puede cambiar el formato y la apariencia de las celdas con una gran variedad de formatos, así como aplicar formatos numéricos específicos a los datos como notación científica o formatos de moneda.

Finalmente, se pueden imprimir las hojas de cálculo o exportarlas a otros formatos de hoja de cálculo o publicarlas en la web, o compartirlas con colaboradores.

 Ejercicios Prácticos

1. Realice una tabla para las notas obtenidas por cinco alumnos en seis exámenes y, posteriormente, realice las operaciones que se indican.

   a. Alumno 1: 8 - 8 - 7 - 6,5 - 8,5 - 7
   b. Alumno 2: 3,5 - 4 - 5 - 4,5 - 5 - 5,5
   c. Alumno 3: 8 - 7 - 6,5 - 8 - 7,5 - 7
   d. Alumno 4: 4,5 - 5 - 5,5 - 6 - 4,5 - 6
   e. Alumno 5: 8 - 8,5 - 8,5 - 7,5 - 8 - 8

   Realice las siguientes operaciones:

   1. Halle la media de las notas para el alumno 2.
   2. Localice la máxima nota para el tercer examen.
   3. Inserte una nueva columna entre el examen 2 y el 3 con el nombre "recuperación".

2. Abra una nueva hoja de cálculo e importe los datos de la tabla creada en el ejercicio 1.

3. Abra la tabla creada en el ejercicio 1 y revise el historial. Restaure la versión en la que aún no se había creado la columna de "recuperación".

4. Realice un formulario para enviarlo por correo electrónico y pedir a varios profesores que aporten los resultados de los exámenes del segundo trimestre.

Ejercicios de repaso y autoevaluación

1. ¿Se pueden utilizar datos de otras hojas de cálculo creadas con otros programas?

　　a. No, cada hoja debe ser abierta en el programa con que se creó.
　　b. Sí, pero tendría que copiarlos a mano uno a uno.
　　c. Sí, puede importar las hojas que desee de otros programas compatibles.
　　d. No, no se pueden tener más de dos hojas en un mismo documento.

2. ¿Puede saber de alguna forma qué datos ha cambiado otro colaborador?

　　a. Sí, pero debe acordarse de los que usted introdujo para diferenciarlos.
　　b. Sí, pero tiene que pedirle al otro colaborador que se los señale en un color diferente.
　　c. No, cuando se trabaja en equipo, se mezclan todos los datos.
　　d. Sí, puede consultar el historial de revisión y al elegir una versión anterior, donde se marca qué se ha modificado y por parte de quién.

3. Indique si las siguientes afirmaciones son verdaderas o falsas:

　　a. Para utilizar otra hoja de cálculo debe crear un nuevo archivo, ya que un archivo no puede contener más de una hoja.

　　　　□ Verdadero
　　　　□ Falso

　　b. Para insertar un dato entre dos columnas debe mover los datos, ya que no se pueden insertar nuevas columnas entre otras dos.

　　　　□ Verdadero
　　　　□ Falso

4. ¿Puede sumar en una celda vacía los datos que aparecen en dos celdas?

    a. Sí, tiene que sumar en su calculadora los dos valores y escribir el nuevo valor en la celda.

    b. Sí, puede realizar una sencilla operación en la barra de fórmulas y señalar con el ratón las celdas cuyo contenido quiera sumar.

    c. No, la opción suma no se encuentra disponible entre las funciones de las hojas de cálculo de *Google Drive.*

    d. Sí, pero puede borrar los datos anteriores.

5. ¿Puede seleccionar más de una celda que contengan valores al mismo tiempo para inscribirlas en una función?

    a. Sí, puede escoger un rango para seleccionar un intervalo de valores para una fórmula o función.

    b. No, tiene que escoger los datos uno a uno, señalando por separado cada una de las celdas que los contienen.

    c. Sí, pero solo para hacer gráficos con ellos.

    d. No, tiene que escribirlos como valores constantes a mano.

6. Explique qué es un formulario y para qué sirve.

_____

_____

_____

_____

_____

_____

_____

7. ¿Puede modificar una fórmula una vez que está escrita y aceptada?

    a. No, si se ha equivocado o quiere cambiar algo, tiene que borrarla y empezar de nuevo.

    b. Sí, pero tiene que hacerlo otro colaborador por usted.

    c. No, no se pueden modificar datos aceptados; tendría que ir al historial y perder toda la nueva información.

    d. Sí, puede hacer doble clic sobre ella y editarla en la barra de fórmulas.

8. ¿Se pueden hacer gráficos con los datos de la tabla?

   a. Sí, solo tiene que indicar cuáles quiere que represente.
   b. No, tiene que crear una nueva hoja para los datos que saldrán en el gráfico.
   c. Sí, pero debe introducir todos los datos manualmente en la ventana de las características del gráfico.
   d. No, no se pueden hacer gráficos en esta aplicación; para ello, ha de utilizar la aplicación de dibujo.

9. Indique si las siguientes afirmaciones son verdaderas o falsas:

   a. Se puede utilizar las tablas creadas en una hoja de cálculo para realizar un formulario.

      ☐ Verdadero
      ☐ Falso

   b. Una persona que reciba un formulario de *Google Drive* no necesita una cuenta de *Google Drive* para contestarlo.

      ☐ Verdadero
      ☐ Falso

10. Explique cómo se puede exportar una hoja de cálculo de *Drive* y qué formatos pueden utilizarse.

_____
_____
_____
_____
_____
_____

Unidad Didáctica 5
Trabajo con presentaciones

Contenido

1. Introducción

Siguiendo la misma metodología que hasta ahora, y ya que en Gestión de documentos se describió el procedimiento general para el manejo de todas las aplicaciones que ofrece *Google Drive,* en esta unidad se darán a conocer más a fondo las herramientas para sacar el máximo partido a las presentaciones de diapositivas.

Al igual que en otras aplicaciones, el esquema general por el que se desarrolla esta unidad es: iniciación del documento (y su gestión), creación de los contenidos y formato, y finalización del documento (formas de dar salida al trabajo realizado).

Es importante resaltar que lo que realmente distingue a las presentaciones de otros tipos de documentos es hacer más atractivo el contenido. Con las presentaciones se puede ordenar una exposición a través de distintas diapositivas que van sucediéndose pausadamente. También se puede trabajar *online* y, además, se puede publicar en internet su resultado para que sea accesible para todo el mundo.

La aplicación recoge las funciones básicas más utilizadas por otras aplicaciones similares, con el valor añadido de que se podrán utilizar las presentaciones generadas en charlas, conferencias o exposiciones para los asistentes que se desee, se encuentren en el lugar geográfico que se encuentren, a través de internet.

2. Iniciar una presentación

A continuación, se describen las distintas formas de iniciar y acceder a una presentación.

2.1. Acceder a la presentación

Al igual que en las aplicaciones anteriores, la gestión del documento se hace desde la pestaña **Archivo.** Pueden administrarse los distintos archivos:

crear nuevos, abrir existentes, guardar con distinto nombre, crear copias o imprimirlos.

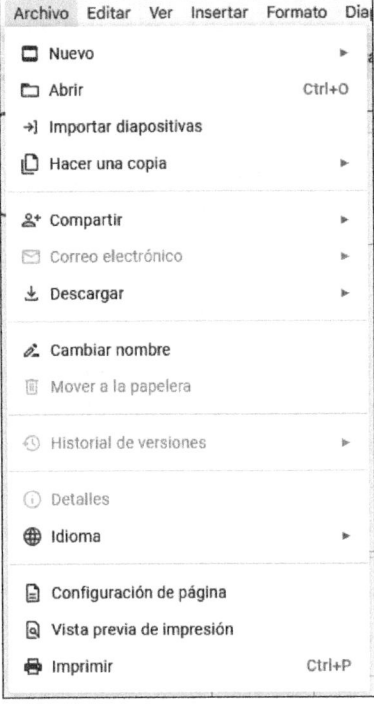

Menú **Archivo**

Se puede acceder al documento de una de las formas que se ha visto hasta ahora:

- Acceder desde la página principal haciendo clic en **Nuevo → Presentaciones de Google.**
- Acceder desde una plantilla que se escoja haciendo clic en en el menú **Archivo** de la aplicación y seleccionando **Nuevo → De la galería de plantillas.**
- Acceder desde la página principal haciendo clic en la presentación de texto que se desee editar.
- Acceder desde un enlace proveniente de un correo electrónico.

Crear una presentación nueva

Se puede crear una nueva presentación mediante el botón **Nuevo** de la página principal de *Google Drive* y pulsando la opción **Presentaciones de Google,** o, si se está dentro de la aplicación de presentaciones, se acudirá al menú **Archivo → Nuevo → Presentación.**

Abrir una presentación existente

Para abrir una presentación ya existente, se debe seleccionar la opción **Abrir** en la pestaña **Archivo** o bien abrirla haciendo doble clic sobre el archivo directamente en la ventana principal de *Drive.*

Importar una presentación

Se puede importar un documento desde la página principal de *Drive* mediante el comando **Subir archivos.** Si se suben presentaciones hechas con otras aplicaciones pueden ser almacenadas sin intención de editarlas, a modo de disco duro. Si por el contrario se van a editar, se debe marcar la casilla "Convertir los archivos subidos al formato del editor de Documentos de Google" en la ventana de configuración.

Abrir desde plantilla

Puede abrirse una presentación existente en la biblioteca de plantillas que sirva como punto de inicio a una nueva presentación. Se debe seleccionar **Archivo → Nuevo → De la galería de plantillas** y elegir la que más se ajuste a las necesidades de la nueva presentación.

Una copia de dicha plantilla se abrirá en una ventana nueva, lista para ser editada.

Trabajar en equipo: compartir presentación

En las presentaciones es muy importante el trabajo colaborativo. Esta aplicación puede ser compartida y varias personas pueden trabajar simultáneamente en ella. Para ello, se debe pulsar el botón **Compartir** y seleccionar con qué personas colaborar y en qué grado.

2.2. Guardar la presentación

Google Drive ofrece varias formas de guardado de las presentaciones, que básicamente han sido ya vistas para otros documentos de *Google Drive*.

Guardados automáticos

Tal y como se ha explicado en unidades anteriores, *Google Drive* tiene una opción de guardado automático prácticamente cada vez que se modifica la presentación. Este guardado se realiza "en la nube", donde también se va actualizando constantemente, permitiendo tener siempre seguro el documento.

Guardar una copia de la presentación

Si se desea, se puede guardar una copia del documento desde el menú **Archivo** haciendo clic en **Hacer una copia.** Esta copia es idéntica a la anterior y su nombre es **Copia de,** el cual puede ser modificado en el cuadro de diálogo **Copiar documento.**

 Nota

No es necesario hacer copias a modo de copia de seguridad, porque *Google Drive* almacena remotamente copia de todos los documentos. Incluso si se quiere obtener una versión anterior del mismo, puede hacerse tal y como se explica a continuación, con el historial de revisión. Se debe evitar realizar copias innecesarias del documento.

Google Drive pregunta si se desea mantener los participantes que tenía el original y con su nivel de participación.

Historial de revisión

Se puede volver a una versión anterior de la presentación antes de ser editada por última vez por el usuario o por algún colaborador de los que tengan acceso. Se debe abrir el menú **Archivo,** desplegar el submenú **Historial de versiones** y hacer clic en **Ver historial de versiones** para que se abra un panel en la derecha de la pantalla donde se indican las distintas modificaciones efectuadas en el documento, el usuario que las ha realizado, y en qué han consistido. Se puede restaurar cualquiera de las presentaciones anteriores haciendo clic en ella, pulsando en el botón que aparece en la barra de herramientas con el título **Restaurar esta versión.**

Panel *Historial de revisiones*

Si no se va a restaurar ninguna versión anterior, se puede volver al editor de las diapositivas pulsando la flecha **Atrás** que aparece en la esquina superior izquierda de la ventana.

Cambiar nombre de la presentación

Tanto si se ha creado una nueva presentación como si se ha hecho a partir de una plantilla o como copia de otra, *Google Drive* asigna por defecto un nombre del tipo **Documento sin título** o **Copia de.**

Se puede ver y cambiar el nombre del documento en la parte superior de la ventana del documento.

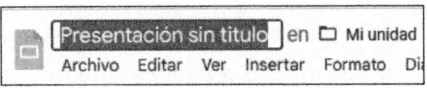

Cambiar nombre de documento

También se puede hacer clic en la opción **Cambiar nombre** dentro del menú **Archivo,** al igual que en el resto de aplicaciones de *Google Drive.*

 Nota

Es muy recomendable darle un nombre a la presentación si se abre una plantilla para trabajar a partir de ella o si se realiza una copia de una presentación, ya que resulta fundamental para mantener el orden y volver a localizar el documento en el futuro de forma sencilla.

Descargar la presentación

Con *Google Drive* se puede descargar la presentación en cualquier momento y en alguno de los formatos con los que es compatible. Esto permitirá mandarla a otros usuarios que no usen esta aplicación. Esta opción se desarrolla en el último apartado de este capítulo, como una de las formas de dar salida a dicho archivo.

Actividades

1. Cree una nueva presentación en *Google Drive* y asígnele un nombre.
2. Cree una copia de la presentación del ejercicio anterior y dele otro nombre.

3. Crear contenido

Las presentaciones son una forma de poner en valor un documento. Se componen no solo del contenido o del contenido con formato, como las otras aplicaciones, también tiene mucho valor su forma de visualización final, es decir, las diapositivas. La presentación se puede reproducir automáticamente, es decir, que las diferentes diapositivas se irán sucediendo en orden.

Las diapositivas son las páginas de la presentación. Cada una de ellas puede tener un formato distinto, contener texto e imágenes, vídeos, tablas y demás elementos que se describen en el siguiente apartado.

También puede establecer una estética general en todas las diapositivas, poniéndoles un fondo similar o utilizando un tema. De esta forma, se consigue un formato corporativo o a título personal para darle más valor estético.

3.1. Soporte

A continuación, se mostrarán las distintas formas de añadir diapositivas a una presentación.

Crear diapositivas

Si se empieza una presentación desde cero, aparecerá de entrada una única diapositiva en blanco. En esta se puede comenzar a insertar contenido de las diferentes maneras que se explican en el siguiente apartado.

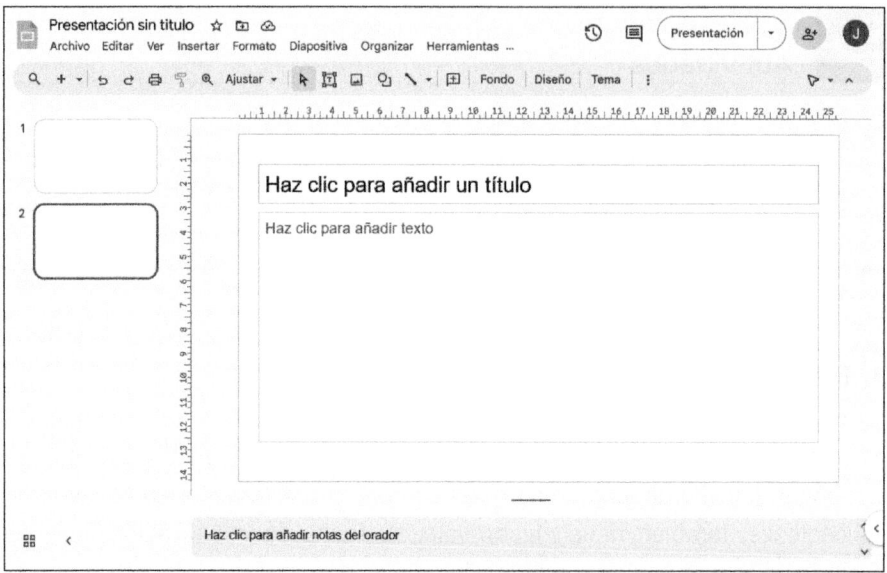

Cambiar nombre de documento

Como se puede ver, la pantalla se divide horizontalmente en dos zonas. A la izquierda cuenta con una vista en miniatura de todas las diapositivas que contiene la presentación. Ahora mismo, puesto que se trata de un documento nuevo, solo se ve la que viene por defecto. Cuando la presentación tenga más diapositivas, aparecerán numeradas y será posible desplazarse por ellas para seleccionar aquella que se quiera editar o verla con más detalle en la parte derecha.

La zona de vistas en miniatura permitirá realizar varias funciones de organización y gestión de las propias diapositivas, como se verá a continuación.

Se puede observar que la diapositiva seleccionada, que se llamará "diapositiva actual", aparece enmarcada en un recuadro de color para diferenciarse del resto. Más adelante, en las opciones de trabajo colaborativo, se verá que también se marcan en otro color aquellas diapositivas en las que están trabajando el resto de colaboradores.

En la parte derecha aparece ampliada la "diapositiva actual", es decir, aquella en la que se está trabajando en ese momento. Esta es la parte del espacio de trabajo donde se puede editar el contenido de las diapositivas.

A continuación, se muestran las distintas formas de crear o eliminar diapositivas, así como de ordenarlas.

Crear una nueva diapositiva

Tanto si el documento es nuevo y solo cuenta con una diapositiva, como si es un documento de plantilla o editado previamente por otro colaborador y tiene más de una, se pueden insertar nuevas diapositivas en la posición que se desee y con el contenido que se quiera.

Para crear una nueva diapositiva se hará clic con el botón derecho del ratón en la vista en miniatura de las diapositivas en el lateral izquierdo para abrir el menú contextual y seleccionar la opción **Nueva diapositiva.**

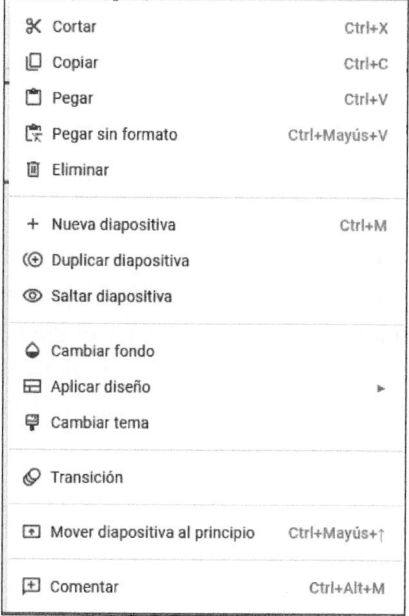

Menú contextual del área de esquema de diapositivas

El comando **Nueva diapositiva** también se encuentra tanto en el menú **Insertar** como en el menú **Diapositiva,** con lo que se puede utilizar cualquiera de estos métodos para crear una nueva diapositiva.

También se puede utilizar el botón **Nueva diapositiva** (+) de la barra de herramientas, que además es desplegable y permite seleccionar un diseño o esquema de contenidos de entre los predeterminados para la nueva diapositiva.

La estructura de la diapositiva, como los tipos de letra y tamaño que se asignan a cada nivel se pueden modificar. Esta opción que se ha explicado es simplemente una ayuda o asistente para ajustar al máximo la idea inicial y que se pueda empezar a trabajar de forma organizada sin necesidad de detenerse de momento en cuestiones de diseño.

Duplicar una diapositiva

En cualquier momento se puede duplicar una diapositiva a partir de una existente. Para ello, se utiliza el comando **Duplicar diapositiva** del menú contextual en la columna de vistas en miniatura de la izquierda. También se puede encontrar el comando **Duplicar diapositiva** en el menú **Diapositiva.**

La copia de la diapositiva se inserta inmediatamente después de la original.

Si se va a insertar a continuación de la que se está editando, es indiferente desde dónde se gestione. Si, por el contrario, se quiere duplicar una diferente a la "diapositiva actual", se debe hacer desde la columna izquierda del espacio de trabajo, haciendo clic sobre la que se quiera duplicar, y se insertará justo después.

Duplicar diapositivas es muy útil cuando ya tienen contenido. Duplicar una diapositiva vacía es como crea una nueva, pero si ya se ha desarrollado contenido y va a ser muy parecido o se quieren utilizar algunos elementos de la anterior, se puede duplicar la diapositiva de esta forma.

 **Nota**

Para obtener el menú contextual en el que aparece la opción de duplicado de diapositivas, se debe evitar hacer clic dentro de ninguno de los cuadros de texto de la diapositiva actual, ya que en ese caso se obtendrá un menú diferente con opciones relacionadas con el formato y la edición de ese texto.

Importar diapositiva

Se pueden importar diapositivas desde otra presentación de *Google Drive,* o de otro programa que realice presentaciones y sus archivos tengan la extensión ".ppt" o ".pps".

Se puede importar diapositivas mediante el comando **Importar diapositivas** en el menú **Archivo,** lo que abrirá una ventana en la que se indican los dos pasos a seguir.

En el primer paso se debe elegir la presentación desde la que se van a insertar diapositivas. Si se van a importar desde una presentación hecha en *Google Drive,* podrá escogerse rápidamente del listado, y si, por el contrario, se trata de una presentación hecha con otro programa, se debe pulsar el botón **Subir** y explorar el disco duro para encontrar el archivo desde el cual se insertarán las diapositivas. Estos deben tener extensión ".ppt" o ".pps". Si se escoge otra distinta, *Google Drive* lanzará un mensaje de error.

Importar diapositivas

En un segundo paso habrá que escoger qué diapositivas dentro de la presentación son las que se quieren insertar. Aparece una vista en miniatura de todas las diapositivas numeradas y ordenadas, sobre las que se puede hacer clic cuando se decida cuál insertar. Rápidamente, aparecen en una lista en la parte izquierda de la ventana. Solo hay que hacer clic en **Importar diapositivas** y se insertan automáticamente en la presentación actual.

 **Nota**

Si se desiste de la importación, solo hay que pulsar el botón **Cancelar** en lugar de **Importar diapositivas.**

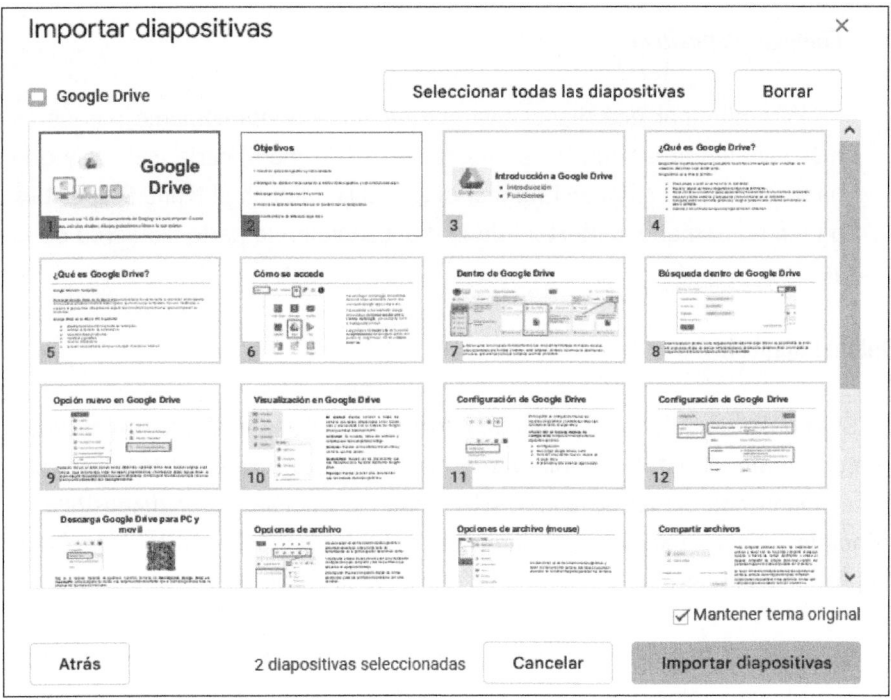

Seleccionar diapositivas

Las diapositivas se insertan, como en todos los casos, detrás de la que estuviese seleccionada.

Copiar y pegar diapositivas

Se pueden copiar una o varias diapositivas de otra presentación realizada con *Google Drive.* Teniendo las dos presentaciones abiertas se puede copiar en una y pegar en otra, justo detrás de la diapositiva seleccionada en ese momento. Esto permite hacer una operación de importación de diapositivas más rápida e inmediata.

Para realizar esta operación se hace clic con el botón derecho en la miniatura deseada y se selecciona la opción **Copiar** o **Pegar,** o bien se selecciona la miniatura y se utilizan los ya conocidos atajos de teclado [Ctrl] + [C] (copiar) y [Ctrl] + [V] (pegar).

Eliminar diapositiva

Para eliminar una diapositiva porque sobre o simplemente porque es más sencillo crear otra en su lugar en vez de modificarla, solo hay que hacer clic en el comando **Eliminar diapositiva,** bien en el menú **Diapositiva** o bien en el menú contextual de la diapositiva en la parte izquierda de la ventana.

Ordenar diapositivas

Si se quiere modificar el orden de las diapositivas, se hará clic con el botón derecho sobre la vista en miniatura de la diapositiva que se pretende mover. En el menú contextual se podrá seleccionar la opción **Mover diapositiva al principio** o **Mover diapositiva al final.** También utilizando los atajos de teclado, es posible cambiar la posición de la diapositiva seleccionada.

En el menú **Diapositiva** se encuentra el submenú **Mover diapositiva,** que además de con estos dos comandos anteriores, cuenta con **Mover diapositiva hacia arriba** y **Mover diapositiva hacia abajo,** que mueven la diapositiva una posición respecto a las demás.

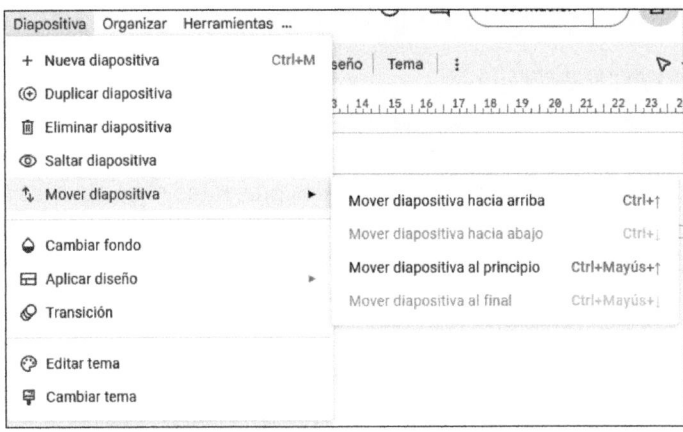

Mover diapositivas

Nota

También puede moverse una diapositiva seleccionándola en la vista previa y, sin soltar el botón izquierdo del ratón moverla por la vista previa hasta soltarla en la posición deseada.

Actividades

3. Cree varias diapositivas en la presentación que creó anteriormente. Cada diapositiva debe tener un diseño distinto.
4. Cree una nueva presentación e importe algunas diapositivas de la presentación que había creado anteriormente.

3.2. Contenido

A continuación, se verán las distintas formas de insertar contenido en una presentación.

Insertar contenido

Una vez que hay creadas una o varias diapositivas en la presentación se puede empezar a insertar contenido. El contenido puede ser de distintos tipos: texto, imagen, dibujo, vídeo, tabla o forma, tal y como puede verse en el menú **Insertar.**

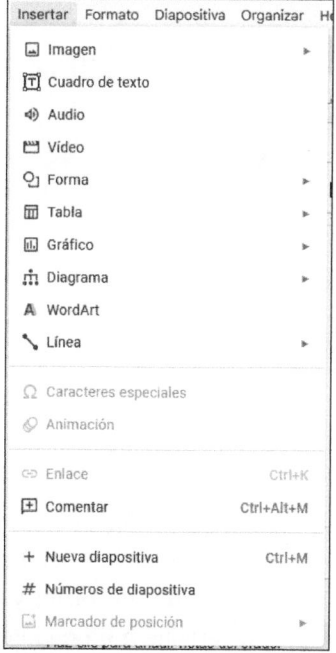

Menú Insertar

Texto

Se puede seleccionar la opción **Cuadro de Texto** para empezar a redactar contenido en la diapositiva, o pulsar el botón correspondiente en la barra de herramientas.

Botón **Cuadro de texto**

Al seleccionar dicha opción, aparecerá un cursor en forma de cruz, para dibujar el cuadro de texto en el que empezar a escribir.

Si se ha elegido una diapositiva vacía y se hace clic en cualquier parte de ella con esta herramienta, aparecerá un único cuadro de texto centrado en el que escribir, y al que se podrá cambiar de tamaño y de posición.

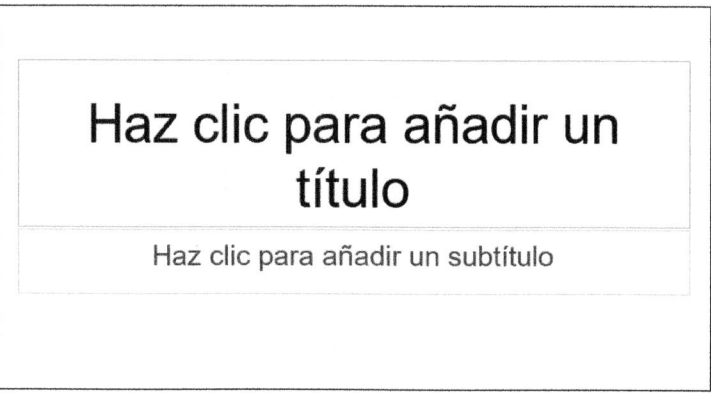

Ejemplo de cuadros de texto

En una diapositiva siempre se pueden insertar más cuadros de texto de los que vienen definidos en el modelo que, como ya se dijo, simplemente sirve de forma orientativa. Para hacer esto, no hay más que volver a hacer clic en el botón **Cuadro de texto** de la barra de herramientas o en **Insertar → Cuadro de texto,** y se podrá dibujar un nuevo campo de texto. Si se superpone a un cuadro existente, puede seleccionarse con el ratón y, sin soltar el botón izquierdo, desplazarlo al lugar donde se quiera situar.

Imagen

Se puede insertar una imagen desde el menú **Insertar** o desde el botón de la barra de herramientas. En cualquiera de los casos, se obtendrá un submenú con las opciones de inserción de imágenes ya vistas para **Documentos de Google.**

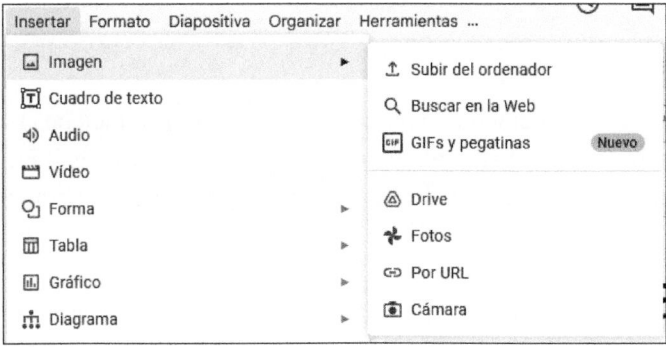

Insertar imagen

Es posible cambiar el tamaño de la imagen insertada estirando o encogiendo el recuadro en el que se inserta, haciendo clic en sus vértices. Del mismo modo, seleccionándola y arrastrándola puede ser situada en el lugar deseado.

Existe una última opción muy cómoda para la inserción de imágenes directamente desde internet, consistente en arrastrar una imagen desde una página web en la que aparezca hasta la diapositiva en la que se desee insertar. Simplemente hay que seleccionar y arrastrar la imagen hasta la pestaña de la aplicación y, dentro de esta y aún sin soltarla, acercarla a la diapositiva. En breves instantes la imagen aparecerá dentro de la diapositiva, en un recuadro que también se puede modificar, tal y como se ha explicado anteriormente.

 **Nota**

Para utilizar una imagen de internet, es necesario tener permiso para hacerlo.

Vídeo

Como se ha comentado anteriormente, las presentaciones tienen como objetivo principal hacer atractivos y claros los documentos. En este caso, además de los elementos que se han descrito hasta ahora, también se puede insertar un vídeo.

Del mismo modo que para las imágenes, *Google Drive* permite un trabajo interactivo y relacionado con otras herramientas *online.* En este caso, al hacer clic en la opción **Vídeo** se abre una ventana donde se puede seleccionar un vídeo a través de la búsqueda en *YouTube,* o bien seleccionarlo en nuestra cuenta de *Drive* o indicando una URL. En la barra superior se puede escribir el término o los términos a partir de los cuales buscar el vídeo que se quiere insertar.

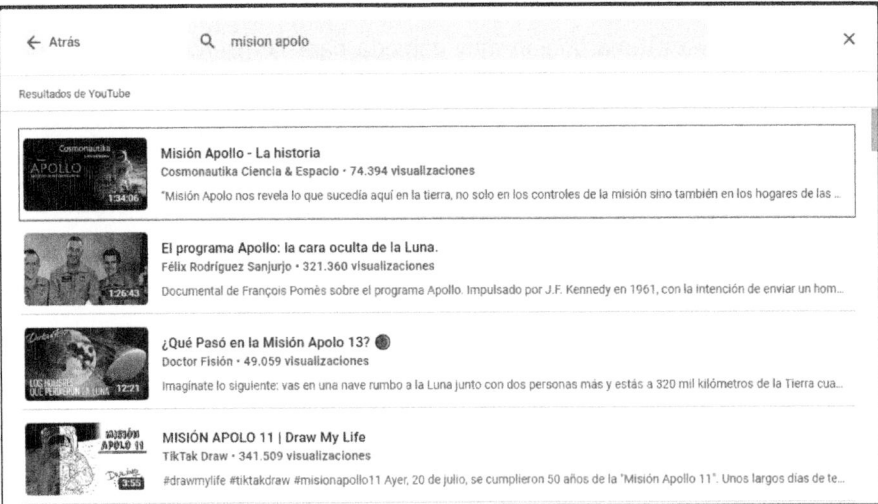

Insertar vídeo

Una vez decidido cuál insertar, se pulsará el botón **Seleccionar** para que este sea añadido a la diapositiva. Una vez que se ponga en marcha la presentación, y cuando se llegue a esta diapositiva, se podrá accionar el vídeo para su reproducción sin necesidad de cambiar de aplicación.

Tabla

Se puede insertar una tabla en la diapositiva mediante el menú **Insertar → Tabla,** lo que desplegará una pestaña lateral. En ella se puede escoger el tamaño de la tabla, es decir, sus filas y columnas.

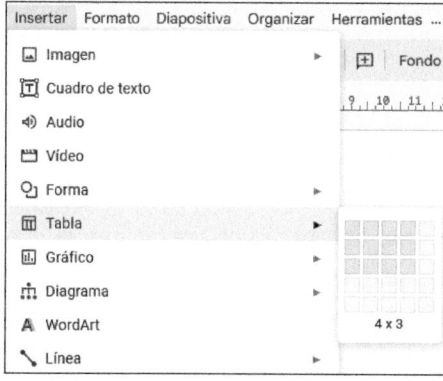

Insertar tabla

La tabla se añade a la diapositiva ocupando un gran cuadro de texto. Como siempre, puede seleccionarse uno de los extremos y redimensionar el cuadro según las necesidades. La tabla se ajustará al nuevo tamaño manteniendo la misma estructura de filas y columnas.

Forma

Las formas son dibujos sencillos que pueden ser de ayuda para representar gráficos, esquemas, diagramas, etc. Para insertar una forma se debe abrir el menú **Insertar,** desplegar la opción **Forma** y elegir entre figuras geométricas, flechas, llamadas o símbolos de ecuación.

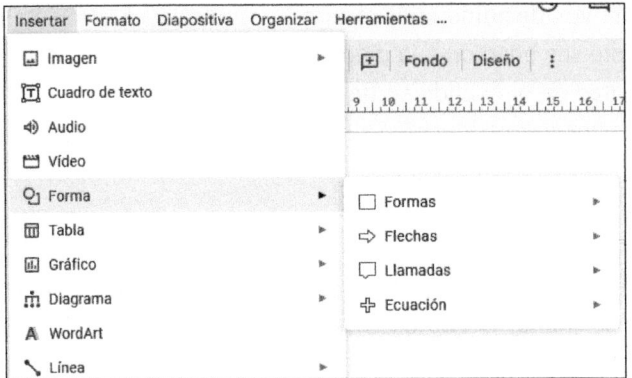

Insertar forma

Enlace

Se puede insertar un enlace en un texto o imagen pulsando el botón **Insertar Enlace** de la barra de herramientas o seleccionando la opción **Enlace** en el menú **Insertar.** Se abrirá una ventana en la que se debe decidir qué texto se mostrará para enlazar y a qué sitio llevará el enlace, operación que ya se ha realizado en unidades didácticas previas. Tras rellenar y aceptar, se obtendrá el enlace deseado sobre el texto o el objeto designado.

 Actividades

5. Inserte una imagen en una diapositiva subiéndola desde su ordenador, y otra mediante la búsqueda.
6. Cree una tabla de 6 columnas y 5 filas.

Aplicación práctica

En la empresa en la que trabaja le han encargado que realice una presentación para dar a conocer la empresa a nuevos clientes. La presentación debe contar con una portada con el nombre y razón social de la empresa, así como la dirección de la página web, el *email,* y el teléfono; una segunda diapositiva con una fotografía de las instalaciones de la empresa; la tercera diapositiva contendrá un vídeo de presentación de la empresa y los productos; y la cuarta diapositiva tendrá un esquema con las líneas de productos que ofrece la empresa.

¿Cómo la crearía en *Google Drive?*

SOLUCIÓN

Para crear la presentación, desde la página principal de *Google Drive* se pulsará en **Nuevo** → **Presentaciones de Google**.

La presentación se crea con una diapositiva de título ya insertada, con lo que se podrá escribir en el título el nombre de la empresa y el resto de datos en el cuadro de texto para el subtítulo.

Para crear la segunda diapositiva se pulsará el botón **Nueva diapositiva** de la barra de herramientas. Después se pulsará el botón **Imagen** de la barra de herramientas o en **Insertar** → **Imagen**. Se arrastrará el archivo de imagen desde la carpeta del ordenador hasta la ventana **Insertar imagen**.

Se vuelve a pulsar el botón **Nueva diapositiva** y después en el comando **Insertar** → **Vídeo**. El vídeo debe subirse previamente a *YouTube*. Se pulsa en la pestaña **URL** y se introduce la dirección del vídeo a insertar.

Se pulsa **Nueva diapositiva** y se van insertando las formas necesarias para crear el esquema con **Insertar** → **Forma**. En las formas se podrá insertar el texto necesario.

3.3. Dar formato

A continuación, se describen cómo se seleccionan elementos y se les aplica formato.

Seleccionar objetos para dar formato

Antes de entrar en profundidad en el formateo de los distintos elementos, es muy importante ver cómo se pueden seleccionar dichos elementos, según su naturaleza.

Como se ha visto en unidades didácticas anteriores, esta forma de selección varía según se trate de un texto, una imagen, una forma, una tabla, etc.

Seleccionar una diapositiva

Si se quiere seleccionar una diapositiva para desplazarla con respecto a otras, para duplicarla o eliminarla, o para modificar su formato (el fondo, como se verá más adelante), se debe hacer clic sobre la elegida en las vistas en miniatura que aparecen en la columna de la izquierda.

Seleccionar texto o cuadro de texto

Para seleccionar texto se hará clic con el cursor en la primera letra y, sin soltar el ratón, se arrastrará hasta el último punto de lo que se quiere incluir en la selección. De esta forma, el fondo del texto se sombrea para indicar que ya ha sido seleccionado y, a partir de ese momento, pueden realizarse acciones como el copiado, pegado, cambio de formato, etc.

 Nota

Hay que tener en cuenta que cuando se trabaja con presentaciones, el texto se encuentra dentro de uno o varios cuadros de texto independientes entre sí. Si se desea seleccionar el texto completo contenido por uno de esos cuadros, se puede seleccionar el cuadro directamente, haciendo clic sobre uno de sus bordes. Cualquier cambio que se realice afectará a todo el contenido.

Seleccionar una imagen, dibujo, forma o vídeo

Al igual que cuando se va a seleccionar un texto, si se hace clic sobre cualquier otro elemento como una imagen, dibujo, forma o vídeo, se marcará el cuadro que lo contiene. Esta es la forma de seleccionar el elemento para aplicarle la acción que se desee.

Seleccionar una tabla o sus celdas

Se puede seleccionar una tabla completa después de haberla creado haciendo clic sobre ella. Al hacerlo, aparece seleccionada en el interior de un cuadro que la contiene.

Si lo que se desea es seleccionar una celda concreta o un grupo de ellas (en filas o columnas), hay que situar el cursor en una de las que formen parte de la selección. Si se trata de una única celda, con el cursor en el interior, *Google Drive* ya la reconoce como seleccionada. Si se trata de una fila o columna se deberá, además de insertar el cursor en la primera o la última de las celdas, arrastrar el cursor sin soltarlo hasta la última de las celdas que se quiera seleccionar. Es una operación parecida a la que se realiza para seleccionar un texto, pero en este caso, las celdas se marcan en azul.

Por último, se hará clic en la opción **Seleccionar todo** del menú **Editar** o se utilizará su atajo de teclado [Ctrl] + [A] para seleccionar todo aquello que esté en la diapositiva.

Formato de diapositivas

Se puede dar formato a la diapositiva independientemente del formato que se dé al texto o de los elementos que se inserte en ella. Si se abre el menú **Diapositiva** se podrán ver varias opciones para aplicar formatos a las diapositivas.

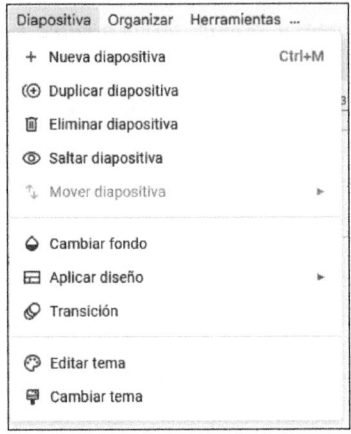

Menú Diapositiva

A continuación, se detallan cada una de ellas:

■ **Cambiar fondo:** esta opción permite aplicar un color liso para sustituir el blanco que aparece por defecto, o insertar una imagen del equipo al fondo de la diapositiva.

Cambiar Fondo

En la ventana que aparece, se puede escoger un color de la paleta o una imagen del equipo a través del botón **Elegir imagen.** Se puede aplicar el cambio a la diapositiva seleccionada pulsando el botón **Hecho,** o bien, a todas las de la presentación, haciendo clic en **Añadir al tema.** Esto afectará tanto a las existentes como a las nuevas diapositivas que se creen, y sustituirá a cualquier tema que hubiese sido seleccionado previamente. También se puede pulsar el botón **Restablecer** para volver al fondo original.

- **Aplicar diseño:** esta opción abre un submenú que permitirá cambiar el diseño interno de la diapositiva entre cualquiera de los predefinidos, mostrando una miniatura de cada uno de los diseños.

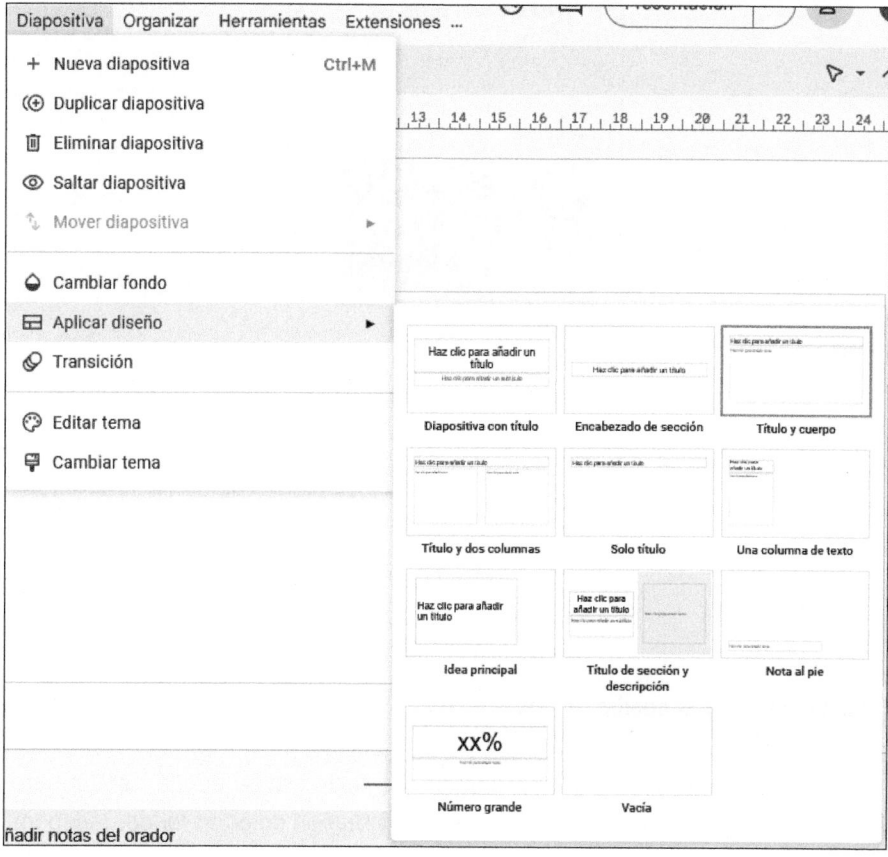

Aplicar Diseño

- **Cambiar tema:** esta opción mostrará un panel llamado **Temas** con distintos tipos de diapositivas, con motivos y efectos para el fondo y el color de la tipografía. Se puede escoger uno de ellos haciendo clic encima de su vista en miniatura en el panel **Temas.** Este tema se aplica a todas las diapositivas existentes y a todas las nuevas que se creen después de esta acción, sustituyendo a cualquier fondo o tema que se hubiese aplicado antes.

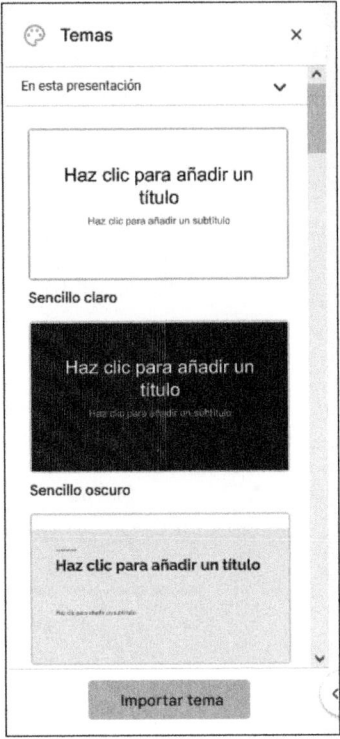

Temas

Formato al texto y al cuadro de texto

Una vez que se ha creado un cuadro de texto, se le puede dar formato desde la barra de herramientas. Se puede cambiar su color de fondo, independientemente del color de fondo de la diapositiva, tal y como se muestra en la siguiente imagen.

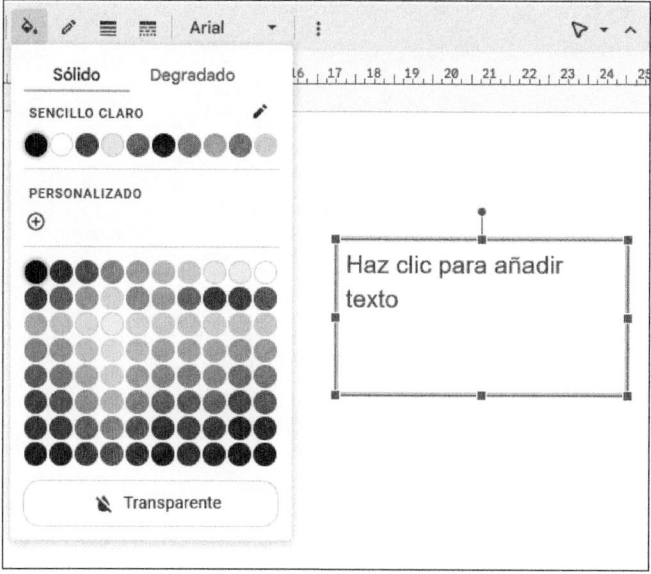

Color de relleno

Es posible modificar el tamaño del cuadro de texto seleccionando uno de los puntos resaltados con cuadrados, ya sea en los lados o en los vértices, y tirando de ellos hacia dentro o fuera según se quiera disminuir o aumentar el tamaño.

Puede darse formato al texto que se vaya a empezar a escribir o una vez que ya haya sido escrito. Por defecto, *Google Drive* asigna una tipografía y tamaño adecuados según el apartado de la diapositiva correspondiente a cada cuadro: título, subtítulo, etc. En la barra de herramientas se puede seleccionar el tipo de letra, el tamaño, su color y sus cualidades añadidas para hacerlo resaltar, como negrita, cursiva, etc.

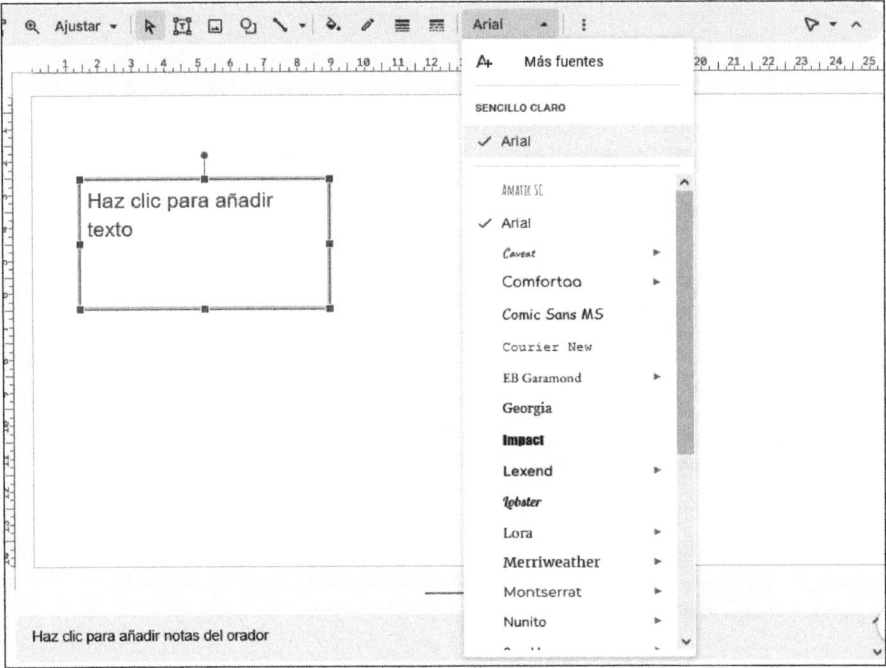

*Botón desplegable **Tipo de fuente***

Se puede modificar cualquiera de estas propiedades antes de empezar a escribir el texto o bien, si ya ha sido escrito, se selecciona el texto previamente para que se apliquen los cambios.

 Recuerde

Se puede seleccionar texto haciendo clic con el botón izquierdo pulsado, arrastrando de principio a fin del texto que se desee seleccionar.

Por último, también se puede modificar el formato del párrafo o los párrafos que se introduzcan en un cuadro de texto. También se puede decidir la alineación (izquierda, centrada o derecha), la sangría (mayor o menor, desde el margen) o convertirlo en una lista numerada o en viñetas. Se pueden utilizar todas estas opciones desde la barra de herramientas.

En el caso de las presentaciones, aparece una nueva opción que no existía en la aplicación del procesador de textos. Se trata de la alineación vertical del texto, que permite elegir la posición de este dentro del cuadro de texto que se ha creado: superior, central o inferior.

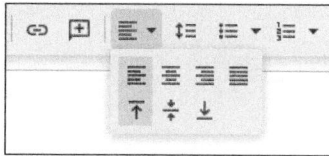

*Botón desplegable **Alineación***

Ambas alineaciones son acumulables, es decir, se puede alinear horizontal y verticalmente de forma simultánea para ajustar el texto a la posición deseada.

 Actividades

7. Cambie el tema de las diapositivas de la presentación a uno de su elección.
8. Cree un cuadro de texto, escriba un texto y asígnele la fuente Arial, tamaño 14 y color rojo. Después centre el texto en el cuadro horizontal y verticalmente.

Formato de las tablas

Para dar formato a una tabla se acudirá al menú **Formato** y se desplegará el submenú **Tabla.** Se podrán mover filas arriba y abajo e insertar tanto filas o columnas, indicando que se inserten encima o debajo, y a la derecha o a la izquierda de la celda actual. También se podrán eliminar dichas filas o columnas e incluso la tabla completa.

Para aplicar alguna acción a la tabla completa, esta debe ser seleccionada previamente, y para trabajar con filas o columnas, es necesario, además de tenerla seleccionada, tener el cursor situado correctamente. Tanto la inserción como la eliminación de filas y columnas tomarán como referencia la situación del cursor dentro de la tabla.

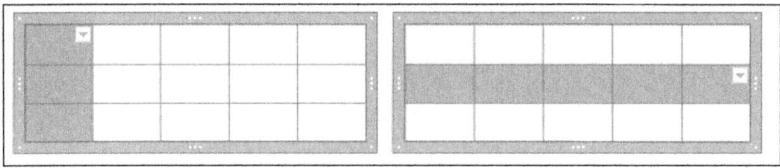

Una columna y una fila seleccionadas

Por último, se puede realizar la operación de formateo de manera rápida con el menú contextual que se despliega al hacer clic con el botón derecho sobre la tabla. Mediante este menú se pueden insertar, eliminar o mover tanto filas como columnas, escogiendo la opción correspondiente.

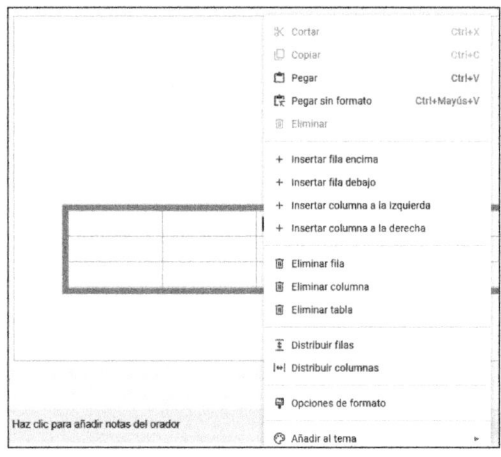

Menú contextual de una celda

Formato de varios elementos

Anteriormente se ha descrito cómo crear los distintos objetos y de qué manera se pueden seleccionar para darle formato. También es importante recordar que una vez seleccionado, además del formato, se le pueden aplicar una serie de acciones a dichos objetos en general, que se describen a continuación.

Modificar tamaño de objetos

Como ya se ha visto anteriormente, cuando se selecciona un objeto, aparecen marcados los puntos principales del cuadro que lo contiene. Si se acerca a cada uno de ellos el cursor del ratón, aparece una doble flecha que indica que se puede tirar de esa esquina para aumentar o disminuir su tamaño.

 Recuerde

En esta aplicación, como en otras, cuando se quiere modificar el tamaño de un cuadro (que puede contener una forma, una imagen, un dibujo, etc.), si se tiene pulsada la tecla [Mayúsculas], se mantendrá la proporción. Si, por el contrario, se tira de una de las esquinas o lados sin pulsar esa tecla, se estira del lado hacia el que se mueva el cursor sin respetar la proporción.

Desplazar un elemento

Si se acerca el puntero del ratón al marco del objeto seleccionado en una zona donde no haya tiradores de tamaño, aparece una flecha de cuatro puntas. Al hacer clic sobre el objeto cuando aparezca dicha flecha se podrá desplazar el objeto, sin soltar el ratón, hacia el lugar donde se desee.

También se puede mover el objeto en la dirección que se quiera si, una vez seleccionado, se pulsan las teclas de flechas del cursor correspondientes a la dirección.

Girar un elemento

Para girar un elemento, se hará clic sobre el cuadro que lo contiene y, una vez seleccionado, se despliega el menú que aparece haciendo clic con el botón derecho sobre el objeto. Con la opción **Girar** se podrá voltear el objeto vertical u horizontalmente. Se puede girar también, haciendo clic sobre el selector circular superior del objeto y arrastrando el ratón. Aparecerá un cursor con forma de cruz que indica el giro en grados.

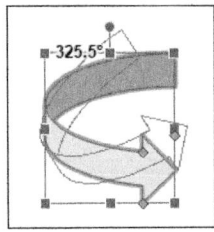

Rotando un elemento libremente

Organizar elementos

Hasta ahora se ha visto la manera de dar formato a elementos concretos. En este apartado se ve la manera de hacerlo de forma relativa a otros. Tras seleccionar el objeto o los objetos a los que dar formato, se podrá desplegar el menú **Organizar** y elegir la opción que se quiera utilizar.

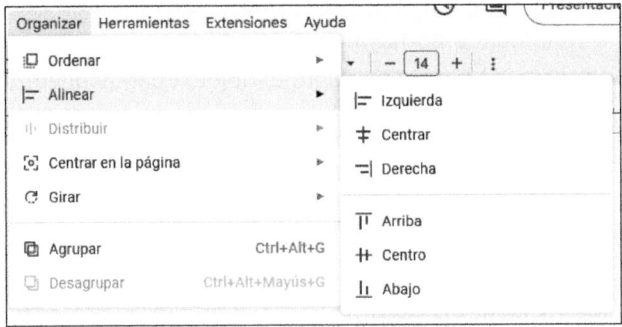

*Menú **Organizar***

Recuerde

Se pueden seleccionar varios objetos creando un cuadro de selección con el ratón (es decir, haciendo clic sobre una zona vacía cercana de un objeto y dibujando un cuadrado que contenga a todos los objetos que se desean seleccionar), o bien seleccionando uno a uno con la tecla [Mayúsculas] pulsada.

Se pueden alinear horizontal o verticalmente varios objetos. Tras escoger una de estas opciones, la aplicación desplaza ambos elementos para situarlos tal y como se ha indicado.

Nota

Si se ha decidido que los objetos de la diapositiva estén alineados a la derecha, por ejemplo, se desplazan hasta poner el lado derecho del cuadro que los contiene alineados. Si se desea alinearlos al centro, *Google Drive* calcula el centro geométrico de dichos objetos y los hace coincidir.

El submenú **Centrar en la página** permite colocar el elemento seleccionado en el centro vertical u horizontal de la misma. La opción **Verticalmente** coloca al elemento justo en el centro pero sin desplazarlo de su línea vertical. Por el contrario, la opción **Horizontalmente** hace la misma acción pero en la línea horizontal.

Se pueden **Distribuir** los objetos de la diapositiva horizontal o verticalmente. Los objetos que sean extremos en la selección (ya sea en horizontal o vertical), permanecerán en el mismo sitio, y el resto se distribuirá de forma equidistante entre ellos.

Por último, puede darse el caso de que se superpongan en la diapositiva distintos objetos, ya sean dibujos, imágenes o textos. Se pueden seleccionar los que se deseen mover, siempre en relación a los demás, abrir el submenú **Ordenar,** y elegir si se desea ponerlo al fondo **(Enviar al fondo)** o delante **(Mover al frente).** Si no se quiere un movimiento absoluto, esto es, que sea el primero o el último elemento en la diapositiva, se pueden utilizar los comandos **Enviar atrás** y **Mover hacia delante.** De este modo se pueden ir organizando los elementos para que ninguno tape a otro por error.

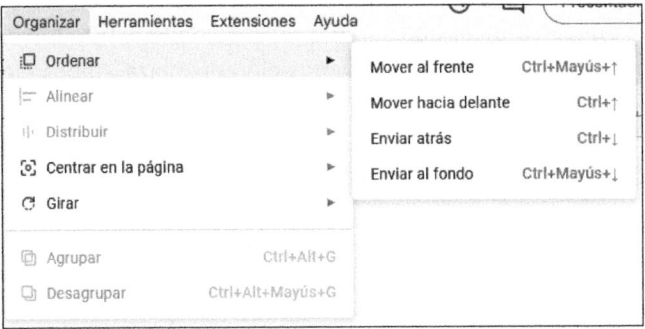

*Menú **Ordenar***

Para estas opciones se pueden usar los atajos de teclado que se muestran en los comandos.

 Actividades

9. Inserte una imagen en una diapositiva. Cambie su tamaño y gírela 45°.
10. Inserte una nueva imagen que solape a la anterior pero que no la tape totalmente. Cambie el orden de las imágenes para que sea la primera la que quede por encima.

3.4. Herramientas de la aplicación

Como en otras aplicaciones, que se han desarrollado hasta ahora, la de trabajo con presentaciones también tiene una serie de herramientas que pueden hacer más sencillo el trabajo. Pueden, por un lado, mejorar su espacio de trabajo y, por otro, agilizar algunas operaciones realizando funciones de forma mecánica.

Editar

Mediante el menú **Editar** se podrá cortar, copiar, pegar, seleccionar, etc.

Deshacer

Deshacer y **Rehacer** son los comandos que permiten dar marcha atrás en el documento cuando se desea eliminar una acción realizada o avanzar un paso en las acciones que han sido deshechas anteriormente. Los atajos de teclado son los comunes a todas las aplicaciones de *Google Drive,* y también a otros programas de uso común.

Copiar, cortar y pegar

Para cortar puede usarse el atajo [Ctrl] + [X], para copiar [Ctrl] + [C] y, finalmente, para pegar [Ctrl] + [V]. Tal y como se han definido en otras unidades didácticas, **Copiar** repite el elemento seleccionado en otra parte de la diapositiva, en otra diapositiva o en otra aplicación, y **Cortar** realiza la misma operación que **Copiar** con la salvedad de que elimina el original. En cualquier caso, se debe ejecutar la orden **Pegar** para que se completen las acciones.

Ampliar y reducir vista

Por último, existen otros elementos que ayudan a personalizar el espacio de trabajo. Mediante el menú **Ver** se pueden seleccionar algunas opciones de visualización como **Ampliar** y **Reducir,** de la opción **Menú de Zoom.**

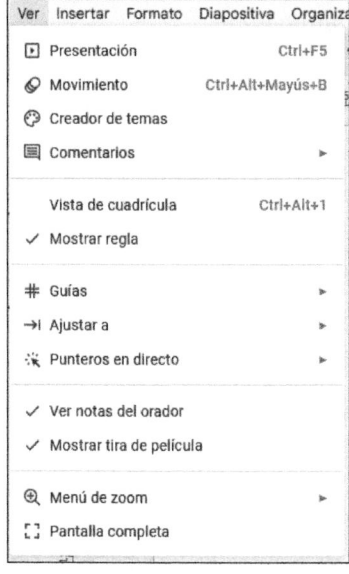

Menú **Ver**

En todos los casos en que esta opción amplía o reduce la vista en pantalla, no se modifica el tamaño de los objetos en la realidad, sino únicamente la visualización.

Notas del orador

En el menú **Ver** se encuentra la opción **Ver notas del orador.** Las notas del orador aparecerán bajo la zona de trabajo de las diapositivas como un cuadro de texto en blanco que puede ser editado. Aquí se pueden escribir todos los comentarios con los que se desee acompañar al texto para ayudarse en la exposición, o las indicaciones de visualización de la presentación para aquellos a los que va a exponerse.

Puede usarse también como forma de comunicación entre los distintos colaboradores del documento, pero hay que tener en cuenta que no es en sí mismo un espacio de trabajo, ni de borrador, ya que, si se realiza la exposición *online,* todos aquellos a los que se dé acceso a la presentación podrán consultar esas notas.

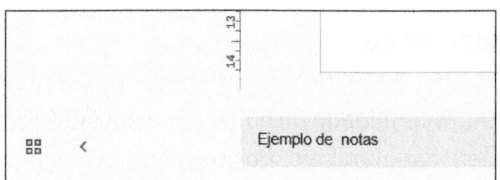

Notas del orador

Aplicación práctica

Siguiente con la aplicación práctica anterior, después de crear la presentación que le solicitó la empresa y comprobados los contenidos, piden ahora que se le den formato a las diapositivas y al texto.

Las diapositivas deben tener un diseño lo más uniforme posible en toda la presentación. Se cambiará el color del texto con el nombre de la empresa para resaltarlo, y además, se girará la fotografía de la segunda diapositiva en un ángulo de 5°.

¿Cómo lo haría?

SOLUCIÓN

Para darle un diseño uniforme a toda la presentación, lo mejor es aplicar un Tema. Para ello, hay que dirigirse al menú **Diapositiva** y seleccionar la opción **Cambiar tema**. En el panel **Temas** se seleccionará el que más agrade. Después, se cerrará el panel **Temas**.

En la primera diapositiva se selecciona el texto del nombre de la empresa arrastrando con el cursor del ratón, y también el comando **Color del texto** del menú **Formato**. En el submenú que aparece, se marca el color deseado.

Hay que dirigirse a la segunda diapositiva, haciendo clic sobre ella en el área de diapositivas de la izquierda. Se selecciona la imagen haciendo clic sobre ella. Se tira del controlador de giro con el ratón para rotar la imagen manualmente hasta que el indicador de grados marque 5°.

4. Finalizar un documento

Una vez que se haya terminado de editar las diapositivas, habrá que decidir qué salida se le quiere dar al trabajo. Posiblemente, en el caso del trabajo con presentaciones, el fin original era el ser usada como tal, es decir, como una presentación para dar a conocer un proyecto, un producto, el contenido de una clase, etc. En este caso, se puede realizar una presentación de forma automática tal y como se explica a continuación.

Si, por el contrario, se desea obtener una copia de la presentación para trabajar con ella en otro programa compatible, se puede optar por descargarla al igual que se ha hecho para las aplicaciones anteriores. También se puede obtener una copia en papel o ".pdf" mediante la impresión de la misma.

No hay que olvidar la importancia del trabajo en equipo o colaborativo; compartir siempre es una opción inicial y también una finalidad para la presentación. Se puede compartir un trabajo durante su ejecución o un trabajo terminado para que alguien pueda corregirlo o completarlo, así como publicarlo en la web.

4.1. Iniciar una presentación

Si se ha optado por desarrollar un trabajo en un formato de presentación es muy probable que se haya hecho con la idea de reproducirla ante algún tipo de público. Con esta modalidad, se puede reproducir la presentación directamente *online,* de forma que los colaboradores la vean al mismo tiempo que el presentador y, además, se pueden utilizar una serie de herramientas añadidas a la visualización de la presentación.

Si va ser reproducida simplemente en un ordenador sin acceso a la cuenta de *Google Drive,* se puede exportar a otro tipo de archivo y reproducirla desde otro programa.

Si se va a realizar la presentación *online,* se pulsará el botón **Presentación** que aparece en la parte superior derecha de su pantalla, y se iniciará la sucesión de las diapositivas en una nueva ventana. También se puede abrir el menú **Ver** y seleccionar la opción **Presentación,** o emplear el atajo de teclado [Ctrl] + [F5].

Control de la presentación

En toda presentación siempre hay una persona que controla la reproducción y otras personas que asisten a ella. Esta persona decide el tiempo de reproducción de cada diapositiva haciendo clic para pasar a la siguiente, o decide si quiere detenerla.

La reproducción de la presentación podremos controlarla haciéndola avanzar con un clic de ratón, lo que hace que se pase a la siguiente diapositiva, pero podemos hacer lo mismo pulsando la [barra espaciadora] o la tecla [Backspace]. Otra forma más cómoda es utilizar las teclas del cursor o flechas, que nos permiten avanzar una diapositiva con el cursor derecho [>] o retroceder una diapositiva con el cursor izquierdo [<]. Para salir de la presentación podemos pulsar la tecla [ESC].

El botón **Presentación** de la barra de herramientas puede ser desplegado mediante la flecha hacia abajo que aparece a su derecha, con lo que nos dará las opciones adicionales de **Empezar desde el principio** y **Vista de presentador.**

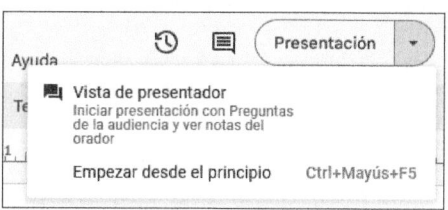

Opciones de presentación

La opción de **Empezar desde el principio** nos permite comenzar la presentación desde la primera diapositiva, ya que, si comenzamos la presentación, siempre empezará por la diapositiva actual, es decir, la que se tenga seleccionada.

La opción **Vista de presentador** tiene una mayor utilidad, ya que hace que la presentación se reproduzca en una ventana, pero aparezca otra ventana con los controles para el presentador y las notas del orador, lo que permite presentar en una pantalla la presentación mientras se tienen en otra los controles y las notas del orador.

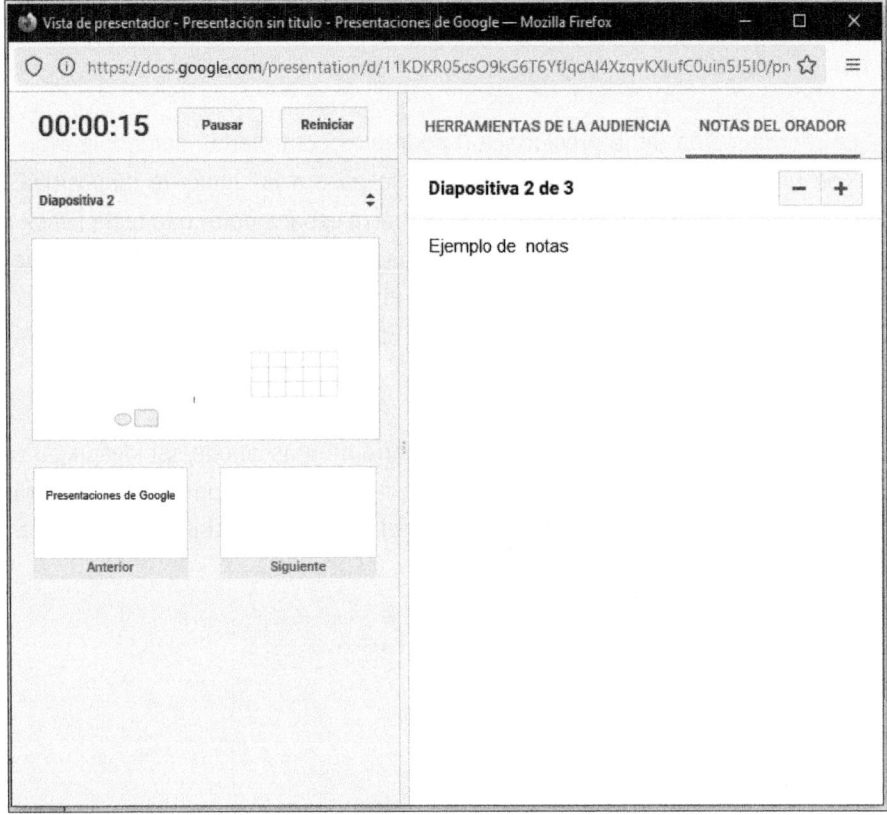

Vista de presentador

4.2. Imprimir

Para imprimir una presentación, se seleccionará la opción **Imprimir** en el menú **Archivo** y se obtendrá una ventana con la vista previa de la impresión, donde se podrán definir sus características.

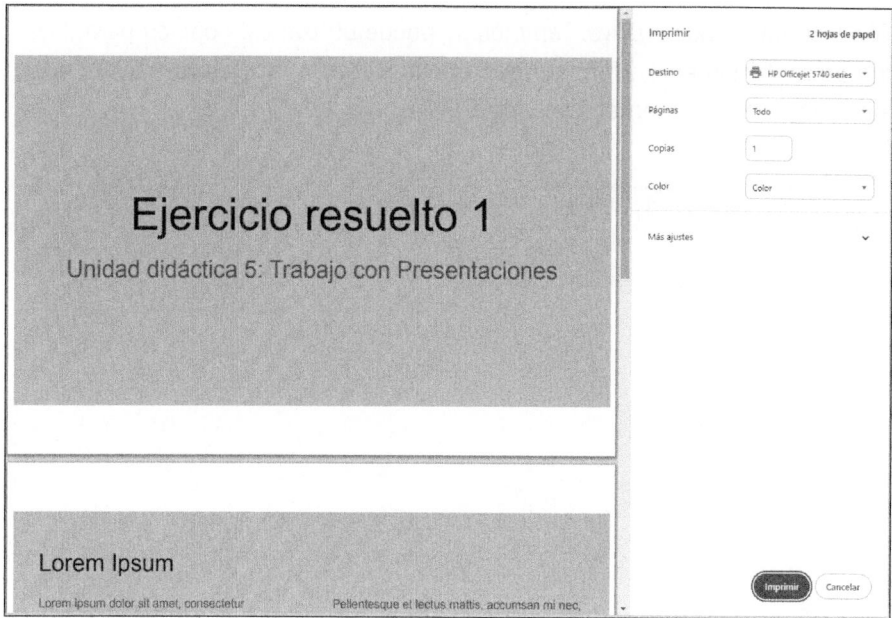

Ventana de Impresión

Las opciones de impresión son iguales que las vistas anteriormente para documentos de texto y hojas de cálculo.

 Nota

El fondo de una diapositiva suele ser a color y con imágenes. Cuando se realizan impresiones de prueba, conviene prescindir del color para ahorrar en tinta.

4.3. Exportar

Al igual que en aplicaciones anteriores, se puede exportar el archivo una vez terminado o para realizar alguna prueba antes de completarlo. Exportar un archivo tiene como finalidad que alguien pueda verlo o editarlo en otra aplicación distinta a *Google Drive.* También se puede utilizar esta opción para llevar una presentación en un formato que pueda ser visto en cualquier ordenador, con o sin acceso a internet y a *Google Drive.*

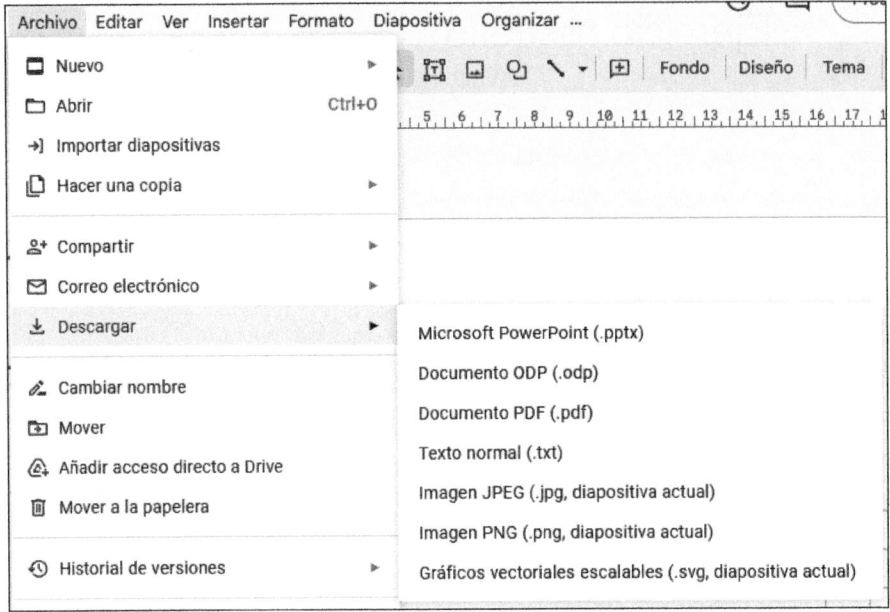

Menú **Archivo** con opciones de descarga

Para exportar una presentación hay que dirigirse a **Archivo → Descargar** y elegir la extensión del archivo al que se va a exportar. En este caso, se podrá descargar la presentación en ".pdf", en **PowerPoint,** como imagen JPEG, PNG, SVG o en formato Texto.

La opción ".pdf" permite enviar o reproducir la presentación en un formato no editable, pero que en todos los ordenadores se puede visualizar. Convertirá cada diapositiva en una página del documento.

La opción **PowerPoint** del tipo ".pptx" es compatible con otros programas para la realización de presentaciones como *Microsoft Office Power Point.* Este archivo puede ser reproducido y editado con este programa.

La opción **ODP** permite descargar en el formato abierto de presentaciones *Open Document Presentation,* que puede ser reproducido y editado por casi todos los programas de presentaciones, como *Power Point* y *Libre Office.*

Las opciones de imagen ".png" y "jpg" permitirán descargar la presentación como una imagen, cada diapositiva será una imagen que puede ser abierta en cualquier ordenador. La opción de Gráficos vectoriales escalables SVG descargará las diapositivas en imágenes con formato vectorial.

Por último, al descargar como **Texto** se obtendrá un archivo ".txt" que se podrá visualizar con cualquier herramienta básica de edición de notas, pero en el documento resultante solo aparecerá el texto de las diapositivas. No se obtendrá una visión completa de la presentación. Puede servir para hacer una lectura de los textos que se han insertado y poder corregirlos o imprimirlos de forma que no sea necesaria una extensa impresión a color.

4.4. Compartir y publicar

En cualquier momento de la edición de las diapositivas se puede compartir el documento para trabajar en equipo. Para ello, se debe pulsar el botón **Compartir** e introducir a los colaboradores.

Publicar en internet

Para publicar una presentación se debe acudir al menú **Archivo,** desplegar el submenú **Compartir** y elegir la opción **Publicar en la Web.** Al iniciar la publicación, aparece una ventana en la que se pueden elegir las características que debe tener dicha publicación, y el enlace que se deberá enviar a los destinatarios de la misma.

Se puede configurar el reproductor de la presentación en internet: tamaño, intervalo entre diapositivas, si debe iniciarse cuando se cargue el reproductor y si debe reiniciarse cuando termine.

También se obtiene de esta forma el enlace o código que se puede insertar en el blog o web en los que se va a compartir públicamente la presentación.

Publicar en la Web   ✕

Este documento no está publicado en Internet.

Publica tu contenido en la Web para que todos lo puedan ver. Puedes insertar tu documento o un enlace al documento. Más información

Enlace   Insertar

Avance automático de diapositivas:

cada 3 segundos (opción predeterminada) ▾

☐ Iniciar la presentación cuando se cargue el reproductor

☐ Reiniciar la presentación después de la última diapositiva

Publicar

▸ Contenido publicado y configuración

*Cuadro de diálogo **Publicar en la Web***

En la presentación publicada, aparece en su parte inferior la barra de herramientas desde la que se pueden realizar varias acciones. Es posible reproducir la presentación en esa vista o se puede escoger hacerlo en pantalla completa en el botón a tal efecto.

Se muestra en todo momento en la diapositiva en que se encuentra, y el total de diapositivas que existen en la presentación. En barra de herramientas de la presentación aparecen los iconos para elegir su reproducción **(Play** and **Pause)** y las flechas para ir hacia atrás o hacia delante.

 Actividades

11. Publique en internet la presentación que ha creado en los ejercicios anteriores.

5. Resumen

La aplicación de presentaciones de *Google* permite crear presentaciones en un formato propio, aunque también puede importar archivos de presentación de otras aplicaciones, y utilizar plantillas de presentaciones para crear nuevas.

Las presentaciones, al igual que todos los documentos de *Drive,* se guardan automáticamente al realizar cambios en ellas. No obstante, se pueden crear copias o exportarlas a formatos de otras aplicaciones para bajarlas al ordenador local.

En una presentación de *Google* se pueden añadir tantas diapositivas como se necesite, así como eliminarlas cuando se desee. Del mismo modo se pueden importar diapositivas de otras presentaciones.

En las diapositivas se pueden introducir una gran cantidad de objetos, como cuadros de texto, formas, imágenes e incluso vídeos. Es posible insertar elementos creados directamente en la aplicación, insertar elementos como imágenes desde *Drive,* subirlas desde el ordenador local e incluso directamente de internet.

Se pueden utilizar una buena cantidad de estilos de diapositivas predeterminados, de temas predeterminados para las diapositivas, o incluso crear propios temas.

Se puede cambiar el formato y la apariencia de los textos, tablas u otros elementos, de la misma forma que en el procesador de textos.

Finalmente la aplicación facilita imprimir las presentaciones o exportarlas a otros formatos, publicarlas directamente en la web, o compartirlas con colaboradores.

Ejercicios Prácticos

1. Cree una presentación con tres diapositivas tal y como se muestra en la imagen.

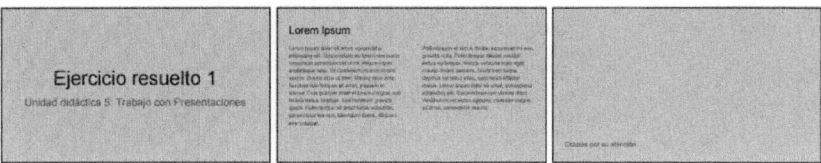

2. Inserte una imagen de su disco duro en la diapositiva 3 del ejercicio anterior y céntrela.

3. Dé formato a los textos que aparecen en la diapositiva 2, con las características que se especifican:

   ı Título: letra normal, de tamaño 32, color azul, subrayada y con alineación centrada.
   ı La columna izquierda de contenido: letra normal, tamaño 20, color rojo, en negrita y con alineación centrada.
   ı La columna derecha de contenido: letra Courier New de 11 puntos, color negro, con alineación izquierda y con el cuadro de texto con fondo naranja claro.

4. Importe en un nuevo documento la diapositiva número 1 de la presentación "Ejercicios resueltos", sitúela en primer lugar. Cópiela y sitúela dos diapositivas después, y edítela para cambiarle el título "Ejercicio resuelto 1" por "Ejercicio resuelto 4".

Ejercicios de repaso y autoevaluación

1. **¿Es posible cambiar el orden de las diapositivas? Indique la respuesta o respuestas correctas.**

   a. No, el orden debe pensarlo antes de crear el contenido; puede hacerse un esquema previo.
   b. Sí, mediante los comandos **Mover diapositiva** del menú **Diapositivas.**
   c. No, pero puede trasladar manualmente el contenido de una diapositiva a otra para que se muestre en distinto orden al original.
   d. Sí, puede escoger la diapositiva en las vistas en miniatura y arrastrarla hasta el sitio que desee.

2. **¿Cuál es la forma más rápida de crear una presentación igual a una que ha hecho anteriormente, para modificar algunos de los textos?**

   a. Puede crear una plantilla con la que hizo anteriormente, compartirla y posteriormente abrir un documento nuevo desde esa plantilla y cambiar su nombre.
   b. Puede hacer una copia de la presentación en uso y cambiarle el nombre.
   c. Puede hacer una nueva presentación e importar una a una las diapositivas que le sirvan.
   d. Puede crear una nueva presentación y, con las dos abiertas, copiar y pegar las diapositivas de una a otra.

3. **¿Qué modelo de diapositiva debe escoger si quiere insertar dos imágenes en una misma diapositiva? Indique la respuesta o respuestas correctas.**

   a. Puede escoger una diapositiva vacía e insertar tantas imágenes como desee.
   b. Puede escoger la diapositiva con dos columnas y borrar los recuadros.
   c. No es necesario escoger un modelo de diapositiva, pues siempre puede modificarlos según le convenga.
   d. No se pueden insertar dos imágenes en una diapositiva.

4. **¿Puede usar diapositivas de una presentación realizada con otro programa en la aplicación de *Google Drive?***

    a. No, son incompatibles.

    b. Sí, pero solamente copiando y pegando el contenido de una a otra. No es posible introducir la diapositiva en sí misma.

    c. Sí, puede importar las diapositivas que desee de una presentación que tenga en su disco duro.

    d. Todas las opciones son incorrectas.

5. **Indique si las siguientes afirmaciones son verdaderas o falsas:**

    a. Los cuadros de texto insertados en las diapositivas tienen un tamaño predeterminado y fijo.

        ☐ Verdadero
        ☐ Falso

    b. Se pueden insertar imágenes en una diapositiva subiéndolas desde el ordenador local, utilizar imágenes que se tengan en *Drive* o buscándolas en internet.

        ☐ Verdadero
        ☐ Falso

6. **Relacione cada opción de formato de diapositiva con la operación que permite realizar:**

    a. Cambiar fondo.

    b. Aplicar diseño.

    c. Cambiar tema.

    __ Aplica motivos y efectos para el fondo y el color de la tipografía.
    __ Permite aplicar color o una imagen al fondo de la diapositiva.
    __ Permite aplicar una disposición de objetos prediseñada a la diapositiva.

7. **Indique si las siguientes afirmaciones son verdaderas o falsas:**

   a. El formato del texto se puede cambiar seleccionando el cuadro de texto, pero no se podrá formatear palabras o frases individuales.

   ☐ Verdadero
   ☐ Falso

   b. Los cuadros de texto tienen siempre el mismo color de fondo que el de la diapositiva. No se puede indicar un color de fondo distinto para los cuadros de texto.

   ☐ Verdadero
   ☐ Falso

8. **¿Cómo puede escalar un objeto de una diapositiva, es decir, redimensionarlo de forma proporcional?**

   a. Tirando con el ratón desde uno de los marcadores de tamaño del objeto.
   b. Tirando con el ratón desde uno de los marcadores de tamaño del objeto mientras se mantiene pulsada la tecla [Mayúsculas].
   c. Con el comando Escalar del menú **Disponer.**
   d. Con el comando Proporción del menú **Disponer.**

9. **Para disponer los objetos de la diapositiva equidistantes unos a otros, ¿qué comando se debe utilizar?**

   a. Ordenar.
   b. Alinear horizontalmente.
   c. Alinear verticalmente.
   d. Distribuir.

10. Explique qué son y para qué sirven las notas del ponente.

Unidad Didáctica 6
Trabajo con dibujos

Contenido

1. Introducción

En las unidades didácticas anteriores se han descrito de forma general y de forma particular, las herramientas y procedimientos de *Google Drive*.

La aplicación Dibujos de *Google* es una herramienta algo más simplificada que las demás, pues puede considerarse como un elemento auxiliar para completar otros documentos, pero que a la vez es muy intuitiva y aporta gran facilidad de uso para crear gráficos con respecto a otras herramientas.

Esta aplicación sigue un esquema de funcionamiento muy parecido a las anteriores, pero se limita a ofrecer las herramientas de dibujo y un lienzo para dibujar sobre él, constando cada archivo de una sola página, ya que en realidad se trata de un gráfico y no de un documento.

2. Iniciar un dibujo

A continuación, se verán las acciones que se pueden hacer con un dibujo desde su creación.

2.1. Acceder al documento

Tal y como se ha descrito en las aplicaciones anteriores, los archivos de dibujo también se gestionan desde el menú **Archivo.**

Se pueden acceder de distintas formas a un documento:

- Desde la página principal de *Google Drive* haciendo clic en **Nuevo →
  Más → Dibujos de Google.**
- Insertando un dibujo desde el menú **Insertar** de un documento de *Google*.
- Desde la lista de administración de documentos haciendo clic sobre el dibujo que se desea editar.
- Desde un enlace proveniente de un correo electrónico de invitación para participar en el documento.

Crear un documento nuevo

Se debe desplegar el botón **Nuevo,** desplegar el submenú **Más** y seleccionar la opción **Dibujos de Google** entre todas las opciones que aparecen.

Otra forma es abrir el menú **Archivo,** desplegar el submenú **Nuevo** y elegir **Dibujo,** si está en un archivo de dibujo ya abierto o creado.

Abrir un documento existente

Si se desea abrir un documento existente una vez que ya ha accedido a la aplicación, se utilizará el comando **Abrir** en el menú **Archivo.** Se abrirá una ventana donde se podrá navegar por la estructura de archivos de *Google Drive* del usuario. Solo habrá que seleccionar el que se desee editar haciendo clic sobre él.

 Recuerde

Se puede acceder a los archivos que aparecen en la lista de la página principal cuando se accede a la cuenta. Estos archivos son los que han sido creados en otro momento o a los que se ha sido invitado.

Trabajar en equipo: compartir documentos

Las posibilidades de *Google Drive* para trabajar en equipo también funcionan para esta herramienta, y permiten compartir el trabajo con los usuarios que se desee y en calidad de lectores o editores.

Para ello, se debe pulsar el botón **Compartir** de la parte superior derecha de la ventana y elegir e introducir a los usuarios que se desea invitar. Tal y como se ha comentado, se pueden decidir todos los detalles de su uso compartido.

2.2. Guardar el documento

Es importante que, una vez editado el dibujo, se realicen guardados del mismo para no perder información. *Google* tiene varias opciones de guardado.

Guardados automáticos

Realiza guardados puntuales cada vez que se modifica el dibujo, evitando así pérdidas de trabajo por posibles problemas externos.

Crear una copia del dibujo

Desde esta opción del menú **Archivo** se puede crear una copia del dibujo. Aparece la ventana en que *Google Drive* pregunta si desea copiar el archivo y donde se debe elegir si se va a mantener a los mismos colaboradores en el nuevo documento.

 Nota

Se puede utilizar una copia del dibujo para hacer uno nuevo que tan solo cambia en algún aspecto o matiz pero, como en todas las aplicaciones anteriores, no es recomendable este método para las copias de seguridad.

Cambiar nombre del documento

Si se desea cambiar el nombre al dibujo o bien sustituir al **Dibujo sin título** que *Google Drive* asigna por defecto, se hará clic sobre el título que aparece en la parte superior.

3. Crear el dibujo

A diferencia de las demás aplicaciones de *Google Drive,* **Dibujos** ofrece un espacio de trabajo representado a modo de una única hoja perfectamente delimitada, cuyo tamaño se puede ampliar a voluntad. Para realizar más de un dibujo, sin embargo, no es posible insertar más de una hoja dentro del mismo documento: siempre deberán hacerse en archivos diferentes.

3.1. Crear contenido

El dibujo se irá componiendo a partir de una serie de elementos que se pueden incluir desplegando el menú **Insertar.** El proceso completo consiste en insertar objetos y darles formato, hasta obtener el dibujo que se desea. También se ofrecen una serie de herramientas que se describirán más adelante.

Elementos de texto

Existen dos formas de insertar texto en los dibujos realizados con esta aplicación: texto **normal,** a través de cuadros de texto o dentro de formas, y **WordArt.**

Cuadro de texto

Para introducirlo se debe acudir a la opción **Cuadro de texto** del menú **Insertar** o en el botón del mismo nombre de la barra de herramientas.

El cursor se transforma en forma de cruz (+), y se deberá indicar el área donde se quiere escribir el texto, haciendo clic y arrastrando con el ratón. No tiene que ser el área definitiva, ya que podrá modificarse posteriormente.

Aparece un cuadro enmarcado en azul, con un cursor de texto, donde se puede empezar a escribir. Al pulsar [Intro] mientras se escribe el texto, se insertará un salto de línea en el texto.

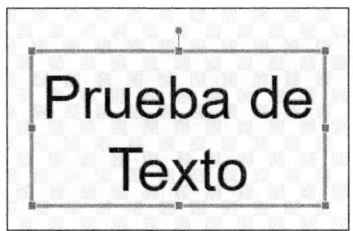

Cuadro de texto creado

Textos en formas

Para insertar un texto dentro de una forma basta con seleccionar la forma y empezar directamente a escribir, o bien seleccionar el comando **Editar texto** en el menú emergente de la forma, que es el que aparece al hacer clic con el botón secundario del ratón sobre ella.

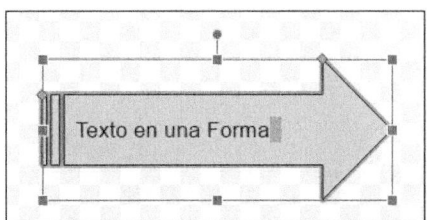

Texto en una forma

WordArt

Es una herramienta que permite crear textos para rótulos, títulos y llamadas de atención. Para crear un *WordArt* hay que acudir al comando **WordArt** en el menú **Insertar.** Aparecerá un cuadro auxiliar para introducir el texto en el espacio de trabajo, sin que sea necesario delimitar su área.

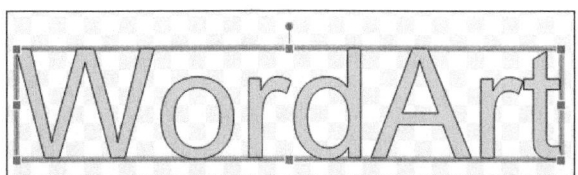

Texto de WordArt

Una vez introducido el texto deseado, se podrán modificar sus propiedades. Este elemento funciona como un objeto híbrido entre texto y dibujo, por lo que tiene características de formato comunes a los textos (fuente, cursiva, negrita) y también al dibujo (color, grosor y tipo de línea que lo bordea, color de fondo de la letra, tamaño, giro, etc.). Muchas de ellas ya son conocidas, y el resto se desarrollarán en los apartados siguientes.

Elementos gráficos

Entre los elementos gráficos a insertar, destacan los que se describen a continuación.

Líneas y figuras geométricas

Para dibujar cualquier elemento gráfico no hay más que seleccionarlo en el menú **Insertar** o pulsando el botón correspondiente de la barra de herramientas.

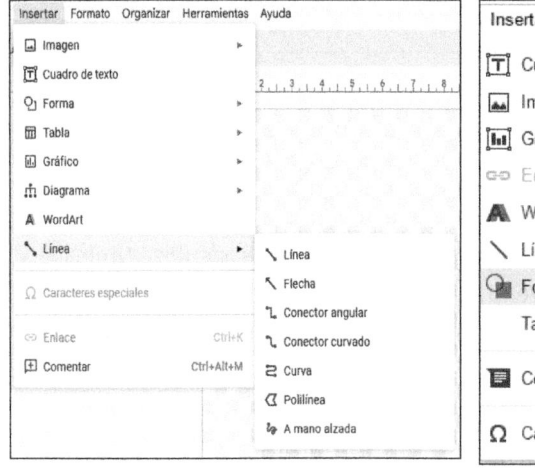

Submenú *Línea*

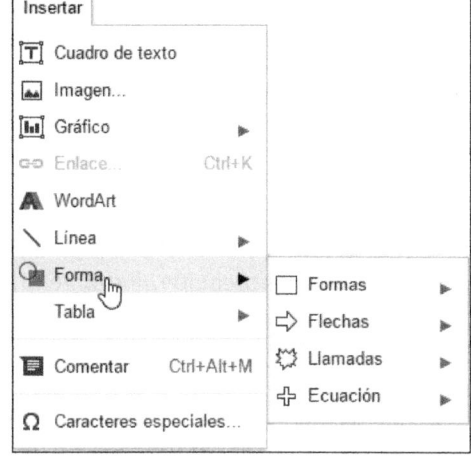

Submenú *Forma*

Los elementos que abarca el submenú línea son los siguientes:

▪ **Línea:** al seleccionar esta opción, el cursor aparece en forma de cruz (+) y, haciendo clic en la hoja, marca el primer punto de una línea recta. No se debe soltar el botón izquierdo mientras se marca la dirección que se desea que tenga y, finalmente, para terminarla, se volverá a hacer clic marcando el punto final. Se observará que, durante el proceso de dibujo, la línea se marca en azul claro, y que cuando está terminada, su color cambia a azul oscuro.

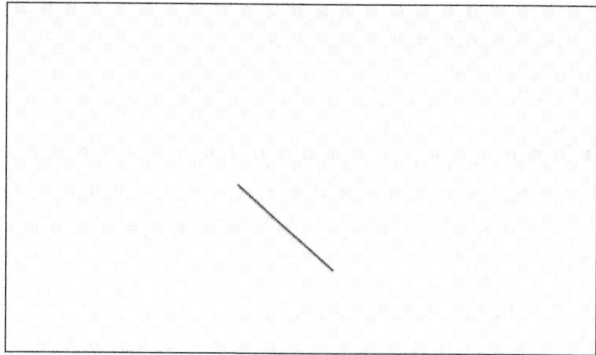

Línea dibujada

▪ **Flecha:** esta opción permite hacer una línea recta con una punta de flecha en su extremo. El tamaño de la flecha puede modificarse en el menú de **Formato,** abriendo el submenú **Líneas** y seleccionando **Tamaño de la punta de la flecha,** y la forma de la punta en la barra de herramientas. Se puede elegir qué tipo de punta asignarle y a qué vértice.

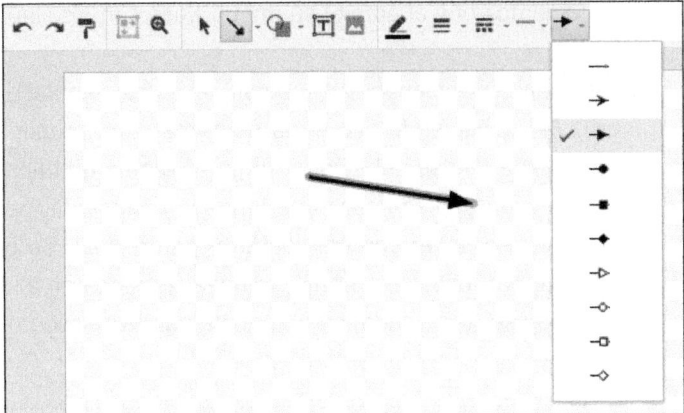

Forma de la punta de la flecha

Curva: esta es la opción para hacer líneas que no sean rectas. Para definir una curva se deberán indicar varios puntos, haciendo clic con el botón cada vez que se obtenga una vista previa del tramo deseado.

Para terminar una curva:

▍ Si se desea terminar la línea sin cerrar se hará doble clic en el botón izquierdo.

▍ Si se desea cerrar la curva de tal forma que genere una figura, se aproximará el cursor al punto inicial y esta se cerrará de forma automática. Se hará clic con el botón izquierdo del ratón para cerrar la línea y colorear el área.

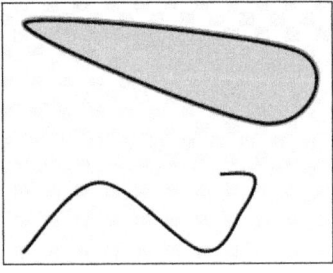

Curva cerrada y curva abierta

▌**Polilínea:** permite hacer una línea continua de varios tramos rectos. De igual modo que en las curvas, se puede hacer doble clic con el ratón para dejar la polilínea abierta o clic cerca del inicio para cerrarla y que se coloree el sector que encierra.

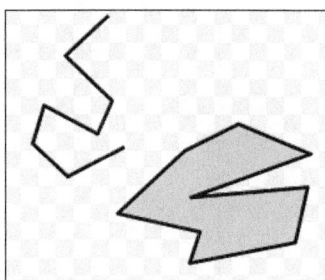

Polilínea cerrada y polilínea abierta

▌**A mano alzada:** este elemento permite dibujar como si se hiciera a mano alzada, usando el ratón a modo de lápiz. Para dibujar con esta herramienta se hace clic en el punto inicial y se mantiene pulsado mientras se realiza el trazado.

Dibujos a mano alzada

▌**Conector angular** y **Conector curvado:** son dos herramientas que dibujan líneas conectando otras formas. Al activar una de estas herramientas el cursor se convierte en una cruz que al acercar a una forma hace que aparezcan puntos de conexión en la forma. Haciendo clic en uno de esos puntos aparece una línea de conexión. Después se debe seleccionar el otro extremo del conector y arrastrarla hasta un punto de conexión de otra forma. Una vez creada la línea aparecen puntos que al arrastrarlos permiten cambiar la forma del conector para adaptarse a un recorrido.

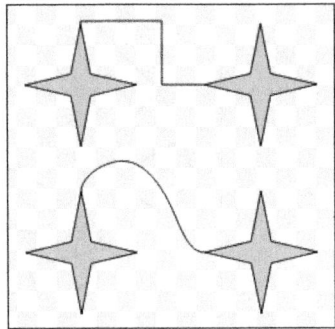

Conector angular y Conector curvado uniendo dos formas

El submenú **Forma** dispone de cuatro submenús más, simplemente para organizar las formas por tipos, pero en realidad son todas formas y se crean de la misma manera y tienen las mismas propiedades. Estos submenús son **Formas, Flechas, Llamadas** y **Ecuación.**

Las formas son plantilla de polígonos y figuras geométricas básicas y algo más avanzadas, que pueden ser útiles en la creación de un dibujo. Tras seleccionar la que más se ajuste a lo que se desea representar, se hará clic en el punto inicial y, sin soltar el botón del ratón, se desplazará el cursor hacia el lado donde se quiera crear.

Distintas formas

Se puede modificar su tamaño y la orientación de una forma. Para mantener la proporción cuando se amplíe o reduzca la figura, se debe mantener pulsada la tecla [Mayúsculas].

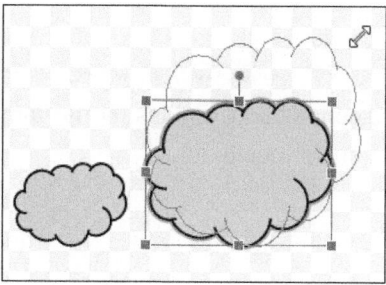

Cambiar de tamaño una forma

Imágenes

Esta aplicación de *Google Drive* permite integrar imágenes en el dibujo y superponer en ella textos o formas, pero no podrá ser retocada fotográficamente.

Se puede pulsar el botón **Imagen** de la barra de herramientas o seleccionar el comando **Imagen** en el menú **Insertar.** Se abrirá una ventana desde donde se puede seleccionar la ubicación de la imagen que se quiere insertar.

Al igual que al insertar una imagen en las aplicaciones anteriores, puede subirse desde el ordenador, desde imágenes en internet cuya URL habrá que indicar, o bien desde el banco de imágenes de *Google*.

 Actividades

1. Cree un nuevo dibujo con la aplicación Dibujos de *Google* y nómbrelo.
2. Dibuje con las formas y líneas que precise un pequeño árbol genealógico de su familia.
3. Añada un *WordArt* con el nombre de la familia.

3.2. Formato

Al igual que ocurre con el texto, con las formas también se pueden establecer formatos para su transformación.

Formato de elementos

En este apartado se señalan las opciones de formato que se pueden aplicar a todos los elementos que se inserten en general, tanto textos como elementos gráficos. Hay que asegurarse de seleccionar adecuadamente los elementos que se desean formatear para poder aplicar correctamente las características elegidas.

Seleccionar

Es importante saber que, para realizar cualquier operación con los elementos dibujados, ya sean de dibujo, de texto o de imágenes, es necesario haberlos seleccionado previamente.

Si se hace clic sobre una forma esta aparece marcada por diversos símbolos. Estos símbolos permiten editar y transformar el objeto como se describe a continuación.

Si se quiere seleccionar más de un objeto a la vez, puede hacerse con una ventana de selección o pulsando la tecla [Mayúsculas], mientras se van seleccionando los elementos uno a uno haciendo clic sobre ellos. La ventana de selección se define haciendo clic en un punto inicial y describiendo un rectángulo con el ratón que contenga todos aquellos objetos que se quieran seleccionar.

Transformar

Se pueden realizar diversas acciones de transformación sobre los elementos dibujados, según las formas utilizadas.

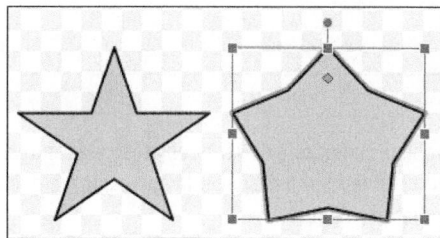

Estrella transformada mediante el rombo amarillo

Los elementos para transformar una forma son los siguientes:

▪ **Cuadrados azules en las esquinas y bordes de la figura:** se pueden arrastrar para ampliar o reducir la figura en la dirección que se desee. Puede hacerse sin mantener la proporción, o bien pulsando al mismo tiempo la tecla [Mayúsculas], para respetarla.

▪ **Círculo en la parte superior de la figura:** arrastrándolo se puede girar manualmente la figura o elemento en el ángulo que se desee, marcándolo con el movimiento del ratón.

▪ **Rombo amarillo dentro del rectángulo de la figura:** permite estilizar o distorsionar la forma de algunas figuras, pero no está disponible para todas, y algunas formas pueden tener más de un rombo de transformación. Como se ve en la imagen, las estrellas parten de un mismo objeto, pero el de la derecha está modificado respecto al de la izquierda.

Agrupar

Cuando se trabaja con varios elementos que componen una misma figura y no se quiere que, al mover uno por equivocación, se queden atrás otros por no haberlos seleccionado correctamente, se puede optar por agruparlos y hacer que, a partir de entonces, funcionen de manera solidaria.

Nota

Si se transforma un objeto compuesto de varios objetos y estos no estuviesen seleccionados correctamente, podría ser necesario deshacer la operación, ya que el resultado aparecerá desproporcionado o distorsionado.

Para agrupar varios objetos se deben seleccionar estos previamente y seleccionar el comando **Agrupar** en el menú **Organizar,** o teclear su atajo de teclado [Ctrl] + [Alt] + [G]. Estos elementos siguen juntos a partir de ahora, y componen un solo objeto que se selecciona, transforma o elimina de una sola vez.

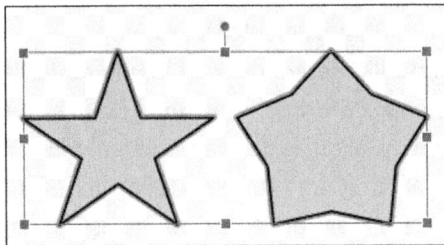

Estrellas agrupadas

Si en algún momento se necesita separar las formas de nuevo para volver a editar alguna de ellas de manera independiente, se puede seleccionar el comando **Desagrupar** del menú **Organizar.** El grupo seleccionado se vuelve a separar en las formas simples individuales que eran en un principio.

Ordenar

Cuando hay varios objetos en el área de trabajo y algunos de ellos se superponen, se puede decidir el orden en que se van a mostrar. Para ello, hay que acudir al submenú **Ordenar** del menú **Disponer.** Antes de ordenar, se debe tener seleccionado uno de los objetos para mandarlo al frente, atrás, etc.

También se puede elegir la posición de unos objetos con respecto a otros, para lo que habría que dirigirse al menú **Organizar,** desplegar el submenú **Alinear** y seleccionar entre las opciones **Izquierda, Centrar** o **Derecha** para alinear horizontalmente, o bien **Arriba, Centro** o **Abajo** para alinear verticalmente.

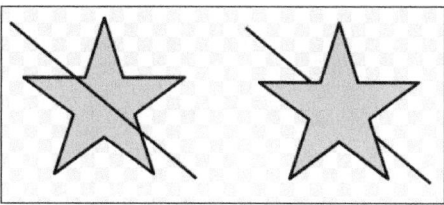

Ejemplo de orden en las formas

Distribuir

Para colocar equidistantemente algunos objetos, deben ser seleccionados y después acudir a la opción **Distribuir** del menú **Organizar.** Se podrá elegir entre distribuir **Horizontalmente** o **Verticalmente.** Inmediatamente se distribuirá el espacio que hay entre ellos.

 Nota

Para distribuir se deben seleccionar previamente al menos tres objetos, ya que con menos de tres no es posible realizar una distribución del espacio. Esto es debido a que se necesitan los dos objetos más alejados para tomarlos como referencia.

Formato de formas

Antes de insertar una forma se puede seleccionar el color del borde y del relleno en la barra de herramientas, así como el formato de las líneas que componen la forma. También puede hacerse una vez creada, seleccionándola e indicando a continuación los nuevos colores deseados.

En la siguiente imagen se observan las herramientas de formato de formas. De izquierda a derecha: **Color de relleno, Color del borde, Grosor del borde** y **Línea del borde.**

Controles de formato de forma

 Aplicación práctica

Le piden que realice un dibujo de un átomo para una clase de ciencias naturales. Debe tener un núcleo y, sobre este, deben verse las distintas órbitas o niveles de energía de los electrones y los electrones mismos, de distinto color que el núcleo. ¿Cómo lo haría?

Continúa en página siguiente >>

<< Viene de página anterior

SOLUCIÓN

Este dibujo se puede hacer en su totalidad con la Forma Óvalo, por lo que solo hay que abrir el menú **Insertar,** desplegar el submenú **Formas** y seleccionar la forma Óvalo. También puede accederse desde la herramienta **Forma** de la barra de herramientas, que despliega el menú de formas.

Para dibujar el núcleo se hará con esta herramienta un círculo en el centro de un color dado.

Para las órbitas se harán varios círculos concéntricos al núcleo, y en cada uno de ellos se desplegará el menú **Color de relleno** y se seleccionará **Transparente.**

Para los electrones se dibujará un pequeño círculo de color distinto al del núcleo por cada órbita y se situará sobre el borde del círculo que representa la órbita.

Formato de un texto

Se puede modificar el formato de un texto mientras se está editando, o bien cuando ya haya sido terminado. Es posible aplicar las características deseadas en cuanto a tamaño, color, cursiva, negrita y justificación.

Se debe seleccionar el texto en el dibujo haciendo clic sobre el cuadro o la forma que lo contiene y utilizar la característica de formato a modificar de la barra de herramientas.

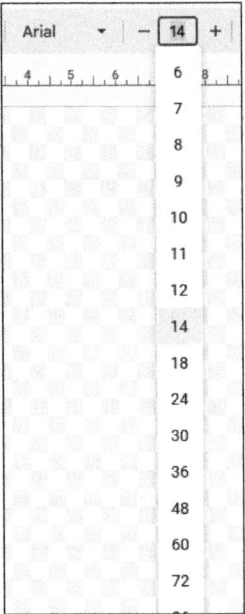

Tamaño de fuente

Posición del texto

Al igual que ocurre con todos los objetos que se insertan en el espacio de dibujo, también se puede desplazar el texto. Solo hay que hacer clic sobre él y, pasando el cursor por encima, aparece un indicador en doble cruz. En este momento, se hace clic sobre el cuadro de texto, se arrastra sin soltar el botón del ratón y finalmente se suelta el botón del ratón para situarlo en la nueva posición.

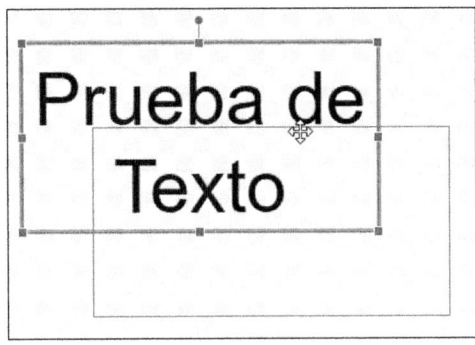

Desplazamiento de un cuadro de texto

Transformar un texto

Si se acerca el cursor del ratón a una de las esquinas o extremos marcados con puntos azules estando seleccionado el cuadro de texto, aparece una flecha con dos extremos. Esta indica que se puede ampliar o reducir dicho cuadro de texto tirando de la esquina seleccionada.

Por último, haciendo clic en el círculo que aparece en la parte superior de la selección, se puede girar el cuadro arrastrando desde este tirador.

Formato de *WordArt*

Como se ha comentado, este tipo de texto es muy peculiar, pues posee cualidades de texto y de forma. A todos los efectos de cambio de tamaño, actúa como una forma. Puede ser modificado del mismo modo que se ha visto para el resto de formas y otros objetos que se añaden desde el menú **Insertar.** Como tal, si es estirado o reducido sin pulsar la tecla [Mayúsculas], podrá incluso perder la proporción. El texto se ajustará rápidamente al nuevo espacio que se delimite.

También se puede modificar el tipo de línea, el grosor del borde o el color de ambos, borde y relleno, desde la barra de herramientas.

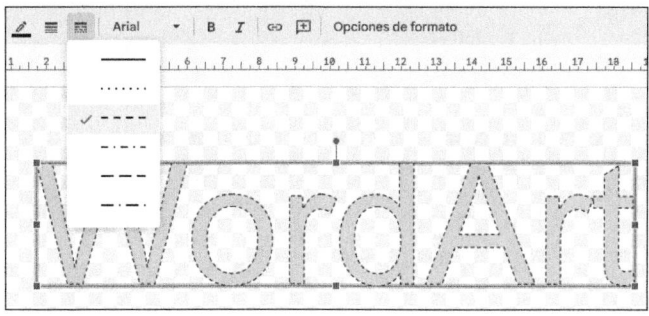

Selección del tipo de línea

Además, a un *Wordart* se le pueden aplicar algunas opciones de formato propias de un texto normal, como la cursiva o el tipo de letra.

Actividades

4. Cambie el tipo de letra y el color de relleno del *WordArt* del dibujo que creó anteriormente. Cambie el color de relleno del árbol genealógico por niveles.
5. Agrupe todas las formas del árbol genealógico para poder moverlo en conjunto. Sitúelo lo más centrado posible.

3.3. Herramientas

Al igual que en otras aplicaciones, existen herramientas a disposición del usuario que le ayudan a dibujar de forma más sencilla. Algunas de ellas se encuentran en el menú **Formato,** y otras, en los menús **Editar** y **Ver.**

Editar

Se debe acudir al menú **Editar** para realizar acciones que modifiquen el dibujo una vez creado o durante su ejecución, así como aquellas que afectan a la propia aplicación.

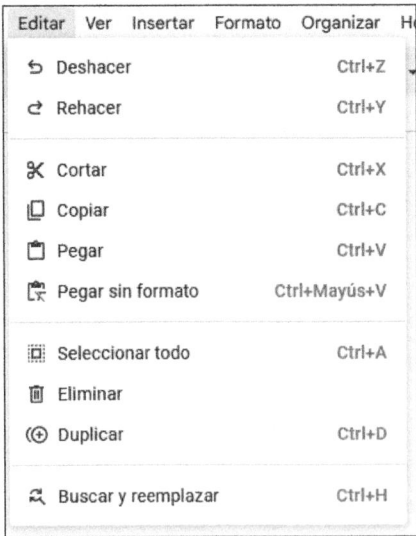

Menú **Editar**

Deshacer y rehacer

Se puede volver a un estado anterior eliminando el último cambio realizado o el último objeto insertado. Cualquier acción puede ser deshecha en caso de equivocación o indecisión, y también rehecha. Para ello, se puede abrir el menú **Editar** o pulsar los botones correspondientes de la barra de herramientas.

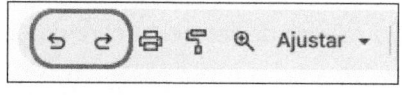

Botones **Deshacer** y **Rehacer**

Recuerde

Se pueden utilizar los atajos de teclado [Ctrl] + [Z] para deshacer y [Ctrl] + [Y] para rehacer.

Copiar, cortar y pegar

En el segundo bloque de opciones del menú **Editar** aparecen cortar ([Ctrl] + [X]), copiar ([Ctrl] + [C]) y pegar ([Ctrl] + [V]). Seleccionando el objeto previamente, se puede copiar en el mismo dibujo o en otro distinto, cortarlo si se desea eliminar para colocarlo en otro sitio, y pegarlo para completar cualquiera de las dos opciones anteriores.

También se pueden utilizar estos comandos para pegar un dibujo en un documento creado por cualquiera de las otras aplicaciones de *Google Drive,* o por un programa diferente. La aplicación de dibujo de *Google Drive* es, precisamente, un complemento que amplía las opciones de dibujo de sus otras aplicaciones.

Eliminar, duplicar y seleccionar

Aparecen dos nuevas opciones en esta aplicación. La opción **Eliminar** permite ejecutar el borrado desde la pestaña, aunque también es posible hacerlo desde el teclado con la tecla [Supr] o [Delete].

La segunda de las opciones es **Duplicar.** Se puede usar este comando para hacer una copia de un elemento que previamente se haya seleccionado. Al duplicar, la copia aparece un poco desplazada con respecto al anterior, y con las marcas de selección para que pueda ser desplazada al lugar deseado.

 Nota

Puede utilizarse esta opción para duplicar un objeto evitando hacer "Copiar" y "Pegar", dejando estas últimas acciones para copiados y pegados múltiples.

Otra opción es el comando **Seleccionar todo,** que ofrece una vía rápida para la selección de todos los elementos del dibujo, complementando a las formas de selección que se explicaron en el apartado anterior.

Ver

En el menú **Ver** se puede elegir la opción de visualización deseada. Podemos utilizar las opciones del **Menú Zoom** para ampliar o reducir el campo de visión acercando o alejando el dibujo. Aparecen porcentajes estandarizados: 50 %, 100 % y 200 % que, respectivamente, reducen el dibujo -las opciones menores a 100 %-, ajusta a tamaño real -100 %- y amplían el dibujo -tamaños mayores de 100 %-. La primera opción, Ajustar, adapta el dibujo a la resolución de pantalla configurada en el ordenador.

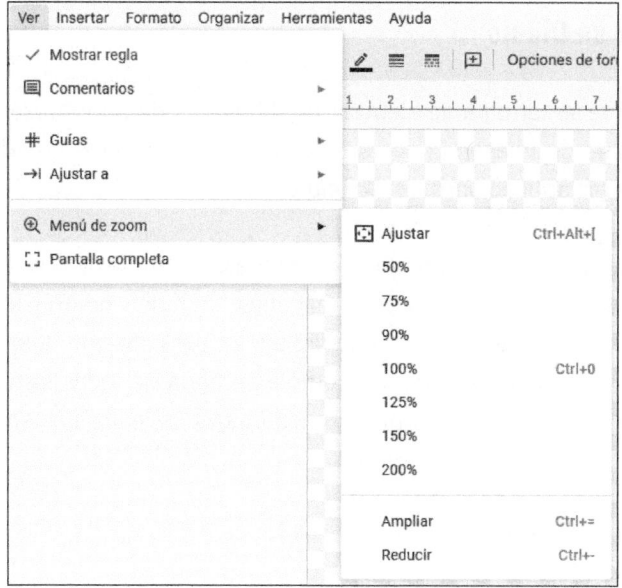

*Menú **Ver***

En esta aplicación la rueda del ratón no hace un *zoom* en tiempo real como acostumbra en otras aplicaciones. Para esta tarea existe la opción de **Ampliar** y **Reducir,** y sus atajos de teclado. Al ejecutarlas, el dibujo se hace más pequeño en el caso de la reducción y más grande en el de la ampliación. Si se ha ampliado tanto que excede el área de la pantalla, aparecen las barras de desplazamiento horizontal y vertical con las que puede desplazar el dibujo para visualizar unas u otras zonas.

También en la barra de herramientas se puede utilizar el botón de **Zoom.** En este caso, por defecto, siempre aparece como *zoom* de ampliación y, por tanto, una vez activada la herramienta, cada vez que se hace clic con el botón izquierdo del ratón sobre el dibujo, este se amplía. Para reducirlo, se hará clic sobre el dibujo con el botón derecho del ratón.

El botón de la flecha en la barra de herramientas sirve para salir de cualquier otro comando que se esté utilizando, como por ejemplo el de inserción de formas o líneas, y volver al **modo de selección** del ratón.

4. Finalizar un Dibujo

Una vez que se termina de elaborar un dibujo puede imprimirse, exportarse a algún formato de imagen conocido y compatible con otros programas, o insertarse en otras aplicaciones de *Google Drive.*

Cuando se describió el trabajo en el procesador de textos, se explicó que este podía ser complementado con imágenes. También ocurría lo mismo en las hojas de cálculo y en las presentaciones. Es por esto que la aplicación de **Dibujo** de *Google Drive* es auxiliar y complementaria de todas las demás, y se pueden insertar en el resto de aplicaciones imágenes realizadas en ella.

4.1. Imprimir

Se puede imprimir el dibujo o gráfico que se ha realizado en la aplicación de Dibujos de forma independiente. Es conveniente utilizar la opción **Configuración de impresión** y **Vista previa** del menú **Archivo** para asegurarse de que todo está correcto antes de obtenerlo en papel.

Vista previa

Se puede obtener una vista previa de la impresión que se maneja igual que en el resto de aplicaciones vistas hasta ahora. En el margen inferior se puede hacer *zoom* en la imagen, aunque no se puede navegar por las distintas páginas, pues en esta aplicación solo existe una por archivo.

 Nota

Si se ha insertado texto en el dibujo, se puede utilizar el buscador al igual que se hacía en las demás aplicaciones de *Google Drive.*

Cuando se compruebe que todo está correcto en la vista previa, se podrá pulsar el botón **Imprimir** directamente para enviarlo a la impresora, o bien en **Cerrar vista previa** para volver a la aplicación y hacer modificaciones.

Botones de la vista previa

4.2. Exportar

Exportar significa guardar el dibujo como un formato de archivo de imagen. Se debe pulsar el comando **Descargar** del menú **Archivo** y elegir la extensión del archivo que se desea obtener: ".png", ".jpg", ".svg" o ".pdf".

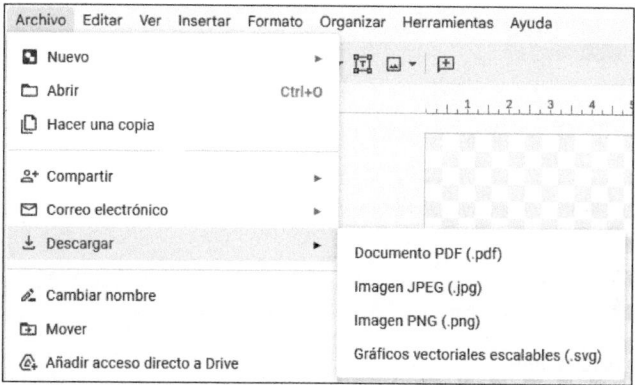

*Opción **Descargar como***

Estos archivos, cada uno con sus extensiones y especificaciones, son compatibles con distintos programas, donde pueden ser insertados para completar un documento.

4.3. Compartir y publicar

Al igual que en las aplicaciones de textos, hojas de cálculo y formularios y presentaciones, se puede compartir el dibujo con más usuarios para su edición o simplemente para su visualización. Pulsando el botón **Compartir** se pueden definir las características para el uso compartido. También es posible publicar el dibujo en la web mediante el submenú **Compartir** del menú **Archivo.** De esta manera, *Google Drive* ofrece un enlace público a través del cual se puede acceder hasta él.

En la publicación se podrá seleccionar el tamaño de la imagen.

 **Actividades**

6. Descargue el dibujo creado anteriormente al equipo local en formato ".jpg".

Aplicación práctica

Imagine que le encargan hacer un dibujo para realizar un comentario en el cuadro de *Las Meninas de Velázquez,* ya que se usará para una diapositiva de una clase de Historia del Arte. Debe quedar como en la siguiente imagen:

¿Cómo debe proceder para realizarlo?

SOLUCIÓN

Una vez dentro de la aplicación de dibujo, se hace clic en **Insertar** → **Imagen** y se abrirá la ventana en la que habrá que indicar por qué medio se va a obtener la imagen señalada. Se busca la imagen a través de *Google.*

Se escribe en el recuadro de búsqueda las palabras "Las Meninas de Velázquez" y se pulsa [Intro].

Se escoge una imagen de entre todos los resultados que se muestran y se hace clic en el botón inferior de la ventana **Seleccionar.**

La imagen aparecerá en su hoja de dibujo marcada por los símbolos para desplazar, transformar o girar. Sin deseleccionarla, se coloca en la posición que se desee y se modifica su tamaño si fuese conveniente. Para señalar y escribir sobre la imagen se debe hacer haga clic en **Insertar** → **Forma** y se selecciona un círculo. Se dibuja el círculo en el lugar adecuado y se le da formato a la forma.

Continúa en página siguiente >>

<< Viene de página anterior

Se inserta ahora un cuadro de texto y a continuación se describe con el ratón un recuadro en el que podrá empezar a escribir el texto.

Ahora se dibuja la flecha que une el texto con el círculo al que se refiere. Para ello, se hace clic en **Insertar** → **Línea** → **Flecha** y se observa que, si se acerca a ambos elementos (cuadro de texto y círculo), se marcan puntos en los que puede iniciar y acabar la línea de la flecha. Es posible cambiar el color y grosor de la flecha, así como el tipo de puntero desde la barra de herramientas, con ella seleccionada.

---

5. Resumen

La aplicación Dibujos de *Google* es muy sencilla y está pensada como herramienta auxiliar para crear dibujos que después se puedan utilizar en otros documentos. Los dibujos se guardan con un formato propio, pero también puede importar imágenes, y utilizar plantillas.

Los dibujos, como el resto de documentos de *Drive,* se guardan automáticamente al realizar cambios en ellos. No obstante, se pueden crear copias o exportarlos a formatos de otras aplicaciones para bajarlas al ordenador local.

En los dibujos se pueden utilizar todos los tipos de objetos vistos en las anteriores aplicaciones, como cuadros de texto, líneas, formas e imágenes.

Se puede cambiar el formato y la apariencia de los textos, formas e imágenes.

Finalmente se pueden imprimir los dibujos o exportarlos a otros formatos, publicarlos directamente en la web o compartirlos con colaboradores.

 Ejercicios Prácticos

1. Inserte distintas formas con textos tal y como se muestra a continuación.

2. Escriba un texto y acompáñelo de un título en *WordArt* como en el ejemplo que se muestra.

Lorem ipsum

Lorem ipsum dolor sit amet, consectetur adipiscing elit. Proin magna felis, ultrices fermentum accumsan vel, bibendum ut nunc. Donec pulvinar auctor molestie. Sd sem lectus, adipiscing sit amet fermentum vitae, volutpat sit amet ante. In hac habitasse platea dictumst.

3. Inserte una estrella de cinco puntas y duplíquela. Transforme las estrellas para que al final queden como en la imagen.

Ejercicios de repaso y autoevaluación

1. **¿Se pueden hacer varios dibujos en un mismo archivo?**

   a. No, solo se puede insertar una forma o un texto por hoja y, por tanto, por documento de dibujo de *Google Drive*.
   b. Puede insertar tantas hojas como necesite, al igual que en el resto de aplicaciones de *Google Drive*.
   c. Sí, puede insertar tantas formas o textos como desee dentro del espacio de dibujo, e incluso exportar los dibujos de forma independiente.
   d. Puede insertar tantas formas o textos como desee, pero todos ellos contarán como un dibujo, y serán exportados como un único archivo de imagen.

2. **¿Se puede utilizar un dibujo creado en *Google Drive* con otros programas?**

   a. Sí, siempre y cuando sean aplicaciones del propio *Google Drive*.
   b. No, si lo ha hecho en *Google Drive* solo podrá publicarlo en internet.
   c. Sí, puede descargarlo en un formato compatible con otros programas.
   d. Sí, pero previamente tiene que imprimirlo e insertarlo como imagen.

3. **Al desplazar una de las formas de su dibujo, observa que todas las demás se mueven al mismo tiempo y en la misma dirección. ¿Cuál puede ser la causa y qué habrá de hacer para impedirlo?**

   a. Las figuras se mueven automáticamente para reordenar de forma equitativa el espacio existente entre ellas. Inserte más formas y el dibujo terminará de ajustarse solo.
   b. Que haya duplicado una figura, por lo que siempre se moverán a la vez. Para que sean independientes, siempre habrá de crear las formas desde cero.
   c. Que todas las figuras estén agrupadas y actúen como un solo objeto, por lo que para desplazarlas o transformarlas de forma independiente habrá que desagruparlas primero.
   d. No es posible mover ni transformar a la vez más de una figura, a menos que las seleccione una a una con el ratón manteniendo pulsada la tecla [Ctrl].

4. **¿Qué puede haber ocurrido si, de repente, deja de ver un objeto en pantalla que hace unos instantes estaba allí? ¿Qué opción u opciones son correctas?**

    a. Puede que esté escondido detrás de otro objeto que haya dibujado después.

    b. Puede que le haya asignado un fondo y un contorno de color transparente, por lo que será literalmente invisible.

    c. Puede que lo haya eliminado sin querer al tenerlo agrupado junto a otro objeto que ha eliminado voluntariamente.

    d. Simplemente habrá desaparecido al haberse llegado al límite de elementos.

5. **Indique si las siguientes afirmaciones son verdaderas o falsas:**

    a. Se puede girar un cuadro de texto haciendo clic y arrastrando el círculo superior que aparece al seleccionarlo.

        ☐ Verdadero
        ☐ Falso

    b. Para que una forma incluya un texto es necesario crear un cuadro de texto y situarlo encima de la forma, ya que las formas no incluyen texto propio.

        ☐ Verdadero
        ☐ Falso

6. **¿Puede escribir texto sobre un rectángulo de color negro?**

    a. No, el texto tiene que ir sobre la hoja directamente.

    b. Sí, pero habrá de cambiar el color de la fuente del texto para que resalte, porque por defecto será también de color negro y no se verá, y asegurarse de que ambos elementos, rectángulo y cuadro de texto, estén ordenados correctamente en el dibujo, para que el primero no tape al segundo.

    c. No, pues el color negro del rectángulo hace que el texto no pueda leerse de ninguna manera.

    d. Sí, pero siempre tiene que dibujar el rectángulo primero para que el texto se escriba encima.

7. ¿Se puede cambiar el color del fondo de la hoja sobre la que se dibuja?

    a. Sí, se puede escoger la opción **Fondo** de la pestaña **Formato** y definir el color que desee.

    b. No, la hoja siempre es transparente para que se vean todos los objetos.

    c. Sí, pero tendría que hacer un recuadro que la ocupase por completo y rellenarlo del color que quiera.

    d. No, pero podrá hacerlo al importar el dibujo con otra aplicación.

8. Explique cómo se puede aumentar el tamaño de los objetos de un dibujo.

_____

_____

_____

_____

9. ¿En cuáles de los siguientes formatos puede exportar y descargar un dibujo en la aplicación Dibujos de *Google?*

    a. JPG

    b. PNG

    c. SVG

    d. PDF

10. Indique si las siguientes afirmaciones son verdaderas o falsas:

    a. Se puede publicar un dibujo de *Drive* únicamente en el tamaño original; no se podrá elegir el tamaño al publicar.

        ☐ Verdadero

        ☐ Falso

    b. Dibujos de *Google* permite previsualizar el dibujo creado pero no imprimirlo; para imprimirlo debe incluirse en un documento.

        ☐ Verdadero

        ☐ Falso

Unidad Didáctica 7
Comunicación en línea

Contenido

1. Introducción

Ya se ha visto en unidades anteriores el sistema de ayuda de *Google Drive*, pero en esta unidad se va a profundizar más en este sistema.

El sistema de ayuda de *Google Drive* se basa fundamentalmente en una buena cantidad de artículos realizados por el equipo de expertos de *Google* y el foro de la comunidad de usuarios, donde también colaboran expertos.

Mediante el panel de Ayuda se podrá buscar rápidamente entre los artículos de ayuda incluidos por *Google,* y también permitirá ir a la página de ayuda para realizar una búsqueda por temas.

El foro de ayuda permite buscar mensajes con problemas surgidos a otros usuarios que pueden ser de gran utilidad, ya que, probablemente, los problemas o dudas que puedan surgir le habrán surgido ya a otros usuarios y en los hilos del foro se podrá encontrar la solución que previamente hayan podido explicar otros usuarios.

2. Centro de asistencia de *Google Drive*

En la página principal de *Google Drive* a la que se accede cuando un usuario se identifica para usar estas aplicaciones o cuando se registra por primera vez, aparece un botón de **Asistencia** situado junto al botón **Configuración** de la parte superior derecha.

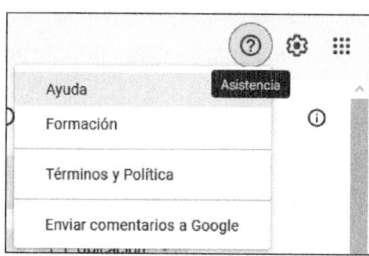

Menú Configuración

Si se selecciona el comando **Ayuda** se abrirá el panel de **Ayuda,** donde se puede buscar respuesta o soporte para todas aquellas dudas que surjan sobre la utilización de las aplicaciones.

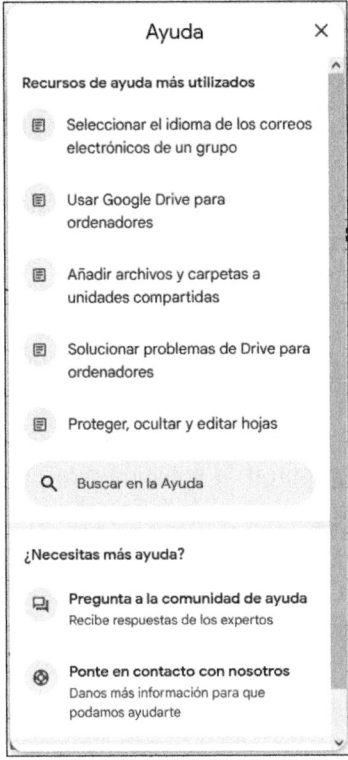

Panel de **Ayuda**

En este panel aparece, en la parte inferior, el campo **Buscar en la ayuda** donde se pueden introducir los términos relativos a la información que se necesita, con lo que aparecerían los temas que concuerden con los términos en el mismo panel de **Ayuda.**

Además, en la sección **Recursos de ayuda más utilizados,** situada en la parte superior del panel, aparecen los temas de ayuda más populares, con lo que se podrá consultar rápidamente uno de estos temas que son los más recurrentes.

Bajo el campo de búsqueda aparece la sección **¿Necesitas más ayuda?,** donde se podrá acudir si no se ha dado respuesta a las dudas al realizar una búsqueda.

En esta última sección tenemos la opción **Pregunta a la comunidad de ayuda,** donde se podrá especificar la ayuda que se necesite para que en los foros puedan ayudar otros usuarios o los administradores de la comunidad de ayuda.

La opción **Ponte en contacto con nosotros** abre una página en el mismo panel de **Ayuda** donde se podrá indicar a *Google* el problema que ha surgido y no se puede resolver con la ayuda.

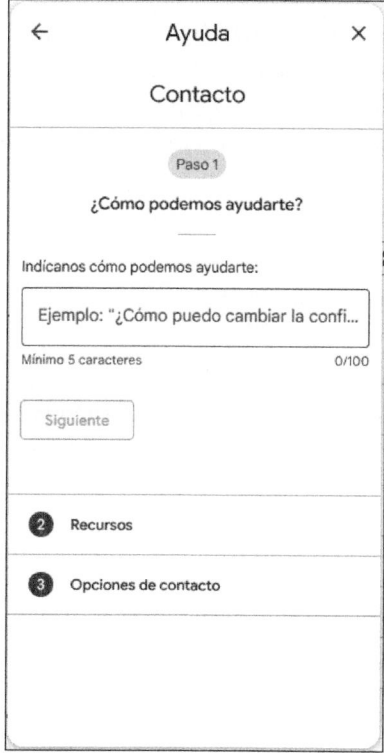

Contactar con Google

3. Ayuda de otros usuarios

Comunidad de ayuda de *Google Drive* sigue la tónica general de todas las aplicaciones de *Google Drive,* donde se prima el uso colaborativo o en equipo. De esta forma, al acceder al foro se estará entrando en un espacio virtual organizado temáticamente donde se pueden leer preguntas que ya hayan sido formuladas por otros usuarios, se pueden contestar preguntas, o publicar consultas propias y compartir trucos o consejos sobre la herramienta.

3.1. Acceder a la Comunidad de Ayuda

Para acceder a la **Comunidad de ayuda de *Google Drive*** se puede ir al **Centro de asistencia de *Google Drive*** (< https://support.google.com/drive>) y pulsar sobre la pestaña **Comunidad** en la zona superior izquierda, lo que abrirá la página. También se podrá dirigir directamente a la comunidad utilizando en nuestro navegador la URL <https://support.google.com/drive/community>.

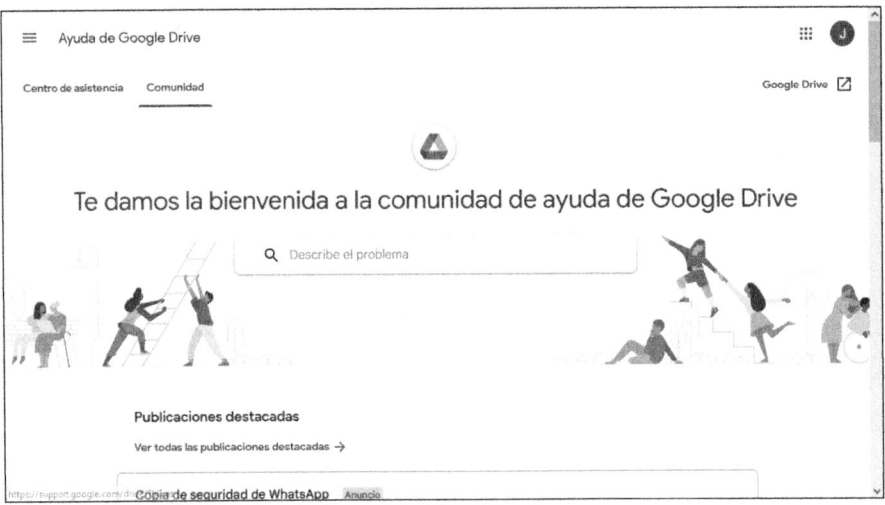

Comunidad de ayuda de Google Drive

Como se ha visto, se puede buscar directamente un tema de ayuda en el panel **Ayuda,** pero si se quiere navegar por los distintos temas de ayuda que ofrece Google sobre Drive e incluso otras aplicaciones de *Google,* se podrá seleccionar el botón **Formación** del menú de **Asistencia,** lo que abrirá la página del Centro de asistencia de Google, con lo que se podrá navegar por toda la ayuda de *Google* a pantalla completa más cómodamente.

Centro de asistencia de Google

Desde esta página se deben buscar los temas relacionados con *Google Drive* o consultar los temas de ayuda de otros productos de *Google.*

Se puede también acceder directamente al **Centro de asistencia de Google Drive** introduciendo en el navegador la dirección <https://support.google.com/drive> lo que abrirá directamente la página de ayuda específica de Google Drive, donde se podrán buscar los temas de ayuda específicos de *Google Drive* sin confundirse con otras aplicaciones de *Google.*

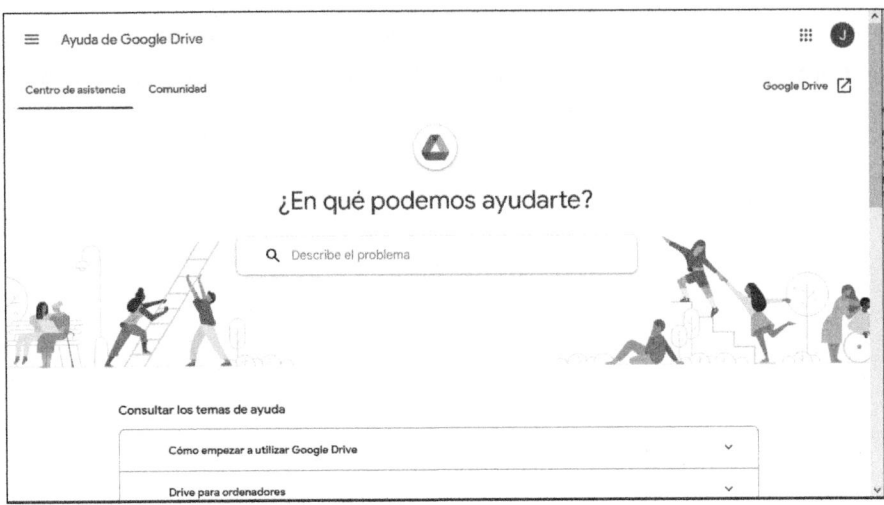

Ayuda de Google Drive

Como se puede ver, nos aparece un campo de búsqueda para buscar temas de ayuda al igual que ocurría en el panel de **Ayuda** y una lista de temas de ayuda debajo, donde se podrá ir desplegando temáticas y seleccionando artículos de ayuda.

En esta página aparece en la parte superior un cuadro de búsqueda llamado *Describe el problema* donde se podrá indicar términos para buscar en la ayuda.

Justo debajo existe una sección llamada **Publicaciones destacadas** donde aparecen un conjunto de temas fijados que los administradores de la página han considerado de interés, por lo que siempre aparecen al principio de la página. Este grupo puede desplegarse con el enlace **Ver todas las publicaciones destacadas,** ya que en principio solo aparecen unos pocos.

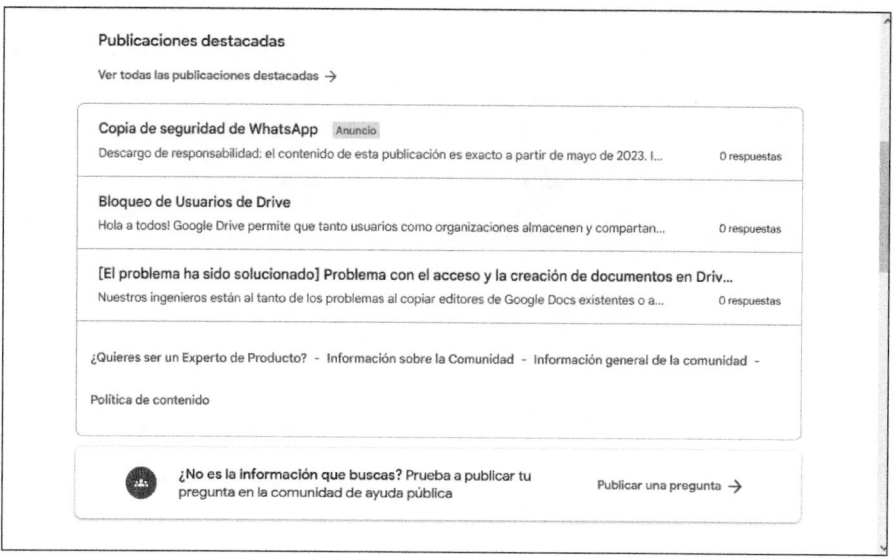

Publicaciones destacadas

Bajo este grupo aparece la sección **Vídeos,** donde se podrá ver una serie de videos de ayuda sobre utilidades de *Google Drive.* También cuenta con el enlace Ver todos los videos que abre los videos de ayuda, ya que en principio solo muestra los más destacados.

Después aparece la sección **Categorías,** donde se muestran las consultas hechas en la comunidad organizadas por categorías. Podemos seleccionar una de estas consultas para visualizarla. En cada consulta aparece información sobre el usuario que ha realizado cada una de las consultas, si han sido contestadas y cuántas veces, la fecha de la pregunta y de la última respuesta.

Se puede seleccionar el enlace para ver **Todas las publicaciones,** o pulsar el enlace **Ver todo** en una categoría para ver las publicaciones relativas a dicha categoría.

Vídeos y Categorías

Al entrar en **Todas las publicaciones,** o en **Ver todo** de una categoría, aparecen las distintas publicaciones y un conjunto de filtros a la derecha de la página. Estos filtros permiten filtrar los temas a mostrar a nuestro gusto. Se pueden seleccionar el **Tipo de pregunta,** las **Categorías** que se desean ver, el sistema operativo sobre el que se quiere ver publicaciones e incluso indicar palabras clave en el cuadro **Tiene palabras.** Conforme se van indicando criterios en los filtros, las publicaciones se van filtrando automáticamente.

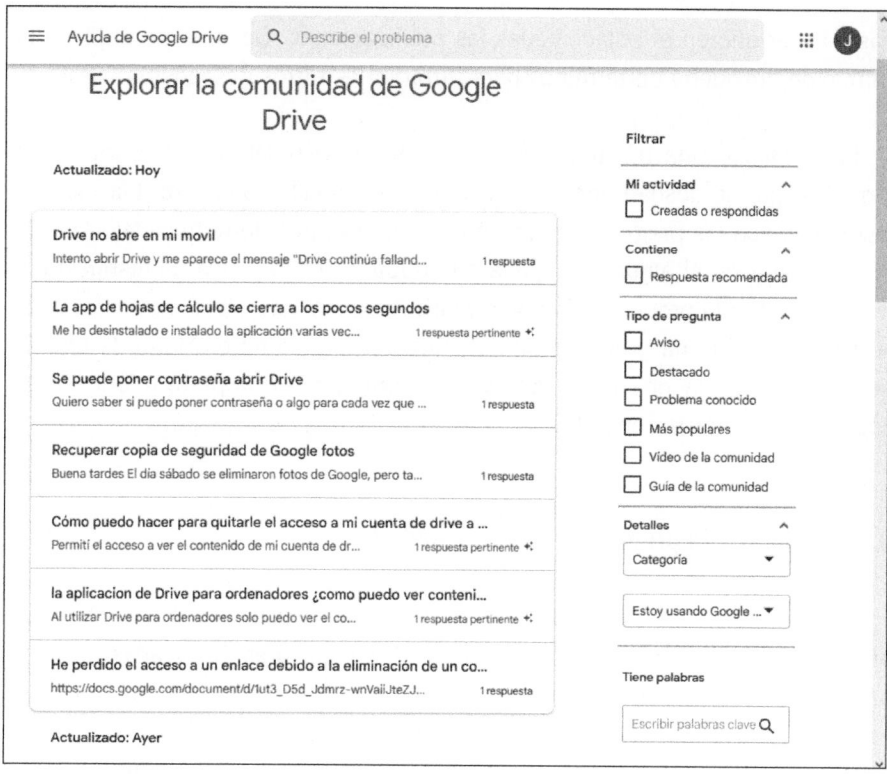

Filtros de publicaciones

Actividades

1. Acceda a la ayuda de desde la página principal de *Drive* e investigue los distintos temas que aparecen en la página de ayuda de *Drive*.
2. Diríjase a la comunidad de ayuda de *Google Drive* y consulte los temas fijados allí.

3.2. Buscar preguntas en la Comunidad de ayuda

La finalidad de la **Comunidad de ayuda** es poder publicar preguntas y respuestas dentro de la comunidad de todos los usuarios de *Google Drive*. Para iniciar una búsqueda de las preguntas habrá que dirigirse a la sección **Catego-**

rías y hacer clic en el enlace **Todas las publicaciones.** Después se utilizará el campo de búsqueda de términos para filtrar, o los filtros deseados.

Para realizar una búsqueda en el campo **Tiene palabras,** se escriben los términos que se desean encontrar y se pulsa [Enter]. Aparecerá una lista de resultados con las preguntas relacionadas que hayan sido publicadas. Así podrán leerse y ver si alguna se ajusta a la duda buscada y sirve la respuesta, o responder en ella proponiendo algún matiz o expresando algún comentario. Si no se encuentra una pregunta que se ajuste al problema o a la duda que se tiene, se puede hacer clic en **Publicar una pregunta** en la parte inferior de la página, y redactar la consulta.

3.3. Publicar una pregunta en la comunidad

Para formular una pregunta en la comunidad, se debe pulsar el botón **Publicar una pregunta** que hay bajo la sección **Publicaciones destacadas.** Se abre una nueva ventana donde se puede introducir un breve resumen del problema como título, una explicación más detallada y asignarle una categoría a la pregunta. Después se tendrán otros tres pasos hasta publicar la pregunta.

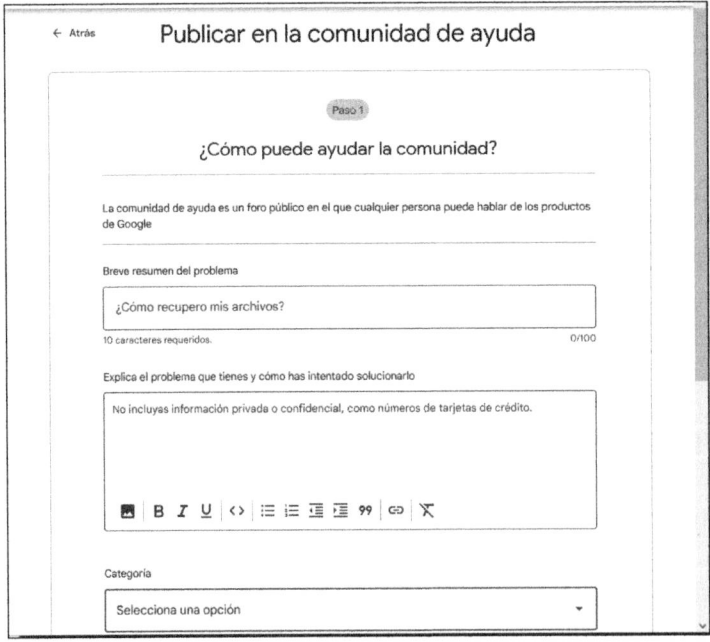

Publicar en la comunidad de ayuda

Se puede publicar una pregunta en la comunidad directamente desde el panel de **Ayuda** de *Google Drive,* como vimos anteriormente, seleccionando la opción **Pregunta a la comunidad de ayuda,** así que veremos todo el proceso desde este panel, ya que es más cómodo publicar una pregunta en la comunidad desde el panel de **Ayuda** en lugar de navegar hasta la comunidad de ayuda.

La publicación de una pregunta en la comunidad consta de un asistente de cuatro pasos donde se irán ofreciendo distintas opciones para afinar la pregunta y el contexto. En el primer paso debemos escribir un **Breve resumen** a modo de título, y después se debe **Explicar el problema,** mediante un texto que será el cuerpo de la pregunta en la comunidad de ayuda. Este campo permite también adjuntar un archivo o imagen. Se debe también seleccionar una **Categoría** del problema entre varias opciones posibles para afinar más la pregunta. Una vez completados se debe pulsar el botón **Paso siguiente** para acceder al segundo paso.

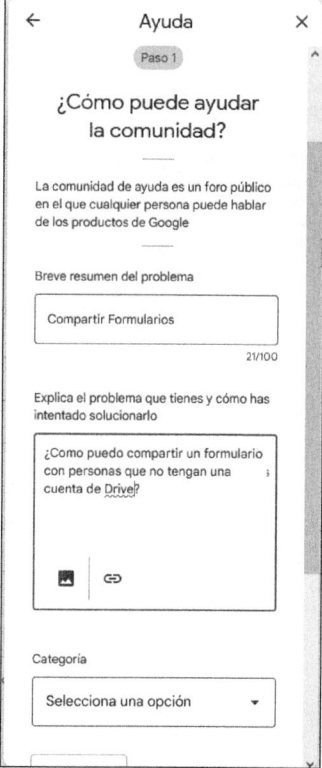

Primer paso de Publicar en la comunidad de ayuda

En el segundo paso el asistente ofrece varios temas de ayuda relacionados con nuestra pregunta por si alguno de ellos resuelve la duda. Si es el caso, no se tendrá más que hacer clic en el tema deseado, si no resuelve la duda habrá que p el botón **Paso siguiente.**

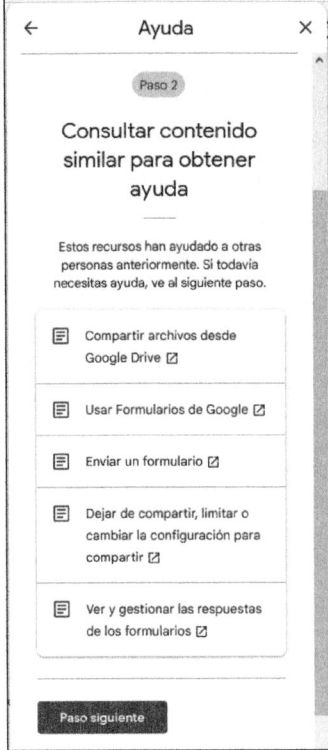

Segundo paso de Publicar en la comunidad de ayuda

En el tercer paso se deberá indicar el contexto donde se usa *Google Drive,* por si fuese de ayuda para concretar una respuesta. Se debe desplegar la lista **Estoy usando Google Drive** en y seleccionar el sistema operativo donde se utiliza Drive de entre varios sistemas operativos de ordenadores o dispositivos móviles, como *Mac, Windows, Android, iOS,* etc.

Tercer paso de Publicar en la comunidad de ayuda

En el cuarto y último paso, únicamente hay que confirmar que deseamos publicar la pregunta pulsando el botón **Publicar** para que el mensaje se envíe a la comunidad de ayuda y esperar a que algún usuario que pueda ayudar conteste.

En el cuarto y último paso, únicamente hay que confirmar que deseamos publicar la pregunta pulsando el botón **Publicar,** para que el mensaje se envíe a la comunidad de ayuda y esperar a que algún usuario que pueda ayudar conteste.

Si se marca la opción **Recibir correos cuando alguien responda,** se recibirá un correo de forma instantánea cuando alguien participe en el tema. La opción **Nombre visible** hace que la pregunta una vez publicada en el foro aparezca con el nombre que hemos indicado aquí haciendo posible visualizar su perfil público. Este nombre se puede cambiar pulsando el botón **Editar nombre visible** que aparece a la derecha del nombre de usuario.

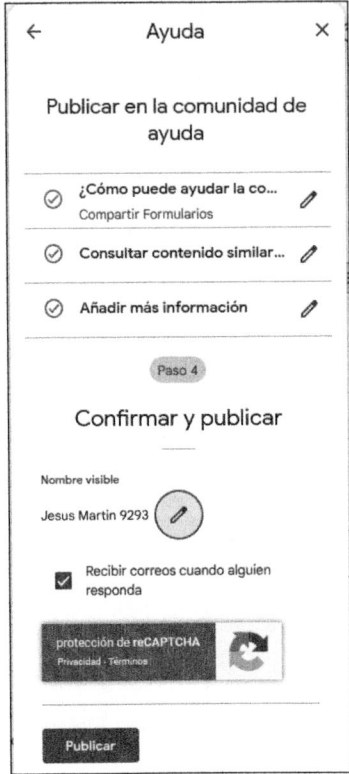

Cuarto paso de Publicar en la comunidad de ayuda

En la comunidad se podrá ver la pregunta publicada y, junto a ella, se mostrará la foto de perfil del usuario si ha sido introducida, el nombre de usuario y la fecha de la publicación.

Para visualizar la pregunta simplemente se hace clic sobre ella la lista de preguntas de la comunidad. También se puede editar la pregunta desplegando el menú **Acciones,** donde se puede optar por actualizarla o suprimirla, entre otras opciones.

Pregunta publicada en la comunidad de ayuda

Cuando se publica alguna pregunta o se ha participado en algún debate abierto, se podrá realizar una búsqueda rápida dentro de los filtros en la sección **Mi actividad,** marcando la casilla "Creadas o respondidas".

 **Nota**

Para destacar un debate no hay más que hacer clic en el botón **Suscribirme** que aparece bajo la pregunta. Suscribirse a una pregunta es muy útil para volver a encontrarlo de forma rápida en posteriores visitas, para saber si alguien más ha participado o si han aportado soluciones.

Si ya existe la pregunta, o se desea saber algún dato más sobre la misma, no debe crearse una nueva pregunta, pues se estará duplicando la información. Es mejor tener centralizados todos los debates sobre el mismo tema en un solo punto.

3.4. Responder una pregunta de la comunidad

Puede que, tras realizar la búsqueda de alguna de las formas especificadas, se encuentre una pregunta a la que se pueda responder. En ese caso, se puede pulsar el botón **Responder** y completar el cuadro para la respuesta que aparece, que es muy parecido al de publicar pregunta, y publicar una respuesta. La persona que publicó la pregunta, si marcó la opción del aviso mediante correo electrónico, recibirá el correspondiente aviso de que un usuario ha contestado a dicha pregunta.

Responder a una pregunta en la comunidad de ayuda

Esta es otra de las maneras de trabajar en equipo de *Google Drive.* Entre todos los usuarios se realizan y se responden preguntas, creando este espacio de ayuda mutua que beneficia a toda la comunidad.

4. Ayuda en las aplicaciones de *Google Drive*

Tal y como se ha comentado previamente, cada una de las aplicaciones de *Google Drive* cuentan con un menú de **Ayuda** en sus ventanas. Se puede obtener información desde la ayuda general, pero si se ejecuta la ayuda desde cada uno de los menús de ayuda propios de las aplicaciones, se podrán acotar más las búsquedas.

Por regla general, este menú ofrece las siguientes opciones para las aplicaciones de trabajo con documentos, trabajo con presentaciones y trabajo con dibujos.

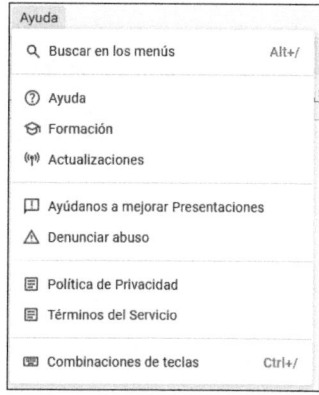

*Menú de **Ayuda** de la aplicación Documentos*

La opción **Buscar en los menús** buscará entre los menús de la aplicación el comando que introduzcamos y lo mostrará para activarlo. Esto es muy útil cuando se sabe el comando que se quiere utilizar, pero no se recuerda el menú o submenú de la aplicación en que se encuentra.

Las tres opciones siguientes abren el panel de **Ayuda** que ya hemos visto cómo utilizar o se dirigen al centro de asistencia de *Google*.

Después hay dos opciones para **Informar de un problema,** que permiten enviar comentarios sobre las aplicaciones a *Google* e informar de problemas o errores.

Google Drive. Trabajando en la nube

Además, para la aplicación de trabajo con hojas de cálculo y formularios, aparece la ayuda de la **Lista de funciones** que se pueden utilizar.

La última opción del menú es **Combinación de teclas,** que abre un listado con todos los atajos que se pueden emplear para hacer un uso más operativo de las distintas herramientas de las aplicaciones. Para cada una de las aplicaciones habrá, además de los de uso general, algunos aplicados a sus herramientas particulares.

 Actividades

3. Haga una consulta a la comunidad de ayuda a la aplicación de escritorio de *Drive,* o bien busque mensajes relativos a ella.
4. Examine las funciones relativas a fechas y horas que ofrece la aplicación Hoja de cálculo de *Google.*

5. ¿Te resultó útil?

Google Drive intenta crear en todo momento una comunicación directa con el usuario, de modo que su opinión es muy importante para las mejoras de *Google.*

Cuando se busca un tema de ayuda, al final del documento, siempre se hace la misma pregunta al usuario: **"¿Te ha sido útil esta información?".** Se puede contestar rápidamente pulsando sobre los botones **Sí** o **No.**

Contestando a la pregunta con un Sí se hará al artículo más popular para ayudar al resto de los usuarios. *Google Drive* marca la mejor respuesta en cada tema, lo cual ayuda a los demás a encontrar las respuestas más adecuadas a sus preguntas.

6. Resumen

La ayuda de *Drive* se obtiene fundamentalmente a través del panel de **Ayuda** que puede abrirse desde la página principal de *Drive* mediante el menú **Asistencia** o desde cualquiera de las aplicaciones en el menú **Ayuda.**

El Centro de Asistencia de *Google Drive* puede abrirse desde el panel de **Ayuda,** y se basa fundamentalmente en una buena cantidad de artículos realizados por el equipo de expertos de *Google.*

Cada artículo de ayuda cuenta con *feedback,* ya que se puede responder a la pregunta de si ha resultado de utilidad, lo que ayuda a que los expertos de *Google* puedan mejorar los artículos en el futuro y que sean más visibles los artículos de ayuda más populares.

A la comunidad de ayuda se puede acceder desde el panel de **Ayuda** de *Drive,* y permite buscar mensajes con problemas surgidos a otros usuarios que pueden resultar de ayuda o incluso realizar consultas para que otros usuarios presten la suya.

Ejercicios de repaso y autoevaluación

1. ¿Puede resolver dudas concretas desde *Google Drive?*

    a. Sí, solo si aparecen en los artículos recomendados.
    b. No, debe escribir al servicio técnico.
    c. Sí, existen varias herramientas de ayuda disponibles.
    d. No, pero puede consultar las ayudas de otros programas similares.

2. ¿Puede hacer preguntas y obtener respuestas de otros usuarios?

    a. Sí, solo si les pregunta por correo electrónico.
    b. Sí, a través de la comunidad de ayuda.
    c. Sí, enviando las consultas al servicio técnico para que las publique en el boletín de noticias.
    d. No, pues existen múltiples secciones de ayuda que resolverán todas sus dudas.

3. Si tiene una duda concreta sobre hojas de cálculo, ¿a qué lugar o lugares puede dirigirse para consultarla?

    a. Al panel de Ayuda.
    b. A la página de Ayuda de Drive.
    c. A la comunidad de Ayuda.
    d. Todas las opciones son correctas.

4. ¿Cuál es la manera correcta de proceder en la comunidad de ayuda?

    a. Publicar todas las preguntas que se le ocurran, aunque estén repetidas, para que *Google* sepa que hay más usuarios teniendo los mismos problemas.
    b. No publicar nada a menos que sea un informático experto en la aplicación.
    c. Comprobar si la duda que le ha surgido ya ha sido planteada y resuelta por algún otro usuario y, en caso contrario, publicarla en un mensaje nuevo.
    d. Tratar de buscar respuestas a sus dudas, pero no publicar nada nuevo, pues si no ha sido resuelto ya, nadie va a responder.

5. Explique cómo puede visualizar en la comunidad de ayuda de *Drive* los mensajes de temas iniciados por usted.

_____

_____

_____

_____

6. Indique si las siguientes afirmaciones son verdaderas o falsas:

    a. Para ver la lista de atajos de teclado de *Drive* se podrá acudir al menú de ayuda de cualquiera de las aplicaciones de *Drive*.

        ☐ Verdadero
        ☐ Falso

    b. Para ver la lista de funciones de las hojas de cálculo se podrá acudir al menú de ayuda de cualquiera de las aplicaciones de *Drive*.

        ☐ Verdadero
        ☐ Falso

Unidad Didáctica 8

Más allá de Google Drive

Contenido

1. Introducción

Hasta ahora se han descrito ampliamente todas las aplicaciones de *Google Drive* y la gran cantidad de documentos de distintos tipos que pueden crearse, editarse y compartirse con ellas. Tal y como se ha mostrado, *Google Drive* va un paso más allá de las aplicaciones tradicionales para el trabajo de documentos, pues incorpora dos nuevas dimensiones: el trabajo "en la nube" y el trabajo colaborativo o la publicación. Si a esto se le añade el hecho de que es compatible con muchos otros programas y genera formatos comunes, y que además pueden ampliarse sus posibilidades con más opciones de pago y con opciones de trabajo sin conexión a internet, se obtiene una herramienta realmente útil, sencilla y completa, en constante evolución. A continuación, se describen alguna de las cualidades que no han sido desarrolladas anteriormente, relacionadas con el trabajo con documentos.

2. Compatibilidad con otros programas

Google Drive funciona en el navegador de equipos *Windows, Mac y Linux,* y es compatible con múltiples formatos comunes. En todas las herramientas de *Google Drive* existe la opción de exportar documentos o de descargarlos como otro formato que, a su vez, son compatible con múltiples programas. He aquí un resumen de estas compatibilidades:

- Documentos de texto: ".pdf", ".rtf", ".txt", ".doc" y ".docx" *(Word),* ".odt" *(OpenDocument Text de OpenOffice)*
- Hoja de cálculo: ".csv", ".html", texto, ".xls" y "xlsx" *(Excel),* ".pdf", ".ods" *(OpenDocument Sheet de OpenOffice).*
- Presentaciones: ".pdf", ".ppt" y ".pptx" *(Powerpoint),* texto, ".odp" *(OpenDocument Presentation de OpenOffice).*
- Imágenes: ".png", ".jpg", ".svg", ".pdf".

Como se puede ver, los documentos que se crean en *Google Drive* son compatibles con los programas de *Microsoft Office (Word, Excel y PowerPoint)* y de *OpenOffice* o *LibreOffice (Writer, Calc,* etc.). También existe la posibilidad de guardar en formatos que son compatibles con varios programas, como ocurre con las imágenes ".svg", compatibles con Illustrator o CorelDraw, o las ".png" y ".jpg", compatibles con Photoshop, por ejemplo. Estas múltiples compatibilidades permiten que el trabajo en Google Drive pueda editarse, completarse o visualizarse por usuarios que no lo utilizan.

También es posible, tal y como se ha comprobado a lo largo de las distintas unidades didácticas, la operación inversa: abrir documentos con *Google Drive* que han sido creados por otras aplicaciones. Al subir un documento al espacio "en la nube" de *Google,* se puede optar por hacerlo compatible para su edición. Es tan sencillo como marcar la opción de transformar los documentos para que sean editables por *Google Drive.* Si no se necesita modificarlo, se puede utilizar *Google Drive* para almacenar los documentos.

Por último, es importante resaltar la opción de *Google Drive* que también permite subir y convertir archivos PDF o imágenes escaneadas en un formato compatible para su edición.

3. Modalidades de *Google Drive.* Opción de pago

Hasta ahora se ha explicado cómo acceder a *Google Drive* a través de una cuenta de *Google.* En las primeras unidades didácticas se describió de qué forma crear esa cuenta y las aplicaciones que *Google* tiene disponibles para los usuarios registrados. Todas estas funciones descritas y las herramientas se pueden ampliar en caso de que sea necesario con una versión de *Google Drive* de pago.

Si únicamente se necesita más espacio de almacenamiento y la cuenta es de uso personal, se puede contratar un plan de almacenamiento de entre una buena variedad, empezando por los 100 GB por alrededor de 2 € mensuales, hasta los 2 TB. Para ello, se debe pulsar el enlace **Obtener más almacenamiento** que aparece en el menú izquierdo de la página principal de *Google Drive.*

Planes de almacenamiento

También existe una versión de *Drive* para empresas, que permite contratar más espacio de almacenamiento pagando por cada usuario, además de aumentar las capacidades de los servicios. *Google* ofrece para las empresas un paquete con *Drive* y muchas más aplicaciones y funciones llamado **Google Workpace.**

Para contratar el servicio de Google Drive para empresas se debe acceder a la dirección https://workspace.google.es/. Cuando se accede a la página de *Google Drive* antes de entrar en su *Drive* también aparece un botón **Probar Drive para el trabajo** que lleva a esta misma página para informar de sus características y poder contratar el servicio.

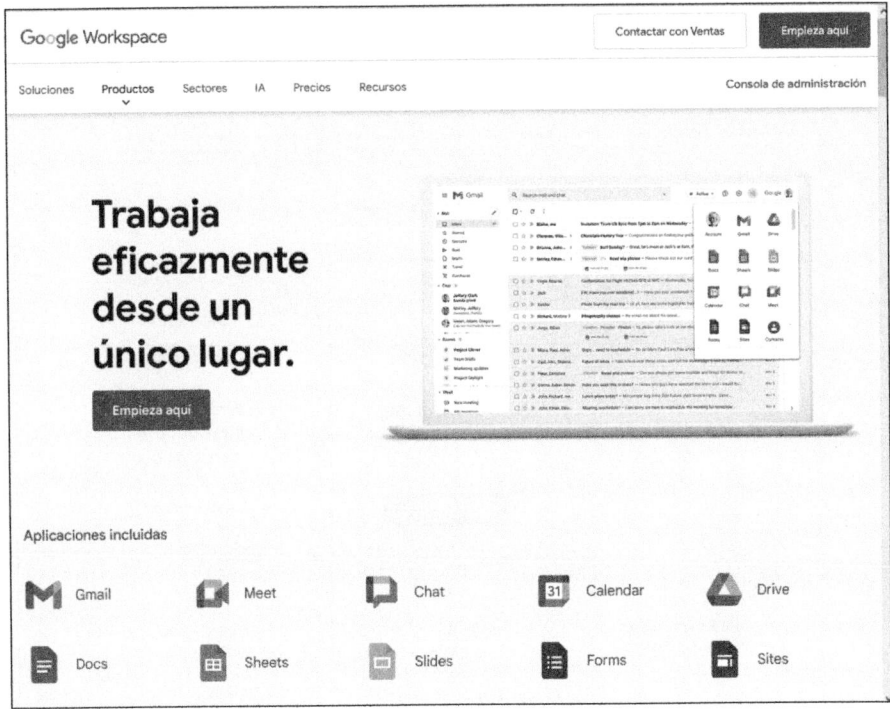

Página de Google Worspace

Google Workspace es la aplicación para empresas o centros educacionales que necesitan una mayor capacidad en las herramientas, dado su volumen de trabajo. Además de las características habituales y sin limitaciones, *Google Drive* se instala en los servidores de la empresa y ofrece algunas características añadidas.

En la versión gratuita de la aplicación existen algunas limitaciones, como por ejemplo el hecho de que solo se pueden almacenar 15 GB de datos. Estas opciones de capacidad son solventadas por la herramienta de pago, al igual que algunas cualidades únicas, como controlar los envíos de documentos creados en el dominio. Es posible limitar el uso de todos los documentos realizados en la empresa o lugar de trabajo y que pueden contener datos confidenciales. De igual modo, se notifica cuándo se va a compartir un documento con alguien externo a la organización o empresa.

Nota

Para un uso doméstico, de pequeña organización, pequeña empresa, club, etc., las opciones que ofrece la versión gratuita y sobre las que versa este manual, son más que suficientes.

4. *Google Drive* para educadores

Google Drive es una potente herramienta que puede ser utilizada por educadores con muchas ventajas para su aplicación en el aula. Una de las principales cualidades de *Google Drive* es el trabajo colaborativo o en equipo. En los sistemas educativos cada vez más tendentes al uso de TIC integradas en la enseñanza, *Google Drive* permite aunar el trabajo de equipo con estas tecnologías, ya que cuenta con aplicaciones para todo tipo de trabajos y documentos que pueden hacerse en clase. Pueden crear documentos entre varios alumnos a los que el profesor tendrá acceso en todo momento, hojas de cálculo y presentaciones.

En la galería de plantillas existe una categoría temática de **Estudiante y profesores,** donde se pueden coger plantillas o modelos para actividades o como herramientas para la formación.

Google Drive se presenta también como una potente herramienta para los cursos y la formación a distancia u *online*. Con la aplicación de presentaciones, es posible asistir a ponencias a distancia, y se pueden formar grupos de trabajo sin necesidad de proximidad física.

Google for Education es un programa de *Google* orientado a centros educativos que pueden adherirse y que ofrece una gran cantidad de herramientas para profesores y estudiantes. En el enlace <https://edu.google.com/intl/ALL_es/> se puede acceder a Google Workspace for Education que es la versión educativa de *Google Workspace* con herramientas específicas para la educación.

Página de Google for Education

Google Workspace for Education ofrece una gran cantidad de herramientas de *Google* y algunas enfocadas a las clases y la comunicación entre profesores y alumnos como **Classroom.** Además, existen dispositivos de *Google* como ordenadores portátiles y *tablets* pensados para el uso directo con estas herramientas para su uso por los centros educativos y los alumnos.

Actividades

1. Investigue las aplicaciones que ocupan espacio de almacenamiento en el espacio disponible en el plan de almacenamiento de *Google.*
2. Investiga las funciones, almacenamiento y precios que ofrece *Google Worspace* para empresas.
3. Investiga las distintas aplicaciones que ofrece *Google Workspace for Education* y cómo puede conseguirse.

5. Resumen

Google Drive permite exportar los documentos creados por sus aplicaciones a una buena cantidad de formatos, de forma que puedan ser abiertos y editados por aplicaciones externas, como las de la *suite* ofimática *Microsoft Office*, o por la *suite LibreOffice*.

Además, permite convertir estos mismos formatos al suyo propio seleccionando la opción de conversión al subir los documentos a *Drive*.

Drive ofrece de manera gratuita al abrir la cuenta de 15 GB de espacio de almacenamiento que, teniendo en cuenta que los documentos creados con sus aplicaciones no ocupan espacio de almacenamiento, es una cantidad suficiente para un usuario doméstico. No obstante, si fuese necesario, *Google* ofrece varios planes de pago que pueden incrementar considerablemente este almacenamiento.

Google también ofrece soluciones de pago para empresas que facilitan almacenamiento en *Drive,* correo en *Gmail* y todas las aplicaciones ofimáticas de *Drive,* además de otras aplicaciones específicas para empresas, mediante el servicio **Google Workspace.**

También ofrece servicios para centros educativos para gestionar toda la información de alumnos y profesores y ayudar a la comunicación entre ellos y a la organización de las tareas mediante el servicio **Google Workspace for Education.**

Ejercicios de repaso y autoevaluación

1. ¿Puede alguien editar un documento creado con *Google Drive* sin utilizar las aplicaciones de *Google?*

    a. No, solo visualizarlo.
    b. Sí, si instala *Google Drive.*
    c. Sí, porque es posible enviarle el archivo exportado en un formato compatible con muchas otras aplicaciones.
    d. No, ni editarlo ni visualizarlo.

2. ¿Para qué sirven los planes de pago de *Google Drive?*

    a. Permite emplear la aplicación de forma legal en el ámbito de la empresa.
    b. Permite emplear la aplicación de forma legal en el ámbito educativo.
    c. Permite usar *Google Gears* para acceder a todos los documentos sin estar conectado a internet.
    d. Amplía la capacidad de almacenamiento de la aplicación en caso de que las gratuitas resulten insuficientes para el ámbito en que se van a utilizar.

3. Relacione cada servicio de *Google* con el usuario al que va dirigido:

    a. Planes de Almacenamiento de *Drive*
    b. *Google Workspace*
    c. *Google Workspace for Education*

    __ Dirigido a empresas.
    __ Dirigido a particulares.
    __ Dirigido a centros educativos.

Bibliografía

Monografías

❚ CHAMORRO Marín, R.: *Google Apps: Como aprovechar al máximo las aplicaciones de Google.* Madrid: Creaciones Copyright, 2011.

❚ HOLZNER, S.: *Zoho for dummies.* [s. l.]: John Wiley & Sons, 2009.

❚ MARTÍN Alloza, J. R.: *Ofimática en la nube: Google Drive. ADGGO55PO.* Antequera: IC Editorial, 2023.

❚ MARTIN Iglesias, J. P.: *Servicios Google como herramienta educativa (Manual imprescindible).* Madrid: Anaya Multimedia, 2011.

❚ MENCHEN Peñuela, A.: *Software ofimático de productividad en la nube.* Madrid: RA-MA, 2015.

❚ PAZ González, F. y DELGADO, J. M.: *Openoffice y Libreoffice (Manual imprescindible).* Madrid: Anaya Multimedia, 2012.

❚ PÉREZ Marqués, M.: *Microsoft Office 365 para empresas y profesionales.* Madrid: RC Libros, 2013.

❚ RODRÍGUEZ de Sepúlveda, D.: *Conoce todo sobre Aplicaciones Google: Google Applications: 28.* Madrid: American Book Group–Ra-Ma, 2020.